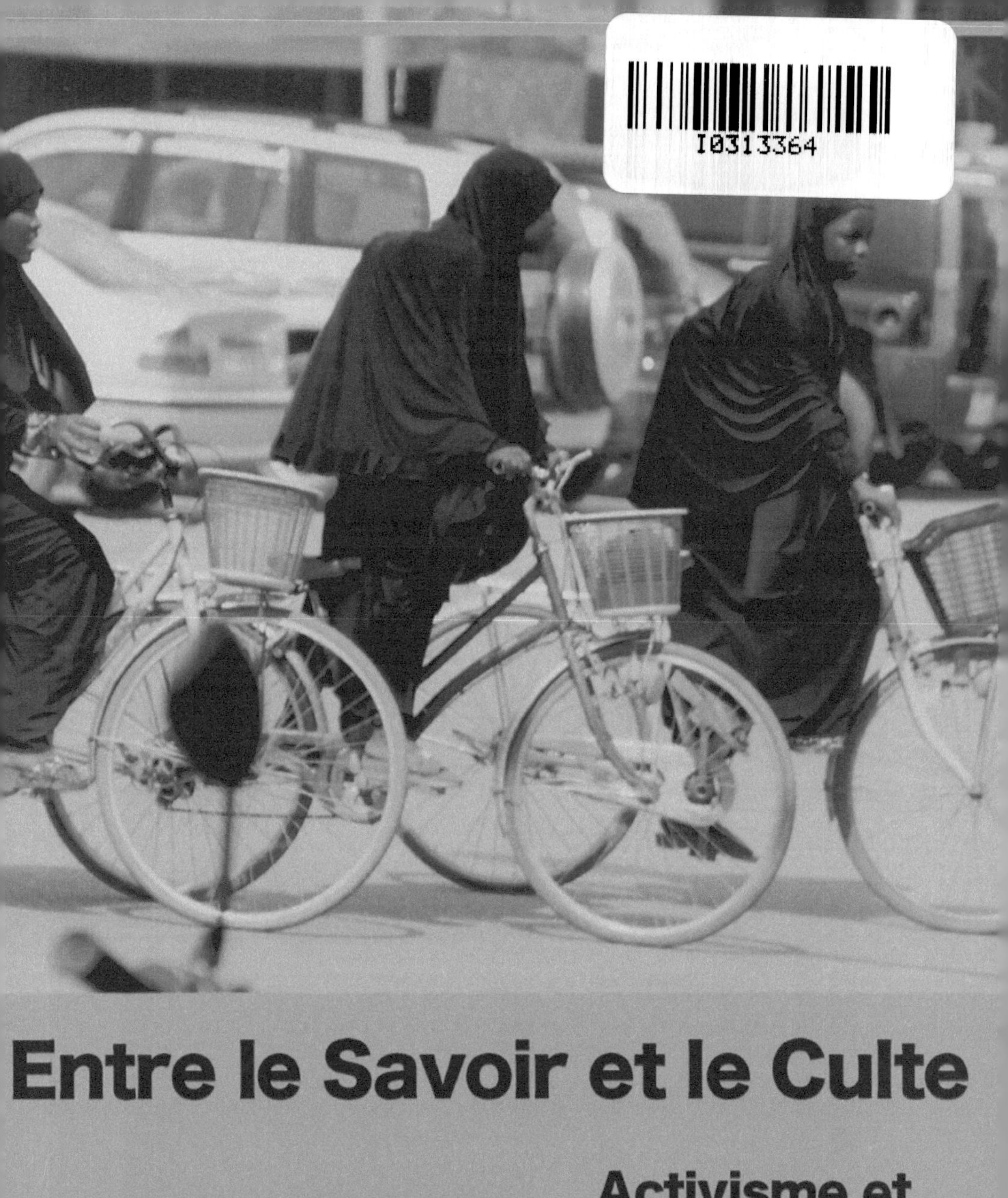

Entre le Savoir et le Culte

Activisme et mouvements religieux dans les universités du Sahel

Édité par
Leonardo A. Villalón
& Mamadou Bodian

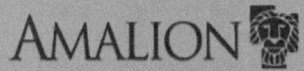

Entre le Savoir et le Culte

Activismes et mouvements religieux dans les universités du Sahel

Édité par
Leonardo A. Villalón
& Mamadou Bodian

Préface par
Benjamin Soares

© Amalion 2020

Amalion
BP 5637 Dakar-Fann
Dakar CP 10700
Sénégal
http://www.amalion.net
ISBN 978-2-35926-090-8 (broché)
ISBN 978-2-35926-091-5 (ebook)

Conception de la couverture par Will McCarty
Crédit photo: Les étudiantes de Ouaga par Harouna Marané.

Tous droits de reproduction, de traduction, d'adaptation, de représentation réservés pour tous pays. Aucune partie de cet ouvrage ne peut être traduite, adaptée ou reproduite de quelque manière que ce soit sans l'autorisation d'Amalion.

Sommaire

Tableaux...................................vii
Contributeurs..............................viii
Préface par *Benjamin Soares*...................x
Remerciements.............................xii

1. Lieux de prières, lieux d'apprentissage :
   Les universités du Sahel au cœur de leur écosystème social
   Mamadou Bodian & Leonardo A. Villalón................1

2. Entre activisme post-colonialiste et réveil du religieux :
   Le campus universitaire de Ouagadougou
   Magloire Somé & Koudbi Kaboré.....................23

3. L'activisme religieux dans les universités maliennes :
   De l'ombre à la lumière ?
   Mamadou Lamine Dembélé & Mamadou Ballo...........55

4. Islamisme, tribalisme et ethnocentrisme
   sur le campus de l'Université de Nouakchott
   Elemine Ould Mohamed Baba Moustapha................85

5. « Les étudiants aussi sont des enfants de Dieu » :
   La religiosité à l'Université Abdou Moumouni de Niamey
   Abdoulaye Sounaye.....................115

6. Des idéologies révolutionnaires à l'activisme religieux :
   Le mouvement estudiantin à l'Université Cheikh Anta Diop
   de Dakar
   Mamadou Bodian.....................145

7. Arabisants, françisants ; musulmans et chrétiens :
   Pluralisme social et mouvements religieux dans
   les universités du Tchad
   Ladiba Gondeu & Abakar Walar Modou 179

Tableaux

Tableau 3.1. Évolution des effectifs de l'USJPB
de 2010 à 2015 63
Tableau 3.2. Évolution des effectifs de l'USSGB
de 2012 à 2017 64
Tableau 4.1. Affiliations politiques des syndicats 105

Contributeurs

Mamadou Ballo est doctorant en droit au Laboratoire d'études et de recherches en droit, décentralisation et développement local (LERDDL) de l'Université des sciences juridiques et politiques de Bamako (USJPB) au Mali.

Mamadou Bodian est titulaire d'un PhD de l'Université de Floride, États-Unis. Ses recherches portent sur la sécurité, les systèmes électoraux, ainsi que sur la religion et la réforme de l'éducation dans les pays francophones du Sahel. Il est actuellement chercheur pour le programme Sahel/Afrique de l'Ouest du Stockholm International Peace Research Institute (SIPRI) en Suède.

Mamadou Lamine Dembélé est Professeur à l'Université des sciences juridiques et politiques de Bamako (USJPB), au Mali. Il est titulaire d'un doctorat en Droit à l'Université Gaston Berger de Saint-Louis au Sénégal. Ses recherches portent sur les politiques publiques au Mali, l'aide internationale, l'islam et la politique au Mali, et les questions de sécurité.

Ladiba Gondeu est enseignant et chef du Département d'anthropologie de l'Université de N'Djaména, Tchad. Il a publié plusieurs travaux sur les relations inter-religieuse au Tchad, et il est auteur de l'ouvrage *L'émergence des organisations islamiques au Tchad : Enjeux, acteurs et territoires* (2012).

Koudbi Désiré Kaboré est docteur en histoire contemporaine et enseignant à l'Université Ouaga 1 Joseph Ki-Zerbo de Ouagadougou au Burkina Faso. Ses recherches portent sur le pluralisme religieux, l'action sociale et l'humanitaire confessionnel.

Abakar Walar Modou est le Secrétaire général de l'Université du Roi Fayçal et le Directeur des affaires coraniques du Haut conseil des affaires islamiques du Tchad. Il est titulaire d'un doctorat en langue arabe de l'Université islamique d'Omdourman, Soudan. Il enseigne l'histoire de la pensée islamique à l'Université de N'Djaména, Tchad.

Elemine Ould Mohamed Baba Moustapha est Professeur d'histoire et de sociolinguistique à la Faculté des lettres et sciences humaines de l'Université de Nouakchott, Mauritanie. Il est titulaire d'un doctorat de l'Université d'Aix-Marseille I, France, et a publié sur de nombreux sujets historique et contemporain relatifs à la Mauritanie.

Benjamin Soares est professeur d'études islamiques et Directeur du Center for Global Islamic Studies à l'Université de Floride, États-Unis. Il est spécialiste de l'islam et des sociétés musulmanes en Afrique, et ses récentes publications comprennent les ouvrages collectifs *Muslim Youth and the 9/11 Generation* (2016) et *New Media and Religious Transformations in Africa* (2015). Soares est co-rédacteur en chef de *Africa, Journal of the International African Institute (IAI)*.

Magloire Somé est Professeur d'histoire à l'Université Ouaga 1 Joseph Ki-Zerbo de Ouagadougou au Burkina Faso, et spécialisé en histoire religieuse contemporaine. Il est titulaire d'un doctorat de l'Université-Sorbonne (Paris IV), France. Il est l'auteur du l'ouvrage *La christianisation de l'Ouest-Volta : Action missionnaire et réactions africaines, 1927–1960*. Il est actuellement conseiller spécial auprès du Premier ministre du Burkina Faso.

Abdoulaye Sounaye est chercheur au Leibniz-Zentrum Moderner Orient, Berlin (Allemagne), et professeur à l'Université Abdou Moumouni de Niamey, Niger. Il est l'auteur de nombreux travaux sur l'islam dans la sphère publique, les relations entre religion et modernité, et la jeunesse musulmane au Niger.

Leonardo A. Villalón est professeur de politique africaine et Doyen du Centre international de l'Université de Floride aux États-Unis, où il coordonne également le Sahel Research Group. Il a publié de nombreux ouvrages sur l'islam et les dynamiques sociopolitiques au Sahel, et il est l'éditeur du prochain *Oxford Handbook of the African Sahel*.

Préface

Benjamin Soares

Ce recueil d'essais sur l'activisme des étudiants dans les universités du Sahel est aussi bien d'actualité que d'importance. Depuis quelques années, l'activisme des jeunes dans de nombreux endroits du monde – et l'activisme des étudiants en particulier – attire de plus en plus l'attention des chercheurs. Des études récentes, menées dans des pays aussi divers que l'Égypte, l'Iran, l'Inde, la Tunisie et bien d'autres, sur l'activisme des jeunes musulmans en général, et des étudiants en particulier, ont souligné l'importance de comprendre comment ces catégories sociales se sont engagées en faveur de l'islam et ont promu des manières particulières d'être musulman, tout en tentant de faire avancer divers projets centrés sur cette religion. Le fait que les études recueillies dans ce volume se concentrent sur l'activisme aussi bien des musulmans que des chrétiens, y compris des catholiques et des protestants, dans les six pays du Sahel fait de cet ouvrage une contribution importante à cette littérature émergente.

En Afrique subsaharienne, l'étude du militantisme estudiantin dans les universités a le plus souvent porté sur leur implication dans les luttes politiques, notamment après l'introduction d'élections multipartites, et en réaction aux crises économiques. Les acteurs religieux ont rarement fait l'objet d'attention spécifique dans ces études. En effet, jusqu'à une période récente, l'espace présumé « laïc » de l'université classique de style occidental n'a pas fait l'objet d'attention particulière dans la plupart des études sur l'activisme religieux en Afrique.

Les études de cas rassemblés dans ce recueil offrent, donc, de riches données empiriques nous permettant de mieux comprendre, dans toute sa complexité, l'activisme religieux des étudiants au sein des universités. Ces études soulignent la visibilité grandissante de la religion et l'évolution des formes de religiosité – tant de l'islam que du christianisme – auprès des étudiants dans les six pays du Sahel : Burkina Faso, Mali, Mauritanie, Mali, Niger, Sénégal et Tchad. Elles indiquent la manière dont les différentes organisations et mouvements religieux estudiantins se sont développés et ont interagi avec d'autres mouvements, en particulier avec les syndicats d'étudiants, dans le contexte actuel d'élections multipartites, de plus grande liberté de mouvement et d'association, de libéralisation des médias, et des grandes interconnexions à l'échelle mondiale.

Ces riches travaux se révèlent très utiles, et soulignent la nécessité de mener des études similaires sur l'activisme religieux des étudiants ailleurs en Afrique, et bien au-delà. Il convient de féliciter les éditeurs et les contributeurs pour avoir produit un ouvrage d'un si grand intérêt et d'une si grande utilité pour les universitaires, les décideurs politiques et le grand public.

Remerciements

Ce livre est né d'un projet de recherche sur « La réforme institutionnelle, le changement social et la stabilité en Afrique subsaharienne », financé par le Minerva Initiative dans le cadre du Sahel Research Group du Centre d'études africaines de l'Université de Floride. Au cours des recherches approfondies menées sur le terrain dans les six pays, les mouvements estudiantins sur les campus universitaires ont capté notre attention en tant que phénomène d'intérêt particulier pour le thème général de notre projet : les liens entre le changement socioreligieux et la réforme institutionnelle sur l'avenir politique des pays sahéliens. Il nous a semblé que les mouvements religieux estudiantins méritaient un examen plus approfondi que celui qui leur a été accorder initialement, et ce pour plusieurs raisons : 1) ils dominent largement l'activisme des étudiants dans les universités de la région ; 2) ils évoluent rapidement, la tendance s'étant accélérée ces dernières années en raison des tensions et des dynamiques religieuses régionales ; 3) ils servent d'indicateur des tendances sociales émergentes dans la région ; et 4) par leur influence dans la formation de la vision du monde d'une nouvelle génération d'élites, ils ont, potentiellement, un impact à long terme très important.

Ce constat a heureusement coïncidé avec un financement complémentaire de Minerva Initiative au projet sur « L'activisme estudiantin et les mouvements religieux dans les universités sahéliennes » pour lequel nous sommes reconnaissants. Nous remercions en particulier les responsables, Erin Fitzgerald, David Montgomery et Lisa Troyer, pour leur aide pour surmonter les obstacles bureaucratiques inattendus lors de la finalisation de cette subvention, ainsi que pour leur soutien administratif efficace tout au long du projet de recherche. Et surtout, nous leur sommes reconnaissants pour leur engagement à garantir les normes académiques et scientifiques élevées du programme Minerva. Le soutien financier extraordinaire des subventions du Minerva Initiative a non seulement rendu possible la réalisation de cet ouvrage, mais de façon plus générale, il a joué un rôle central dans l'institutionnalisation du Sahel Research Group en tant que centre universitaire dédié à l'étude de cette région cruciale mais longtemps négligée.

En travaillant sur cet ouvrage nous avons eu la chance de bénéficier de discussions et d'échanges fréquents avec de nombreux collègues et étudiants ayant une connaissance approfondie des pays sahéliens, et un profond engagement envers ces derniers. Nous remercions Oumar Ba, Marjatta Eilittä, Daniel Eizenga, Sebastian Elischer, Macodou Fall, Jamie Fuller, Abdoulaye Kane, Sarah McKune, Fiona McLaughlin, Renata Serra, Benjamin Soares, Alioune Sow, Olivier Walther, Isabelle Walther-Duc, Ibrahim Yahaya Ibrahim, ainsi que les nombreux autres participants et visiteurs occasionnels à nos rencontres hebdomadaires, « Sahel Seminar », pendant la conception et la gestation de ce livre. Le Centre d'études africaines de l'Université de Floride se distingue par sa grande collégialité et son climat intellectuellement stimulant pour l'étude du continent, et nous remercions la directrice, Brenda Chalfin, et le directeur associé, Todd Leedy, pour leur soutien.

L'une des principales priorités du Sahel Research Group est la collaboration avec des collègues de la région, et de manière comparative, entre les pays. À cette fin, le projet a été conçu comme un effort d'équipe, impliquant des collègues universitaires de chacun des six pays. Nous sommes reconnaissants aux auteurs des chapitres pour leur engagement constant envers le projet et pour la réalisation d'un travail de terrain original, mais surtout pour avoir répondu avec patience et diligence à nos nombreuses demandes et suggestions de révisions tout au long de la réalisation de ce livre.

La recherche a été planifiée et lancée lors d'un atelier tenu au Centre de recherches ouest-africain (CROA/WARC), à Dakar. Cette institution apporte un soutien et une aide extraordinaires aux chercheurs de toute la région et au-delà, et nous remercions le directeur, Ousmane Sène, ainsi qu'Abdoulaye Niang, Mariane Yade et les autres membres dévoués du personnel du WARC d'avoir – comme toujours – œuvré au succès de l'atelier. Cet atelier a été clôturé par un symposium sur l'évolution des dynamiques religieuses au Sahel, co-organisé par le Laboratoire d'analyse des sociétés et pouvoirs/Afrique-Diasporas (LASPAD) de l'Université Gaston Berger à Saint-Louis, au Sénégal. Nous remercions Abdourahmane Seck et Rachid Id Yassine du LASPAD, ainsi que leurs collègues et étudiants, pour avoir contribué à sa concrétisation. Une visite à la ville de Touba, fief de la confrérie sufi mouride, en route pour Saint-Louis, nous a permis d'échanger avec des membres du Hizbut-Tarqiyyah, l'une des premières associations religieuses étudiantes sur le campus de l'université de Dakar. Nous remercions le responsable moral de l'organisation, Atou Diagne, et ses collègues pour avoir partagé avec nous l'histoire de leur groupe, et pour leur hospitalité à Touba.

Au cours des recherches qui ont suivi, de nombreux étudiants et membres du personnel administratif et enseignant des universités des six pays ont partagé leurs histoires et leurs perspectives sur le rôle de la religion dans l'espace public de l'université. Leur ouverture et leur volonté de fournir des explications, de discuter, d'argumenter et d'échanger avec les auteurs sont la clé de toute contribution que ce livre pourrait apporter à notre compréhension de ces importantes dynamiques sociales qui contribuent à définir l'avenir du Sahel, et des jeunes intellectuels qui façonneront cette région.

Leonardo A. Villalón
Mamadou Bodian

1.

LIEUX DE PRIÈRES, LIEUX D'APPRENTISSAGE : LES UNIVERSITÉS DU SAHEL AU CŒUR DE LEUR ÉCOSYSTÈME SOCIAL

Mamadou Bodian
& Leonardo A. Villalón

Au cours des trois dernières décennies, les six pays qui constituent la région sahélienne de l'Afrique de l'Ouest – Burkina Faso, Mali, Mauritanie, Niger, Sénégal et Tchad – ont été marqués par des changements socioreligieux profonds. La religion, l'islam en particulier, influence de plus en plus tous les segments de la société, y compris des lieux auparavant connus plutôt comme des bastions de la laïcité, notamment les universités. Cette influence est si profonde et si visible qu'un collègue professeur nous exprimait sa frustration au cours de notre recherche en nous disant : « Nos universités sont devenues des lieux de prière plus que des lieux d'apprentissage ! » Les mouvements d'étudiants, qui étaient surtout des défenseurs d'idées libérales et de gauche au cours des premières décennies après les indépendances, ont été progressivement éclipsés par d'autres mouvements, plus enclins à embrasser et promouvoir les idées et les pratiques religieuses, et de s'organiser autour des identités et institutions religieuses.

Ce livre a pour objectif d'appréhender ce phénomène du développement de la religion et de la religiosité dans les universités publiques du Sahel. Il tente de répondre aux questions importantes soulevées par ces développements : pourquoi et comment la religion a-t-elle pris une place aussi importante dans la sphère universitaire aujourd'hui ? Quelles formes a pris cette résurgence de la religion ? Quelles sont les conséquences possibles et l'impact de l'évolution du phénomène dans l'espace universitaire et la société en général ?

Pour répondre à ces questions, cet ouvrage procède à un examen comparatif des facteurs qui influencent ces changements ainsi que les raisons, les formes, et les dynamiques de la religiosité croissante dans les grandes universités publiques de ces six pays. Il se focalise plus particulièrement sur l'Université Ouaga 1 Joseph Ki-Zerbo de Ouagadougou au Burkina Faso, l'Université de N'Djaména et l'Université Roi Fayçal au Tchad, l'Université Abdou Moumouni au Niger, l'Université de Bamako au Mali (aujourd'hui scindée en quatre universités correspondant aux anciennes facultés), l'Université de Nouakchott al-Aasriya en Mauritanie et, enfin, l'Université Cheikh Anta Diop de Dakar au Sénégal – la plus ancienne université francophone d'Afrique l'Ouest. Chacune de ces institutions fait l'objet d'une étude de cas basée sur des recherches approfondies, intégrant des données archivistiques, des observations de terrain, et surtout des entretiens formels et informels réalisés aussi bien auprès des structures estudiantines les plus représentatives qu'auprès des administrations universitaires. Collectivement, les recherches menées par les membres de notre équipe – chacun disposant d'une longue expérience et d'une connaissance approfondie du contexte social de son institution – nous présentent un large panorama des dynamiques complexes de la religion dans le monde universitaire, ainsi que des tendances et variations dans les manifestations du phénomène de la religiosité estudiantine au Sahel

Nous avons constaté, au début de notre travail, que les groupes religieux d'étudiants représentaient et continuent de représenter, en grande partie, un microcosme de la diversification religieuse en cours dans l'ensemble des sociétés sahéliennes. En d'autres termes, le foisonnement des activités et mouvements religieux sur les campus sahéliens doivent être compris à la fois comme le reflet de changements sociaux endogènes au niveau universitaire, mais aussi et surtout comme l'expression localisée de transformations qui affectent la sphère religieuse dans les sociétés sahéliennes en général.

Ces dynamiques s'inscrivent dans un processus graduel qui a débuté après les indépendances, en 1960. Le processus d'affirmation du religieux à l'échelle mondiale précipité par le boom économique des années 1970 dans les États pétroliers arabes s'est ressenti dans les pays sahéliens majoritairement musulmans. En effet, les flux de capitaux en provenance des pays pétroliers arabes et les diverses formes de soutien de la Banque islamique de développement, de la Banque arabe du développement économique pour l'Afrique, et de l'Organisation de la conférence islamique ont contribué à promouvoir l'éducation arabo-islamique et la culture arabe en Afrique de l'Ouest (Kaag 2007 ; LeBlanc & Gosselin 2016). Comme ailleurs dans le monde musulman, les mutations sociales et religieuses marquant les sociétés sahéliennes dans les années 1970 et 1980 ont milité en faveur de l'apparition d'une nouvelle catégorie d'élite religieuse, issue de cette génération de jeunes sans aucune expérience directe du colonialisme. Frustrés par le marasme économique qui a érodé l'optimisme né des indépendances, cette nouvelle génération s'est parfois inspirée des mouvements contestataires du monde musulman – en particulier, le modèle révolutionnaire iranien de 1979 – qui ont suscité une prise de conscience du potentiel révolutionnaire de l'islam en tant que système politique et idéologique.

Dans un contexte où les politiques d'ajustement structurel des années 1980 ont remis en cause la capacité de l'État à fournir des services publics, notamment en matière de santé et d'éducation, les organisations caritatives musulmanes et les ONG islamiques ont tenté de se positionner comme fournisseurs de services de base, en particulier dans le secteur éducatif (Kaag 2008 ; Hugon 2016). Dans ces nouvelles situations, les signes de religiosité se sont multipliés et ont conduit à une présence croissante de la religion dans la sphère publique, y compris dans les milieux scolaires (voir e.g. Holder 2009 ; Soares 2005 ; Hassane et al 2006 ; Camara & Bodian 2016). Ainsi, au début des indépendances, les élèves et les étudiants étaient plus enclins à épouser les diverses tendances idéologiques des partis de gauche. Ce qui avaient fait des syndicats d'étudiants et d'enseignants des instruments permettant de contourner l'espace politique contrôlé par la classe dirigeante. Ainsi, les lycées et les universités sont progressivement devenus, à partir des années 1980, des espaces où prolifèrent associations et mouvements religieux d'étudiants.

A cette évolution sociale et culturelle est venue s'ajouter une rupture politique fondamentale, qui est elle-même issue des dynamiques globales. Malgré l'éruption périodique de vagues de contestation contre les régimes en place, les modèles politique de gouvernance au Sahel n'avaient en fait pas étés fondamentalement remis en cause pendant les trois premières décennies après les indépendances. Mais dans un contexte de stagnation économique et de mécontentement populaire profond, les régimes à parti unique et les dictatures militaires, qui avaient prospéré dans la majeure partie des pays de la région au cours de ces décennies, se sont retrouvés au début des années 1990s soudainement mis à l'épreuve par les étudiants, les syndicats de travailleurs et une « société civile » en plein essor (Monga 1995). Confrontés à ces dynamiques, les gouvernements non-démocratiques de l'époque ont tenté, à des degrés divers, de contrôler ces dynamiques sociales et de les exploiter afin de préserver leur légitimité. Mais la « troisième vague » de démocratisation mondiale (Huntington 1991) a finalement eu raison d'eux. C'est avec l'évolution de la lutte pour la démocratie des années 1990 que les changements ont commencé à s'opérer, ouvrant la porte à une présence beaucoup plus affichée du phénomène religieux dans l'espace public sahélien (Madore 2016 ; Villalón 2010).

DÉMOCRATISATION ET ÉMERGENCE D'UNE SPHÈRE PUBLIQUE ISLAMIQUE

Au début des années 1990, presque tous les pays du continent africain se sont trouvés à un tournant critique de leurs trajectoires. Il était évident que les modèles existants ne seraient plus valables, à la suite des pressions externes importantes consécutives à l'effondrement de l'ordre mondial bipolaire, et devant une mobilisation sociale sans précédent et des manifestations populaires alimentées par les conditions économiques précaires. Alors que certaines autorités en place avaient tenté de garder le contrôle d'un processus irréversible de transition au point de plonger leur pays dans l'anarchie, une grande partie du continent – y compris les six pays sahéliens considérés dans cet ouvrage – a été balayé par la « troisième vague » de démocratisation. Néanmoins, les réponses initiales des gouvernements en place face à cette vague démocratique dans la région ont varié considérablement.

Dans deux de nos cas – le Mali et le Niger – les transitions vers la démocratie qui seront largement considérées comme « réussies », ont été accomplies via une « conférence nationale », un modèle de transition inspiré du Bénin et mis en œuvre avec des succès variables dans une grande partie de l'Afrique francophone (Nzouankeu 1993 ; Robinson 1994). Au Mali, le processus a été initié après l'effondrement du régime autoritaire de Moussa Traoré, tandis qu'au Niger le régime d'Ali Saïbou a pris les devants en convoquant la conférence nationale, même s'il s'est rapidement retrouvé marginalisé dans le processus (Villalón et Idrissa 2005a ; Villalón et Idrissa 2005b). Au Tchad, le nouveau et fragile régime d'Idriss Déby, qui avait pris le pouvoir par la force en 1990, s'est également vu obligé de convoquer une conférence nationale en 1993 (Buijtenhuijs 1993). Mais, à la différence de Saïbou au Niger, Déby a réussi à garder le contrôle sur le processus de transition et a imposé sa victoire lors de la toute première élection présidentielle démocratique du pays en 1996.

Dans deux autres pays, le Burkina Faso et la Mauritanie, les régimes en place ont réussi à éviter une conférence nationale, et ont su garder un contrôle suffisant de la situation pour tenir les premières élections de l'ère démocratique – tout en réunissant les conditions de leur propre victoire (Ould Ahmed Salem 1999 ; Harsch 2017). Alors que le Sénégal était souvent décrit comme l'exception, les trente ans de domination du Parti socialiste ont également été mis à l'épreuve par d'intenses pressions en faveur du changement, au début des années 1990. Les séries d'importantes réformes engagées par le régime d'Abdou Diouf ont permis la tenue d'élections régulières en 1993 qui pouvaient, pour la première fois, être raisonnablement qualifiées de « démocratiques »

(Villalón 1994). On pourrait en dire beaucoup sur les formes et la substance de ces processus de démocratisation, de même que sur leurs succès et limites (voir les études réunies dans Villalón & Idrissa 2020), mais deux points importants méritent une attention particulière.

Premièrement, il est vrai que les processus de démocratisation dans ces six pays étaient alimentés par des soulèvements populaires urbains (et particulièrement les jeunes). Mais la composition de ces mouvements illustre bien, qu'en réalité, ils représentaient surtout une élite instruite et francophone désenchantée des régimes au pouvoir. Les étudiants, les enseignants, les avocats, les journalistes et les jeunes au chômage qui aspiraient à de telles professions étaient devenus les animateurs des organisations pro-démocratie de la « société civile » qui étaient à l'avant-garde de la demande de changement politique en Afrique (Kafsir 1998). Dans les années tumultueuses qui ont suivi la période d'après-guerre froide, l'espoir incarné par ces organisations sociales avait suscité un vif enthousiasme de la part de la communauté internationale. L'argent visant à renforcer la démocratie affluait de partout pour soutenir les efforts des nombreuses associations féminines, associations de défense de droits humains, journalistes et médias indépendants, et d'autres acteurs d'une société civile promue comme vecteur clé de la démocratisation (Brown 2005 ; Hearn 2001). En outre, ces acteurs qui constituaient l'élite francophone se sont imaginé un idéal de nouveau système démocratique en partant du modèle qu'ils connaissaient le mieux : la Vème République française. Ainsi, dans les anciennes colonies françaises d'Afrique de l'Ouest, les nouvelles constitutions qui ont défini les contours de la démocratie se sont réapproprié les institutions françaises dans une sorte de continuité, plutôt qu'une rupture définitive avec l'héritage colonial (Cabanis & Martin 1999).

Deuxièmement, cette démocratie exigée par l'élite francophone était adossée à la conception française d'une « République laïque, démocratique et sociale », et bâtie sur une vision centrée sur la poursuite de la *transformation*, plutôt que la *représentation* des sociétés africaines. En d'autres termes, les dirigeants des organisations pro-démocratie de la société civile (et leurs alliés extérieurs) estimaient que l'édification d'un système démocratique nécessiterait surtout un changement social et culturel profond qui procéderait d'un remplacement des normes et des valeurs en vigueur dans leurs sociétés – essentiellement musulmanes – par d'autres valeurs dites « démocratiques » et « laïques ». La démarche alternative – c'est-à-dire celle de tenter d'ériger des institutions conçues pour représenter les valeurs sociales dominantes – ne figurait pas au premier plan. Inévitablement, la mise en œuvre de cette version décontextualisée de la démocratie allait rencontrer des résistances. Ainsi, l'ouverture démocratique du début des années 1990 au Sahel, comme ailleurs en Afrique, avait également entraîné – à la grande surprise de beaucoup – une floraison de mouvements religieux, suivie d'une démocratisation graduelle de la sphère religieuse elle-même. La fin des régimes à parti unique et des dictatures militaires a provoqué un déclin du contrôle de l'État sur les organisations religieuses, ouvrant ainsi la porte à une nouvelle dynamique religieuse.

Le processus de démocratisation a ainsi mis en selle les groupes et acteurs religieux qui se sont rapidement approprié les règles du jeu démocratique comme des instruments permettant de renégocier leur place, surtout dans ces pays à majorité musulmane où les constitutions ont maintenu une version française de la laïcité basée sur la séparation de la religion et de l'État. Évidemment, les groupes religieux n'allaient pas tarder à protester contre les systèmes qualifiés de « démocratiques » mais qui ne reflétaient pas forcement les vues et positions de la majorité des citoyens de ces pays fondés sur un socle religieux. Au début, les acteurs religieux se sont donc demandé si la démocratie était même souhaitable. Mais paradoxalement, c'est le fait même de la démocratisation qui a permis aux groupes religieux de se faire entendre (Sounaye 2005 ; Villalón 2010). En vérité, partant de leur contestation initiale de la démocratie comme un modèle qu'ils trouvaient inapproprié pour les sociétés musulmanes ou « incompatible » avec l'islam, les groupes religieux ont très rapidement changé de perspective en soutenant plutôt que, si la démocratie suppose la loi de la majorité, alors les sociétés musulmanes devaient refléter les valeurs et les intérêts de populations majoritairement musulmanes.

Dans les cas du Mali et du Niger où les transitions furent rapides et spectaculaires, ce changement de perspective était particulièrement apparent. Au Niger, par exemple, le « code de la famille » d'inspiration française – que les activistes de la société civile qui avaient conduit le processus de démocratisation avaient qualifié de « texte fondamental » pour le nouveau régime – a rapidement été bloqué par les groupes religieux qui avaient exigé, *au nom de la démocratie*, que le droit de la famille fasse l'objet d'un débat public et qu'il reflète la volonté populaire des nigériens (Villalón 1996).

Par ailleurs, si la démocratie a ouvert la porte aux initiatives religieuses, elle a également permis à un nouveau pluralisme religieux de se faire entendre. Avec l'effondrement des anciennes organisations musulmanes au Mali et au Niger, et la fragmentation de l'autorité centrale des élites soufies au Sénégal, la démocratisation a ouvert la porte à des acteurs religieux nouveaux et variés, balisant ainsi la voie à un débat public sur la religion elle-même. Des groupes diversement qualifiés de « réformistes », « islamistes » ou « salafistes » ont contesté les orthodoxies établies qui, à leur tour, ont commencé à produire une réflexion consciente d'un discours et d'identité soufis en réponse aux critiques des réformistes. Les organisations de femmes et les prédicatrices musulmanes de diverses tendances idéologiques se sont également multipliées

(Alidou & Alidou 2008 ; Ba 2017). Et des intellectuels musulmans de formation « arabisante » (plutôt que francophone) sont apparus pour la première fois en tant qu'importants commentateurs des affaires publiques (Bodian & Camara 2015).

On observe donc un processus évolutif par lequel le débat démocratique est passé assez rapidement d'un débat qui aurait ressemblé à une lutte opposant acteurs « laïcs » et « islamiques », à un débat beaucoup plus fluide et axé plutôt sur ce que devrait être le contenu et la signification de la démocratie dans des sociétés musulmanes (Idrissa 2017). Ainsi, les discussions internes parmi les musulmans tournaient principalement autour de la « bonne » position de l'islam sur des questions données : la polygamie devrait-elle être interdite ? La peine de mort est-elle acceptable ou nécessaire ? Ces questions et bien d'autres similaires sont devenues non seulement des sujets de controverse entre groupes laïques et religieux, mais aussi des débats internes parmi les acteurs religieux eux-mêmes sur la manière de négocier la démocratie dans des contextes musulmans.

La question la plus fondamentale de cette controverse a peut-être été la discussion sur la nature de la laïcité elle-même (Sounaye 2009). La connotation négative du terme « laïc » aux yeux de certains groupes religieux a provoqué une première controverse sur son adoption ou non. Dans les pays comme le Niger, le Mali et le Sénégal, des débats ont même eu lieu sur l'inclusion du terme laïcité dans les nouvelles constitutions. Au Niger, par exemple, le substantif « laïc » a finalement été remplacé dans la constitution par une déclaration sur la nature « non-confessionnelle » de l'État, bien que le terme reste d'usage politique courant pour décrire officiellement l'État. Dans les pays plus pluralistes comme le Burkina Faso et le Tchad, le débat sur la laïcité a pris la forme d'une discussion sur les relations de l'État avec les différentes communautés religieuses.

Il est intéressant de constater que, même en République islamique de Mauritanie où l'opinion a du mal à accepter le principe de laïcité du fait de sa résonance antireligieuse, le débat sur la question intervient de façon épisodique pour des raisons politiques ou sociales. La première controverse était consécutive à la promulgation, en 1981, d'un projet de constitution jugée « laïque » par les islamistes, qui ont rompu leur collaboration avec le régime de l'époque. Plus récemment, de jeunes mauritaniens ont lancé un mouvement dénommé « Pour une Mauritanie laïque » en réaction à l'affaire Ould M'Kheïtir. Mohamed Cheikh Ould M'Kheïtir, un jeune blogueur, avait été condamné à mort en 2014 pour blasphème après avoir écrit que les membres de sa communauté, les *Moualamine* ou forgerons, étaient marginalisée en Mauritanie à l'image des esclaves et des juifs de l'époque du prophète Mohamed. Le débat qui a suivi sur les réseaux sociaux, et qui s'est poursuivi jusqu'à sa libération en 2019, a fait de la question de la laïcité une composante majeure du débat public en Mauritanie. Certes, la campagne pour l'institution d'un « État laïc » en Mauritanie aura du mal à prospérer, mais ses initiateurs ont réussi à jeter les bases d'une réinterprétation de la laïcité, qu'ils définissent comme la gouvernance des affaires courantes par la connaissance et la science profanes, tout en dénonçant l'attitude des religieux qui veulent entretenir l'ignorance pour asservir les populations.

Peu à peu, et avec des variations d'un pays à l'autre, le débat sahélien a donc évolué en se structurant non pas sur la question de savoir s'il devrait y avoir « un État laïc » ou pas, mais plutôt sur la signification réelle du mot « laïcité ». Presque partout au Sahel, les acteurs politiques se sont éloignés de ce qu'Ahmet Kuru qualifie de « laïcité combative » à la française, pour adopter plutôt quelque chose de plus proche de la compréhension américaine du terme « *secular* » : la liberté de pratiquer librement la religion, qui comprend en elle-même la nécessité pour l'État de faire de la place à la pratique religieuse (Kuru 2008).

Au fil du temps, et comme conséquence de ces débats, il émerge une acceptation dans la région qu'une influence religieuse sur la vie publique peut non seulement être compatible avec un ordre politique démocratique, mais qu'elle fait partie intégrante de la réalité des sociétés fortement religieuses. Certes, les États ont tenté de trouver des formules pour « gérer » les formations religieuses jugées perturbatrices (Elischer 2019), mais ils ont finalement dû s'adapter à leur pouvoir d'influence sur les politiques publiques. L'exemple le plus illustratif serait les oppositions intenses autour de l'adoption ou la réforme des « codes de la famille », c'est-à-dire l'ensemble des lois régissant la vie familiale. Au Sénégal (Brossier 2004), au Mali (Schultz 2003 ; Soares 2009) et au Niger (Villalón 1996), des tentatives de réformes ont provoqué des débats politiques sans précédent et qui reflétaient essentiellement des désaccords fondamentaux sur le sens fondamental de la démocratie elle-même. Des discussions parallèles ont eu lieu dans bien d'autres domaines : le statut de la peine de mort ; la ratification des traités internationaux sur les droits humains et, en particulier, sur les droits des femmes et des enfants ; l'acceptabilité du symbolisme religieux, comme le fait de prêter serment sur le Coran pour les fonctionnaires de l'État ; et, la pertinence de l'instruction religieuse dans les systèmes éducatifs. La démocratie au Sahel – comme partout ailleurs dans le monde – a souvent été adoptée avec un ensemble de valeurs et de concepts dont les caractéristiques essentielles sont généralement fixes. Mais la pratique démocratique – même quand elle est parfois conflictuelle et controversée – a tendance à se structurer autour d'un débat sur la manière dont les systèmes politiques devraient être organisés au sein d'une réalité culturelle et religieuse spécifique, et dans chaque contexte politique.

TENDANCES ET VARIATIONS DANS L'ESPACE UNIVERSITAIRE

Bien ancrées dans leurs contextes sociopolitiques en mutation, les universités du Sahel ont, elles aussi, connu une transition continue. Elles sont passées, dans un premier temps, d'espaces monopolisés par les mouvements estudiantins de gauche – et dont l'activisme était soustendu par un esprit de lutte contre le (néo)colonialisme de la période coloniale jusqu'au milieu des années 1970 – à des lieux dominés par des syndicats d'étudiants dont la vocation corporatiste s'était construite autour du rejet des politiques (néo)libérales des années 1980. C'est par la suite, avec l'ouverture démocratique marquant le début des années 1990, que la revendication identitaire (et religieuse en particulier) s'est imposée comme une tendance des plus visibles. Cette expression de la montée de la religiosité dans l'espace universitaire se manifeste, entre autres, par la volonté croissante des étudiants à trouver un groupe d'appartenance pour faire face, de manière collective, aux difficultés de survie dans un environnement universitaire socialement et pédagogiquement hostile.

Dans un contexte marqué par la précarité des conditions de vie des étudiants, les groupes religieux se sont distingués par leur capacité intégratrice en offrant à leurs membres non seulement une sécurité sociale et spirituelle, mais surtout une nouvelle perspective de vie morale et estudiantine au campus. C'est la vocation multiforme de ces organisations qui leur a permis d'imposer la religion, qui est ainsi devenue omniprésente dans les espaces universitaires du Sahel au point d'englober progressivement toutes les dimensions de la vie privée et publique des étudiants. Ces transformations, en parallèle des évolutions sociopolitiques nationales, remettent en cause le caractère laïc classique de l'espace universitaire et brouillent les lignes de démarcation entre les syndicats estudiantins – qui sont censé être des interfaces entre les étudiants et les autorités publiques – et les organisations religieuses qui dominent l'espace universitaire dans presque tous les six pays du Sahel.

Les formes particulières d'affirmation du religieux dans les universités est le résultat des transformations sociopolitiques propres à chaque pays, et des mutations intrinsèques au milieu universitaire. Au Sénégal, au Mali et au Niger, les syndicats d'étudiants contrôlent les instances de représentations des étudiants, mais l'espace universitaire est dominé par les organisations religieuses devenues très visibles à travers leurs activités, aussi bien sur le campus social que celui pédagogique. Toutefois, les associations religieuses sont dans cette tension permanente entre neutralité vis-à-vis des organisations syndicales, les soutenir ou les concurrencer. Au Mali, les organisations religieuses ne contestent pas l'hégémonie de l'Association des élèves et étudiants du Mali (AEEM), mais se contentent de dérouler leurs activités en laissant ce dernier jouer son rôle d'interface entre les étudiants et l'administration. Toutefois, les rapports entre structures syndicales et religieuses sont imbriqués puisque la plus influente des associations musulmanes, la Ligue islamique des élèves et étudiants du Mali (LIEEMA), travaille en collaboration avec l'AEEM, qui a d'ailleurs un secrétaire aux affaires religieuses au sein de son bureau. Au Sénégal où le mouvement syndical a du mal à se reconstituer depuis sa déliquescence en 2004, puis sa suppression momentanée en 2008, les acteurs religieux cherchent à contrôler les syndicats d'étudiant en reconstitution.

La tendance à l'affirmation du religieux dans les espaces universitaires s'observe aussi au Burkina Faso, où la tradition syndicale demeure pourtant vivace. Depuis quelques années, l'Union générale des étudiants du Burkina (UGEB) et ses différentes sections – en particulier l'Association nationale des étudiants du Burkina (ANEB) qui représentent le bloc marxiste-léniniste – ne monopolisent plus le paysage syndical universitaire. Il le partage désormais avec, d'une part, un bloc dit des « réformistes » qui rassemble un ensemble hétérogène d'associations syndicales sans idéologies ni orientation politique claire et, d'autre part, avec les groupes religieux. Il est vrai que, comme au Mali, les groupes religieux au Burkina ne contestent pas l'hégémonie et la logique protestataire des associations syndicales. Toutefois, elles imposent le respect aux animateurs des syndicats estudiantins et l'administration universitaire, qui craignent une solidarité entre les organisations religieuses.

Parmi nos six pays, la Mauritanie et le Tchad présentent chacun une certaine particularité dans l'expression du militantisme estudiantin et de l'activisme religieux. Non seulement, la démarcation entre les deux n'est pas nette, mais les structures estudiantines semblent reproduire les lignes de clivages qui caractérisent ces deux sociétés en général. En Mauritanie, les politiques d'arabisation de la société ont engendré des divisions marquées entre, d'une part, les maures « blancs » (ou *Beydane*) et les *Haratines* (descendants d'esclaves) qui militent en faveur de la promotion de la langue arabe et, d'autre part, les négro-mauritaniens qui revendiquent le maintien du français comme langue officielle. Entre les deux, les islamistes se positionnement comme une voie médiane en s'appuyant sur l'islam comme levier d'unification. Ainsi, au sein de l'Université de Nouakchott al-Aasriya (UNA), la domination d'organisations estudiantines d'obédience islamique – notamment l'Union nationale des étudiants de Mauritanie (UNEM) – se confirme dans une société mauritanienne où l'islam est incontestablement le ciment de la société au sein de laquelle le désenchantement à l'égard des nationalistes arabes grandit.

A la différence de la Mauritanie où toute la population est musulmane, et où les rapports entre les structures syndicales sont clivés autour de la question linguistique, la situation au Tchad est beaucoup plus complexe. En effet, le militantisme syndical côtoie l'activisme religieux dans un espace universitaire où s'expriment également les particularismes géographiques (nord et sud), religieux (islam et christianisme), linguistiques (français et arabe) traversant la société dans son ensemble. Mais en raison du caractère bipolaire de l'enseignement supérieure (avec d'un côté, une université arabo-islamique et de l'autre, une université franco-laïque), la vie syndicale au sein de l'espace universitaire est partagée entre deux types d'organisations syndicales. D'une part, il y a l'Union des étudiants tchadiens (UNET), qui fonctionne comme une organisation à vocation laïque, et d'autre part, il y a l'Union des étudiants de l'Université Roi Fayçal qui n'entretient aucun lien avec l'UNET car elle opère sous le contrôle de l'administration de ladite université.

Un regard panoramique sur les acteurs religieux et les organisations confessionnelles, les espaces dans lesquels ils se déploient, et leurs pratiques, nous permet de mieux appréhender les diverses formes d'expression du religieux dans l'environnement universitaire.

ORGANISER LA RELIGION SUR LE CAMPUS : ACTEURS, ESPACES ET PRATIQUES

L'analyse du phénomène religieux dans les milieux universitaires du Sahel révèle l'existence de plusieurs acteurs et organisations qui reproduisent, de manière variable, la structure du champ religieux de la société en général. Ces organisations ont transformé les universités sahéliennes en « microcosmes religieux » dont chacun se singularise par les acteurs qui s'y déploient et par leurs pratiques, dont la portée est aussi bien religieuse que séculière.

Les acteurs

Les associations religieuses sur les campus du Sahel sont réparties dans deux grandes religions, c'est-à-dire l'islam et le christianisme – à l'exception de la Mauritanie où il n'existe pas d'organisations estudiantines d'obédience chrétienne. Au Burkina Faso, il existe aussi des groupes culturels très marginaux qui prêchent un retour aux religions traditionnelles africaines. Mais, dans quasiment tous les six pays, les organisations islamiques s'imposent comme la catégorie la plus visible. Cependant, leur nature et composition varient selon les pays. Au Mali, la Ligue islamique des élèves et étudiants du Mali (LIEEMA), qui regroupe les tendances confrériques et réformistes, assure une présence sur l'ensemble du territoire national, à l'exception de la région de Kidal. Au Niger, l'Associations des étudiants musulmans du Niger (AEMN/UAM), qui contrôle la grande mosquée Almoustapha, domine l'espace de l'université. Il fait de l'ombre aux autres organisations qui ne sont visibles qu'à travers les affiches invitant à leurs activités. Au Burkina Faso, l'Association des élèves et étudiants musulmans du Burkina (AEEMB) créée au début des années 1980, est sans doute la plus importante sur le campus de l'Université Ouaga I, même si les deux principales associations chrétiennes sont également présentes et dynamiques. Contrairement au Mali, au Burkina et au Niger, le champ religieux universitaire à l'UCAD (Sénégal) est très éclaté. Les organisations confrériques Mouride, Tidiane et Layene sont plus nombreuses et plus visibles à travers leurs activités et rituels, tandis que les organisations réformistes – en particulier l'Association des étudiants musulmans de l'Université de Dakar (AEMUD), qui contrôle la mosquée de l'UCAD et l'Association des élèves et étudiants musulmans du Sénégal (AEEMS) qui a une envergure nationale – se caractérisent par la force de leur organisation.

Dans cinq des six pays, où seule la Mauritanie fait exception, il existe à côté des associations musulmanes une communauté chrétienne universitaire très diverse. Au Mali, ces groupes sont très discrets mais actifs. Ils incluent le Groupe biblique universitaire (mouvement protestant hétéroclite), la Communauté catholique, le Renouveau charismatique (qui regroupe essentiellement des étudiants étrangers) et le groupe éclectique Campus pour Christ. Au Burkina Faso, quatre associations chrétiennes s'imposent dans l'espace universitaire. Il s'agit des trois organisations catholiques – la Jeunesse étudiante catholique universitaire JECU, le Mouvement eucharistique des jeunes (MEJ), et Buisson ardent qui sont toutes réunies au sein du Conseil national de la jeunesse catholique – et une protestante, le Groupe biblique universitaire (GBU). Au Sénégal, la Coordination des étudiants catholiques de Dakar (CECD) sise à la Paroisse Saint-Dominique fait office d'organe fédérateur. Elle regroupe les divers groupements d'étudiants catholiques dans les différents campus de l'UCAD. Au Niger, les organisations chrétiennes sont dominées par trois groupes, en l'occurrence le Foyer Berlier, les Assemblées de Dieu, et La Chapelle des vainqueurs. Mais il en existe d'autres comme le Campus pour Christ (CPC) et le Groupe biblique universitaire.

Les espaces

Sur les campus universitaires, les associations religieuses les plus influentes (toutes obédiences confondues) rivalisent dans le maillage de l'espace en suivant une démarche quasiment identique. Plus précisément, chacune dispose de sections, de cellules ou de comités dans les différentes unités de formation et de recherche (UFR) ou facultés. Dans presque tous les six pays, les organisations religieuses musulmanes sont les plus visibles. Elles sont caractérisées par leur éclatement qui transparaît dans leur occupation des espaces universitaires. Une des approches les plus couramment utilisées est la délimitation d'espaces de prière dans les campus sociaux et pédagogiques des différentes universités. En général, ces lieux de prière étaient initialement des aménagements provisoires qui sont progressivement transformés en mosquées dûment construites et gérées par les associations musulmanes les plus influentes au sein de l'espace universitaire – la LIEEMA (Mali), l'AEMUD (Dakar), l'AEMN/UAM (au Niger) et l'UNEM (en Mauritanie).

A la différence des organisations musulmanes qui gèrent des mosquées universitaires, la plupart des organisations chrétiennes dans les six pays que couvre cet ouvrage n'ont pas, à proprement parler, d'espaces de culte dûment construits dans l'enceinte des universités. Certes, elles ont un accès périodique à des salles de classe ou autres lieux au sein des campus que les autorités universitaires mettent à leur disposition pour leurs activités et prières. Mais elles se replient généralement sur les églises des quartiers à proximité des universités. Au Sénégal, par exemple, les organisations d'obédience chrétiennes (catholiques) dont la majorité est affiliée à la Coordination des étudiants catholiques de Dakar (CECD) officient à la Paroisse Saint-Dominique, en face de l'UCAD. Au Mali, les églises situées dans les environs immédiats de l'université sont devenues des lieux où se tiennent des journées de prédication, des cours bibliques, des matinées, soirées ou nuits de prière, ainsi que la pratique d'activités sociales des fidèles.

Les pratiques

Il existe des modes variables d'expression des identités religieuses dans l'espace universitaire. Un des aspects les plus manifestes est le port vestimentaire et/ou des objets physiques distinctifs. Ainsi, le port de la croix pour les catholiques est une pratique apparente, surtout chez les étudiants jécistes au Burkina Faso. Au Sénégal, certains étudiants membres des associations confrériques portent fièrement en médaillon la photo de leur guide spirituel. Du côté des étudiants de la mouvance réformiste ou salafiste, les marques ostentatoires de piété sont devenues imposantes et visibles à travers le bonnet, les barbes longues, ou le voile islamique, et ceci dans tous les six pays.

Les associations religieuses mènent diverses activités religieuses, sociales, économiques et de citoyenneté qui concourent à leur visibilité. Les activités religieuses tournent essentiellement autour des rituels (prières quotidiennes et celle du vendredi pour les musulmans, les messes dominicales pour les chrétiens), des activités de formation (les cours de Coran pour les étudiants musulmans et les lectures de la Bible pour les chrétiens, les weekends religieux, les camps de vacance, les séminaires de formation, etc.) et les activités de grande mobilisation et la prédication. Ces activités religieuses sont généralement destinées à renforcer la foi des adhérents parmi les étudiants et les préparer à être des modèles de croyants. La prière, en tant qu'énoncé du croire, est le rituel le plus courant puisqu'il revêt un caractère obligatoire selon le dogme. Mais il existe plusieurs autres formes de religiosités plus ou moins manifestes selon les pays, dont la prédication est la plus visible et la plus dynamique sur les campus du Sahel. En Mauritanie par exemple, les messages de prêche ont même pénétré les salles de classe qui sont généralement ornées d'écriteaux appelant à la piété et à l'humilité. Au Niger, l'AEMN/UAM a installé dans chaque faculté un comité *da'wa* (prêche), composé d'étudiants des deux sexes qui sont responsables de leur animation à travers les conférences, prêches, projections de films, lecture et apprentissage du Coran. Au Sénégal et au Mali, il est commun de voir un membre d'organisations islamiques faire un rappel sur un thème précis après une des cinq prières quotidiennes dans les mosquées. Les activités de prédication portent sur des sujets aussi bien théologiques/religieux que profanes. Il en est de même des conférences publiques qui servent de plateforme permettant aux organisations religieuses de promouvoir leur orientation doctrinale ou de vendre l'image d'un leader religieux charismatique, comme c'est le cas à l'UCAD au Sénégal.

Les associations religieuses développent également des activités économiques et sociales. Presque partout sur les campus du Sahel, elles ont investi le commerce de produits (livres, ordinateurs, etc.) et les services comme une source alternative de revenus. Certaines associations ont développé des activités d'envergure. C'est le cas au Burkina Faso où la visibilité sociale de l'AEEMB – notamment dans les domaines de la santé et de l'éducation – se manifeste à travers la construction d'un dispensaire et d'un complexe scolaire grâce à un financement japonais. Au Sénégal, une association comme l'AEEMS a créé en 2002 la Mutuelle d'épargne et de crédit de l'Association des élèves et étudiants musulmans (MECAEEMS) devenue Mutuelle d'épargne et de crédit islamique du Sénégal (MECIS). Il faut noter que certaines activités des organisations religieuses estudiantines ont parfois une portée éminemment sociale et d'utilité publique. Une *Dahira* comme Touba assistance médicale (TAM) de l'UCAD au Sénégal, est connue pour l'organisation de campagnes médicales lors des grandes manifestations de la confrérie mouride.

QUEL FUTUR ? DÉFIS ET CONSÉQUENCES

L'environnement universitaire dans les pays du Sahel a un statut ambivalent : il est laïc *de jure,* mais religieux *de facto.* Cette percée du religieux a reconfiguré les rapports de force entre acteurs dans les universités des six pays et pose de multiples défis.

L'équation du vivre-ensemble

La nature et les modes de régulation du vivre-ensemble se perçoivent à l'aune des tensions et des négociations entre les principaux acteurs estudiantins au sein de chaque espace universitaire. Au Burkina Faso où les traditions syndicales de gauche sont toujours vivaces, les organisations estudiantines d'obédience marxiste-léniniste – l'Union générale des étudiants du Burkina (UGEB) et l'Association nationale des étudiants du Burkina (ANEB), en particulier – ont désormais accepté toutes les sensibilités religieuses en leur sein. Cette évolution des positions réciproques est d'autant plus intéressante que l'UGEB ne considère plus la religion comme « l'opium du peuple », et les religieux ne voient plus forcément les militants de ce syndicat comme des athées. Au Niger, pour reprendre les mots d'un étudiant militant, « même les syndicalistes prient », tandis qu'au Sénégal les religieux sont également des syndicalistes. D'une manière générale, les rapports entre organisations syndicales et religieuses semblent s'aplanir.

D'ailleurs, l'élément religieux est devenu déterminant dans la recherche de la paix sociale dans l'espace universitaire, jouant le rôle de médiateur entre les acteurs syndicaux. Dans la mesure où les organisations religieuses jouissent d'une présomption de neutralité vis-à-vis des groupes syndicaux, ces derniers collaborent avec elles dans l'organisation d'élections des représentants des étudiants, par souci de transparence et d'impartialité (pour surtout éviter la violence pré ou postélectorale). Au Burkina Faso, par exemple, les trois grandes associations religieuses – l'AEEMB, la JECU et la GBU – se sont engagées dans une dynamique de dialogue interreligieux qui a abouti à la mise en place d'une commission mixte visant à unir leurs efforts dans la résolution des conflits entre les organisations syndicales sur le campus.

Toutefois, si les rapports entre organisations syndicales et organisations religieuses semblent être au beau fixe, les interactions entre associations religieuses ou d'une tendance au sein d'une même organisation religieuses ne sont pas toujours empreintes de cordialité. Au Sénégal, certains étudiants ont tendance à se cacher derrière les frontières confessionnelles ou doctrinales qui les isolent des autres membres de la communauté universitaire et estudiantine. Au Niger, comme partout au Sahel où les organisations réformistes s'imposent dans l'espace universitaire, il se développe un anti-soufisme dirigé contre les disciples des organisations confrériques. Au Mali, il existe une démarcation au sein de la LIEEMA entre mouvances wahhabite et tidiane. Ce schisme reflète les tensions observées au niveau national entre ces deux tendances doctrinales. Au Burkina Faso, en raison des nombreuses orientations doctrinales et politiques, les groupes de même nature s'excluent et/ou se rivalisent dans l'occupation de l'espace. Il apparaît que si les rapports entre les différents groupes, notamment religieux, ne sont pas toujours conflictuels, il n'en demeure pas moins que des problèmes surviennent souvent. Dans un contexte marqué par l'émergence d'identités religieuses exclusives, la segmentation identitaire pourrait engendrer l'intolérance et hypothéquer le principe de vivre-ensemble, surtout en l'absence de mécanismes permettant de réguler ces espaces universitaires où la pluralité religieuse recoupe les identités ethniques et géographiques.

Le renouvellement des élites

Il existe un lien étroit entre l'université en tant que lieu de production et de reproduction des idées et des élites, et la société en tant qu'espace de mobilisation de ces idées et ressources humaines. Dans les pays du Sahel, et au Sénégal, Mali, Niger et Tchad en particulier, la question des élites était traditionnellement discutée en opposant une « élite francophone laïque » – produit type du système éducatif officiel – et une « contre-élite » éduquée dans les institutions arabo-islamique. Ce phénomène touche également, et dans une moindre mesure, le Burkina Faso tandis qu'en Mauritanie la question linguistique reflète surtout le clivage ethnoracial qui divise le pays. Mais partout, et depuis plusieurs décennies, les universités du Sahel sont devenues des lieux d'émergence d'un nouveau type d'élites francophones et/ou arabophone formées dans les universités publiques et acquises à la religion. Ce profil tranche avec celui des premières élites de gauche qui étaient les principaux animateurs des organisations estudiantines au cours des trois premières décennies après les indépendances.

Dans la mesure où les frontières entre activismes syndical et religieux ne sont plus étanches, les étudiants ont de plus en plus une double appartenance : religieuse et syndicale. Ainsi, des militants des associations religieuses animent des sections ou des comités syndicaux, et des responsables syndicaux sont estimés par les membres de leurs groupes religieux. Au Niger, une restructuration est à l'œuvre au sein de l'UAM et elle affecte le profil des acteurs syndicaux sur un campus universitaire qui est devenu plus qu'un lieu de formation académique. En effet, les pratiques et activités non-académiques des organisations religieuses sont devenues centrales à la vie de l'étudiant et constituent une part importante de ce qu'Abdoulaye Sounaye appelle « le curriculum social » du campus. Ce curriculum social accompagne le curriculum académique et donne substance à l'expérience universitaire de l'étudiant, informe sa personnalité, sa carrière et sa trajectoire sociale. Il participe ainsi de la formation d'une élite au carrefour de traditions et valeurs souvent considérées comme occidentales (c'est-à-dire séculières et étrangères) et de valeurs religieuses (surtout islamiques).

D'une manière générale, les élites francophones et/ou arabophones formées dans les universités publiques tendent à outrepasser la rivalité entre « laïques » et « religieux », mais des variations existent selon les pays. Au Tchad où les élites religieuses et arabophones cherchaient à sortir de leur marginalisation traditionnelle, les deux groupes ont tendance à converger autour du projet de valorisation de la langue arabe et du recours à l'islam comme alternative politique, économique et sociale. Dans une société mauritanienne écartelée entre le groupe arabo-berbère qui a réussi à imposer l'arabité aux communautés négro-africaines dont la plupart des membres sont formés dans la langue française, les islamistes ont trouvé les moyens de s'appuyer sur la religion comme réponse aux clivages arabophones–francophones.

La menace du radicalisme et de l'extrémisme violent

Dans le contexte de la sous-région, marqué par la question du radicalisme violent, beaucoup de chercheurs et de décideurs politiques se demandent si les institutions d'enseignement supérieur au Sahel pourraient être un terreau fertile à l'éclosion de la violence idéologiquement motivée. Contre ceux qui voient un risque de violence dans la multitude de mouvements religieux estudiantins, les résultats de nos recherches ont montré que la grande majorité des organisations et groupes religieux étudiants se concentrent sur les problèmes sociaux et les activités religieuses. Jusqu'à une période récente, il n'y a jamais eu d'épisodes ou de menaces de violence extrémiste impliquant les membres d'organisations religieuses estudiantines – à part les confrontations épisodiques entre groupes religieux. Cependant, il y a de nouveaux développements alarmants qui indiquent que les organisations d'étudiants pourraient alimenter certains des groupes religieux les plus radicalisés du Sahel.

Au Sénégal, l'inquiétude s'est repandue en 2015 à la suite de la circulation d'un message Facebook rendant hommage aux djihadistes sénégalais qui seraient morts au combat aux côtés de groupes islamistes en Libye. Mais, à quelques exceptions près, toutes les suspicions d'extrémisme violent connues sont le fait d'individus coupés de tout lien structurel avec les organisations religieuses les plus influentes sur les campus universitaires. En Mauritanie, les étudiants de l'Université de Nouakchott sont moins enclins au radicalisme puisqu'ils ont une culture islamique solide acquise à travers la formation et les prêches. Par ailleurs, ces étudiants sont prompts à embrasser l'islam politique et les questions géopolitiques relatives à la crise du Moyen-Orient. Par contre, les sortants des *mahadra* (structures traditionnelles d'apprentissage du Coran) qui ont reçu une formation théologique et moins ouverts à la réflexion critique sont plus portés à épouser des idées radicales ou à avoir un penchant djihadiste.

Il faut noter que les organisations religieuses estudiantines entretiennent également des relations directes avec des mouvements religieux internationaux sans que cette ouverture ne les expose au radicalisme. Les structures habilitées à gérer ces connexions internationales sont généralement les structures fédératives au sein de chaque communauté religieuse. Ainsi, l'AEEMB (au Burkina Faso), l'AEEMS (au Sénégal) et la LIEEMA (au Mali) sont toutes membres de l'Organisation de la jeunesse musulmane en Afrique de l'Ouest (OJMAO) ; le GBU au Burkina Faso est affilié au Groupe biblique d'Afrique francophone (GBAF) et à l'International Fellowship of Evangelical Students (IFES), tandis que la JECU se rattache d'abord à la JEC panafricaine, ensuite à la Jeunesse étudiante catholique internationale (JECI), puis au vaste mouvement de la Jeunesse catholique mondiale. Les mouvements religieux sur les campus universitaires font partie intégrante des dynamiques et formations religieuses dans leurs contextes nationaux et internationaux. Dans le contexte actuel, la possibilité de voir ces mouvements religieux adopter une idéologie violente ou extrémiste ne peut être écartée, mais rien dans nos recherches ne suggère que la montée religieuse des étudiants soit un présage d'une telle éventualité.

***

L'analyse du paysage associatif des universités du Sahel révèle la permanence d'un activisme syndical qui s'est accompagné, ces dernières années, du développement des mouvements religieux qui sont passés progressivement de la simple présence à l'affirmation. Cette affirmation du phénomène religieux est le reflet du réveil du religieux plus large, favorisé en partie par l'avènement de la démocratie et ses corollaires, notamment les libertés d'association et d'expression.

En examinant les manifestations actuelles de l'activisme étudiant – à travers ses acteurs, les espaces qu'ils occupent, et leurs pratiques – il est possible d'entrevoir, dans la progression du phénomène religieux, les développements et configurations futurs de l'espace universitaire. Dans la mesure où les étudiants construisent de nouveaux espaces d'activisme et des itinéraires au carrefour du séculier et du religieux, l'acceptation subséquente de l'exercice du culte sur le campus semble préfigurer la naissance possible d'un espace universitaire respectueux de la liberté religieuse et du pluralisme – voire laïc compris dans le sens « séculier ». Même si pour le moment les réflexes grégaires suscités par les dures conditions de vie des étudiants rendent parfois problématiques la conciliation entre groupes, la revendication d'un pluralisme religieux se poursuit et pourrait, si elle est bien encadrée par les autorités universitaires de concert avec les différents groupes d'étudiants, déboucher sur la création d'un cadre d'interaction dans lequel les diverses organisations syndicales et religieuses coexisteraient harmonieusement. Bien entendu, il existe de grandes variations nationales dans la sous-région, et relatives à ces grandes tendances, et de nombreuses questions sur l'avenir restent pour l'instant sans réponse claire. Dans les chapitres qui suivent, les auteurs nous offrent de riches analyses des nuances et particularités des manifestations de ces grandes tendances dans chaque pays.

BIBLIOGRAPHIE

Alidou, Ousseina & Alidou, Hassana, 2008, « Women, Religion, and the Discourses of Legal Ideology in Niger Republic », *Africa Today*, vol. 54 (3): 21–36.
Ba, Selly, 2017, *La prédication féminine musulmane au Sénégal*, Saarbrüken: EUE.
Bodian, Mamadou & El Hadji M.S. Camara, 2015, « Islam et espace public au Sénégal : Les acteurs religieux dans l'amélioration du débat public sur la bonne gouvernance ». In Abdourahmane Seck, Mayke Kaag, Cheikh Guèye & Abdou Salam Fall, eds, *État, sociétés et islam au Sénégal. Un air de nouveau temps ?* Paris, Karthala.
Brossier, Marie, 2004, « Les débats sur le droit de la famille au Sénégal », *Politique Africaine* 96 : 78–98.
Brown, Stephen, 2005, « Foreign Aid and Democracy Promotion: Lessons from Africa », *European Journal of Development Research*, Vol. 17(2): 179–198.
Buijtenhuijs, Robert, 1993, *La conférence nationale souveraine du Tchad*, Paris : Karthala.
Cabanis, André & Michel Louis Martin, 1999, *Les constitutions d'Afrique francophone : évolutions récentes*, Paris : Karthala.
Camara, El Hadji M. S. & Bodian, Mamadou, 2016, « Islam in the Academic Sphere in Senegal: The case of Cheikh Anta Diop University in Dakar (UCAD) », *Contemporary Islam*, vol. 10: 379–398.
Elischer, Sebastian, 2019, « Governing the Faithful: State Management of Salafi Activity in the Francophone Sahel », *Comparative Politics*, vol. 51(2): 199–218.
Hassane, Moulaye, Marthe Diarra & Oumarou Makama, 2006, « Étude sur les pratiques de l'islam au Niger », Niamey: République du Niger, Ministère de l'intérieur et de la décentralisation, Direction des affaires coutumières et religieuses, et DANIDA: Bureau de coopération danoise-Niger.
Harsch, Ernest, 2017, *Burkina Faso: A History of Power, Protest and Revolution*, London: Zed Books.
Hearn, Julie, 2001, « The Uses and Abuses of Civil Society in Africa », *Review of African Political Economy*, vol. 28(87): 43–53.
Holder, Gilles, ed., 2009, *L'islam, nouvel espace public en Afrique*, Paris: Karthala.

Hugon, Clothilde, 2016, *(Re)penser Dieu à l'école au Sénégal : les politiques publiques face à l'éducation 'arabo-islamique'*. Thèse de doctorat en science politique, Sciences Po Bordeaux, dir. Dominique Darbon.

Huntington, Samuel P., 1991, *The Third Wave: Democratization in the Late Twentieth Century*. University of Oklahoma Press.

Idrissa, Rahmane, 2017, *The Politics of Islam in the Sahel: Between Persuasion and Violence*. New York: Routledge.

Kaag, Mayke, 2007, « Aid, Umma, and Politics: Transnational NGOs in Chad », in Benjamin Soares and R. Otayek, eds., *Islam and Muslim Politics in Africa*. New York: Palgrave Macmillan, 85–103.

Kaag, Mayke, 2008, « Transnational Islamic NGOs in Chad: Islamic Solidarity in the Age of Neoliberalism », *Africa Today,* vol. 54(3): 3–18.

Kafsir, Nelson, 1998, "Civil society, the state and democracy in Africa", *Commonwealth and Comparative Politics* vol. 36:2: 123–149.

Kuru, Ahmet T., 2008, « Secularism, State Policies, and Muslims in Europe: Analyzing French Exceptionalism », *Comparative Politics* vol. 41(1): 1–19.

LeBlanc, Marie Nathalie and Louis Audet Gosselin, eds., 2016, *Faith and Charity: Religion and Humanitarian Assistance in West Africa,* London: Pluto Press.

Madore, Frédérick, 2016, *La construction d'une sphère publique musulmane en Afrique de l'Ouest,* Québec: Presses de l'Université Laval.

Monga, Célestin, 1995, « Civil Society and Democratisation in Francophone Africa », *Journal of Modern African Studies* vol. 33(3): 359–379

Nzouankeu, Jacques Mariel, 1993, « The Role of the National Conference in the Transition to Democracy in Africa: The Cases of Benin and Mali », *Issue: A Journal of Opinion.* 21(1/2): 44–50.

Ould Ahmed Salem, Zekeria, 1999, « La démocratisation en Mauritanie, une illusion postcoloniale? » *Politique africaine,* 75: 131–146.

Robinson, Pearl, 1994, « The National Conference Phenomenon in Francophone Africa ». *Comparative Studies in Society and History* vol. 36(3): 575–610.

Schulz, Dorothea E., 2003, « Political Factions, Ideological Fictions: The Controversy over Family Law Reform in Democratic Mali », *Islamic Law and Society* 10(1): 132–164.

Soares, Benjamin F., 2005, « Islam in Mali in the Neoliberal Era », *African Affairs*, 105/418 : 77–95.

Soares, Benjamin F., 2009, « The Attempt to Reform Family Law in Mali », *Die Welt des Islams* 49 : 398–428.

Sounaye, Abdoulaye, 2005, « Les politiques de l'islam dans l'ère de la démocratisation de 1991 à 2002 », in Murielle Gomez-Perez (éd.), *L'islam politique au sud du Sahara,* pp. 503–525. Paris: Karthala

Sounaye, Abdoulaye, 2009, « Ambiguous Secularism », *Civilisations,* vol. 58, 2. pp. 41–58

Villalón, Leonardo A., 1994, « Democratizing a (Quasi) Democracy: The Senegalese Elections of 1993 ». *African Affairs,* vol. 93 (371): 163–193.

Villalón, Leonardo A., 1996 », The Moral and the Political in African Democratization: The *Code de la Famille* in Niger's Troubled Transition », *Democratization* 3(2): 41–68.

Villalón, Leonardo A., 2010, « From Argument to Negotiation: Constructing Democracies in Muslim West Africa », *Comparative Politics,* vol. 42(4): 375–393.

Villalón, Leonardo A., & Abdourahmane Idrissa, 2005a, « Repetitive Breakdowns and a Decade of Experimentation: Institutional Choices and Unstable

Democracy in Niger », in Leonardo A. Villalón, & Peter VonDoepp, eds, *The Fate of Africa's Democratic Experiments: Elites and Institutions in Comparative Perspective,* Bloomington: Indiana University Press, pp. 27–48.

Villalón, Leonardo A. & Abdourahmane Idrissa, 2005b, « The Tribulations of a Successful Transition: Institutional Dynamics and Elite Rivalry in Mali », in Leonardo A. Villalón and Peter vonDoepp, eds., *The Fate of Africa's Democratic Experiments: Elites and Institutions in Comparative Perspective.* Bloomington, IN: Indiana University Press, 49–74.

Villalón, Leonardo A. & Rahmane Idrissa, 2020, *Democratic Struggle, Institutional Reform, and State Resilience in the African Sahel.* Lanthan, MD: Lexington/Rowman & Littlefield.

2.

ENTRE ACTIVISME POST-COLONIALISTE ET RÉVEIL DU RELIGIEUX : LE CAMPUS UNIVERSITAIRE DE OUAGADOUGOU

Magloire Somé
& Koudbi Kaboré

« Alors, on m'a dit : 'ici, c'est un amphithéâtre marxiste et panafricain'. Donc je me suis dit : c'est peut-être l'endroit où je dois aller pour m'exprimer. » Ces propos introductifs de Emmanuel Macron, Président de la République française, dans son adresse à la jeunesse africaine à l'Université Ouaga 1 Joseph Ki-Zerbo, le mardi 28 novembre 2017, nous situe sur l'importance de l'activisme estudiantin sous-tendu par le discours post-colonialiste ressassant un anti-impérialisme et un anti-néocolonialisme d'inspiration marxiste-léniniste dans l'espace universitaire de Ouagadougou. Cette rhétorique marxisante entretient au sein de l'Union générale des étudiants du Burkina (UGEB) une forme permanente de contestation de l'ordre politique et l'idéal d'une révolution nationale démocratique et populaire. Depuis les années 1960, l'UGEB monopolise – avec ses différentes sections, en particulier l'Association nationale des étudiants du Burkina (ANEB) – le paysage syndical de l'université nationale jusqu'au début des années 1990.

La transition démocratique du début des années 1990 s'est traduite à l'université par l'émergence de nouvelles associations qui remettent en cause le monopole syndical de l'ANEB (Bianchini & Korbéogo 2008). Dans le même temps, les associations à caractère religieux gagnaient en visibilité et disputaient aux organisations syndicales l'espace qu'elles ont longtemps dominé. Les groupes religieux sont d'abord confrontés à une méfiance avant de bénéficier de la bienveillance et de la reconnaissance de fait des autorités universitaires, malgré les dispositions réglementaires qui limitent leur présence sur le campus. L'article 51 du règlement intérieur de l'université énonce, en effet, le principe de sa laïcité. L'éclatement du champ syndical et la visibilité des groupes religieux, à partir de 1991, a contribué à une sorte de partage de l'espace universitaire entre associations syndicales, culturelles et religieuses. Mais, plus que l'activisme syndical et culturel, c'est le réveil du religieux dans un espace laïc et dans le temple du savoir qui retient l'attention. On peut supposer que les évolutions sociopolitiques contemporaines du Burkina Faso sont un facteur possible des affirmations du religieux dans l'espace public. A l'université, les associations religieuses, en défiant la réglementation en vigueur concernant la laïcité, ont réussi à montrer que les étudiants se décomplexent vis-à-vis du fait religieux, et qu'ils ont même placé le phénomène du croire au centre de leurs préoccupations. La « dé-complexion » est un processus par lequel un ou plusieurs groupes religieux construisent leur identité dans l'environnement universitaire, affirmant ainsi, par le biais d'activités religieuses, leur identité individuelle ou collective (Camara & Bodian 2016). La « dé-complexion » passe alors de la simple présence ou figuration du religieux à son affirmation, c'est-à-dire à la conquête d'un droit de cité dans l'espace universitaire.

L'analyse des mouvements religieux dans un espace déclaré laïc met en évidence les logiques étatiques de gestion du religieux et/ou des contestations, et celles estudiantines de contournement des obstacles. Les configurations contemporaines du religieux sur les campus s'expliquent par le fait que les dimensions souvent inédites que prennent les mouvements étudiants ont une relation étroite avec les conditions internes des universités et des tendances plus larges de la société, soumises à des transformations (Altbach 1969 ; Lipset 1972). L'accueil du Président français dans l'amphithéâtre de Syrte, où l'on scandait des slogans anti-impérialistes, a montré que les étudiants burkinabè inscrivent clairement leurs mouvements protestataires dans une perspective post-colonialiste. L'anti-impérialisme, qui se confond avec l'anti-occidentalisme, est autant politique, religieux que culturel. Le réveil du religieux sera alors analysé à la lumière de l'environnement universitaire, de l'interaction entre associations estudiantines et des rapports entre l'État et les groupes religieux au Burkina Faso durant les deux dernières décennies.

La présente étude s'est déroulée sur le campus universitaire de Ouagadougou, considéré comme l'un des bastions historiques du marxisme en Afrique de l'Ouest. Basés principalement sur des méthodes qualitatives, les matériaux exploités combinent des données archivistiques et le résultat de cinq mois d'observation et d'entretiens au cours de l'année 2017. Les entretiens, formels et informels, ont été réalisés auprès des structures estudiantines les plus représentatives et auprès de l'administration universitaire. Au total, sept structures estudiantines ont été enquêtées, dont trois associations à caractère religieux[1], trois associations syndicales[2] et une association à caractère culturel[3]. Des entretiens sur les trajectoires individuelles ont été conduits auprès des responsables des associations religieuses.

LE CONTEXTE SOCIOPOLITIQUE ET CONFESSIONNEL DU BURKINA FASO

Le contexte sociopolitique du Burkina au début des années 1990 était dominé par la transition démocratique qui, en garantissant les libertés, libérait la parole. Les confessions religieuses se rendent plus visibles dans l'espace public à la faveur, surtout, des oppositions farouches entre les groupes politiques pour la conquête et la gestion du pouvoir d'État. Le 31 décembre 1989, Blaise Compaoré, qui avait, en 1987, renversé le Président Thomas Sankara, annonçait dans son message à la nation son intention d'engager le pays dans un processus démocratique. Il avait déjà réussi à décrisper la situation de tension politique créée par le Conseil National de la Révolution (CNR) dans sa définition des classes sociales et sa politique autoritaire d'occupation de l'espace politique. Il instaura le dialogue avec toutes les forces sociales – les travailleurs représentés par les syndicats et les chefferies traditionnelles – et réussit par ce moyen à se réconcilier et à se rallier progressivement la plupart des victimes de la politique révolutionnaire d'exclusion de certaines composantes de la société (Otayek 1997).

Les confessions religieuses furent associées au processus démocratique en participant à la rédaction de l'avant-projet de nouvelle constitution et en arbitrant le jeu politique entre le régime de Blaise Compaoré et l'opposition politique, au travers de l'organisation des élections. Depuis le début de la IVe République, leur consultation en tant que forces morales, pour garantir une transparence du jeu politique et la réconciliation pour l'unité nationale, a souvent été disputée. L'opposition dénonçait leur manque de neutralité et leur rôle de faire-valoir la mise en scène démocratique orchestrée par le pouvoir pour se faire plébisciter. Elle déplorait la récupération des autorités religieuses par le régime Compaoré aux fins de consolider son assise et au détriment du renforcement de l'expérience démocratique. En se faisant légitimer, y compris par les forces morales du pays, le régime Compaoré a montré qu'il a su utiliser le potentiel confessionnel dans la gestion des crises politiques. Mais l'apparition au sein même des confessions de mutations profondes marquées par le réveil politique de l'islam et la fin du puritanisme protestant change le rapport du religieux au politique.

Un paysage confessionnel en pleines mutations

En termes de typologie religieuse, le Burkina Faso est un pays de pluralisme confessionnel dont les rapports de force sont à l'inverse des poids numériques des groupes religieux. Le christianisme exerce une influence qui fait d'elle, selon l'expression de Georges Balandier, une majorité sociologique face à un islam qui se réveille depuis que l'enquête démographique de 1991 a révélé qu'elle représente plus de 50 % de la population. Cette enquête est confirmée par le recensement général de la population et de l'habitation de 2006 qui lui donne une avance très confortable : 60,5 % de musulmans, 23 % de chrétiens (dont 19 % de catholiques et 4 % de protestants), 15 % d'adeptes de religions traditionnelles (INSD 2009 : 94).

Depuis le début des années 1980, on note sur fond de rivalités interarabes des offensives islamiques de la Libye de Khadafi, du Koweït, du Qatar et de l'Arabie Saoudite attestées par la création d'organismes de solidarité musulmans, et la construction de mosquées pour une visibilité de l'islam au Burkina Faso. Cette offensive ajoute au phénomène de réformisme dont les arabisants se font les porteurs. Avec la transition démocratique, le paysage religieux connaît une véritable mutation liée à la liberté d'expression et d'opinion garantie par la constitution, au développement des migrations et de l'urbanisation. L'islam local est également renforcé par les migrations de retour, en particulier de la Côte d'Ivoire. Ces migrations favorisent l'entrée de nouveaux courants religieux opérant sur la scène globale (Fourchard 2005), et provoquant l'essor d'un marché national des biens spirituels au Burkina Faso. Elles donnent lieu à une reconfiguration de la démographie et à une orientation de la trajectoire individuelle des croyants (Somé 2012). Les trajectoires d'implantation et d'expansion de l'islam et des mouvements pentecôtistes constituent une excellente illustration (Laurent 2003 ; Fancello 2007 : Vitale 2012). Parallèlement à ce réveil de l'islam, on note une offensive évangélique issue du protestantisme d'origine américaine et l'apparition de mouvements charismatiques chez les catholiques.

Bien que l'islam soit majoritaire et fortement représenté au Nord, le Burkina Faso échappe au clivage Nord musulman/Sud chrétien d'un point de vue politique. Contrairement aux autres pays du Sahel, on trouve au Burkina Faso une majorité musulmane tempérée par une forte minorité chrétienne très visible dans la sphère publique. Les changements rapides du paysage religieux et la coexistence pacifique de plusieurs religions y ont eu pour résultats la composition de familles pluri-religieuses, une grande mobilité religieuse individuelle, des « conversions réversibles » (Langewiesche 1998, 2003), et des relations interreligieuses plus ou moins institutionnalisées (Kaboré 2016).

Le réveil politique de l'islam, né de la prise de conscience de son poids démographique, provoque une dégradation du climat de coexistence pacifique, et consécutivement des revendications pour un changement de la donne politique. Quelques conflits entre chrétiens et musulmans sont rapportés dans la presse locale, mais n'ont pas encore tourné à l'affrontement, ni à la délimitation rigide de frontières religieuses. Depuis 1990, l'objectif ouvertement affiché de certains leaders musulmans est de profiter des bienséances de Blaise Compaoré vis-à-vis de l'islam burkinabè, pour donner une plus grande visibilité à cette religion dans l'espace public. Devant le dynamisme des groupes chrétiens, les musulmans n'entendent plus rester à la traîne au risque de se marginaliser et de rester politiquement subordonnés (Otayek 1997 & 1999 ; Vanvyve 2015). Les associations musulmanes développent un prosélytisme qui mêle dans leur champ d'action les questions sociales, politiques et culturelles (Savadogo & Gomez-Perez 2011).

Les rapports des forces religieuses avec l'État ont considérablement évolué depuis le début du XXIe siècle à la faveur du processus démocratique qui a conduit à l'affirmation des identités religieuses dans l'espace public. Invoquant leur poids démographique, certaines élites musulmanes revendiquent une « islamisation » de l'État (International Crisis Group 2016). L'usage de certains symboles religieux dans les lieux publics, en particulier l'arbre de Noël, et les représentations religieuses dans les manifestations officielles de l'État ont été au centre de disputes depuis le milieu des années 1990. Paradoxalement à cette revendication de type laïciste, les élites politiques affichent publiquement et assument leur appartenance religieuse. Il s'ensuit que l'obligation de prendre en compte les dimensions religieuses pour asseoir une légitimité politique limite fortement la promotion d'un État pleinement laïc. Le port de la croix et du voile[4] par les agents publics, le mode vestimentaire comme marque de l'identité religieuse et les mosquées informelles dans les services publics sont tolérés. Certains groupes religieux n'hésitent pas à s'opposer au principe d'une législation qui confinerait la religion et les pratiques religieuses dans l'espace privé[5]. La création en 2014 d'un Observatoire national des faits religieux (ONAFAR), en charge de la demande et des affaires religieuses montre l'influence qu'exercent les groupes religieux sur l'État.

L'université, épicentre des enjeux sociopolitiques et confessionnels

Le réveil du religieux, et plus globalement de l'activisme estudiantin fait de l'Université Ouaga 1 Joseph Ki-Zerbo, l'épicentre d'enjeux sociaux et politiques plus généraux. L'afflux de plus en plus important d'étudiants dans cette université à partir des années 1990, y a complexifié le paysage sociologique. Cette poussée démographique remarquable, la précarisation de la condition étudiante du fait de l'insuffisance des investissements sociaux, les problèmes académiques et infrastructurels alimentent ou réactivent une culture de la contestation et favorisent le développement de mouvements estudiantins comme cadres de solidarité et d'expressions dans lesquels les sentiments de frustration et d'indignation s'entremêlent pour constituer un potentiel explosif.

L'Université Ouaga 1 Joseph Ki-Zerbo a été créée en 1974 avec seulement 374 étudiants. Le nombre d'étudiants est allé crescendo en fonction de l'évolution démographique du pays et, particulièrement, des efforts de scolarisation. Après vingt ans d'existence, il atteint 9 000 en 1994, 35 000 en 2007, 42 000 en 2009 et plus de 60 000 en 2015 ! (Chouli 2009a : 121; Sory 2012 : 176). L'accroissement des capacités d'accueil n'a pas suivi celui des effectifs. Jusqu'en 2000, son plus grand amphithéâtre avait une capacité de 600 places. Les « grèves des amphis » commencèrent au début des années 2000, lorsque les départements des sciences juridiques et des sciences économiques et de gestion enregistraient des promotions supérieures ou égales à 1 000 étudiants. La poussée démographique s'accompagna d'une pression sur le restaurant universitaire, le logement et le transport.

L'entrée du Burkina Faso dans les politiques d'ajustement structurel en 1991 s'est traduite dans l'enseignement supérieur principalement par le contingentement des bourses. Avant l'ajustement structurel, tout bachelier de moins de 23 ans avait droit à une bourse. Une clause de mérite instaurée en 1992–1993 comme critère d'attribution des bourses, réduisit le nombre des boursiers à 500. La proportion de boursiers passa de 98% en 1988–1989 à seulement 19% en 1999 (Chouli 2009 : 121). Le contingentement de la bourse rendait encore plus précaire la situation de nombre d'étudiants qui souffraient déjà de l'augmentation des frais d'inscription. Ces frais passèrent 5 000 FCFA en 1990 à 7 500 FCFA en 1999, puis à 15 000 FCFA en 2002 (Chouli 2009 : 122). La faiblesse des réponses du gouvernement à la demande sociale et infrastructurelle des étudiants, et la paupérisation de ceux-ci au début des années 1990 ont réactivé en eux une culture de la contestation. Les grèves des étudiants ont souvent débouché sur de grandes crises. Celles de 1990, 1992–1993, 1999–2000 et 2008 restent encore vivantes dans les mémoires.

Le gouvernement adopta une attitude de méfiance, mais aussi de réalisme face aux mouvements sociaux des étudiants. Dans son attitude de méfiance, plutôt que de résoudre les problèmes soulevés par les étudiants, pour éviter les crises, il lit leurs plateformes sous un angle politique. Soupçonnant les étudiants d'être manipulés et instrumentalisés par la main souterraine de groupes politiques, il les a souvent réprimés. La répression de la lutte de 1990 se solda par la mort d'un des leaders du mouvement étudiant, Boukary Dabo. Celle de 1999-2000 eut pour conséquence la radicalisation de la position des étudiants et in fine l'invalidation de l'année académique. Le doublement des effectifs qui s'en suivit provoqua le surpeuplement de l'université et fut un facteur important du chevauchement des années qu'elle connaît encore aujourd'hui. Dès lors, la réforme du système universitaire s'imposait.

Après la répression des mouvements estudiantins de 2000, la recherche du bouc-émissaire par le pouvoir ne suffisait plus à rassurer les Burkinabè de sa capacité à apporter des solutions fortes à la crise de l'université. Plus encore, la refondation de l'université décrétée dans l'immédiat ne satisfaisait pas la communauté universitaire qui pensait qu'au-delà de la réforme, il eut fallu augmenter sa capacité d'accueil, créer de nouvelles universités, construire des cités et trouver des solutions au problème de transport des étudiants. Face au coût de la réforme, le gouvernement opta pour le réalisme qui consiste à mettre en place progressivement les infrastructures et à développer à son rythme la carte universitaire du pays. De là, la construction d'amphithéâtres de 1 000 places (Amphis libyens) et d'autres salles de cours, la démultiplication des cités et des restaurants universitaires, et la mise en place du transport des étudiants. Le processus de désengorgement de l'Université Ouaga 1 Joseph Ki-Zerbo, amorcé timidement avec la création de l'Université polytechnique de Bobo-Dioulasso en 1995, s'accéléra toutefois à partir de 2005. En quelques sept ans, quatre universités de régions et une deuxième université à Ouagadougou s'ouvrirent : Koudougou (2005), Ouaga II (2008), Fada N'Gourma et Ouahigouya (2011), Dédougou en 2013[6].

Mais le réalisme est considéré par les associations comme un manque de volonté politique, ce qui pousse à plus de revendications suivies de violents mouvements sociaux que le pouvoir n'hésitait pas à réprimer sévèrement. La répression passait pour être le moyen de domestication des étudiants. Celle de 2008 conduisit à l'expulsion définitive des étudiants de la cité-campus, considérée par le régime comme le nid de la contestation estudiantine. De ces luttes, s'élabora progressivement la perception d'une communauté étudiante antagonique à l'État (Chouli 2009b). Contestation des étudiants, mais aussi des enseignants qui, sous la conduite du Syndicat national autonome des enseignants-chercheurs (SYNADEC), en 2009, engagèrent un mouvement social, qui dura trois mois, pour protester contre la dégradation de leurs conditions de vie et de travail.

La dimension inédite de l'activisme estudiantin depuis 1990 s'inscrit dans les contestations qui affectent la société burkinabè, mais aussi dans celle plus large de protestations estudiantines un peu partout en Afrique, du Zimbabwe au Sénégal, en passant par le Zaïre, le Cameroun, le Bénin et le Mali (Zeilig & Dawson 2008). Le contexte politique et social sous le régime Compaoré est marqué par de multiples protestations contre les atteintes aux libertés, l'impunité et la vie chère (Hilgers & Loada 2013). Liant son combat à celui de la société burkinabè, l'UGEB, héritière d'une tradition étudiante d'activisme politique, canalise le mécontentement des étudiants pour constituer l'avant-garde des luttes globales dans la société. Cédric Passard (2008 : 455) remarquait que l'occurrence d'une mobilisation étudiante survient davantage dans les campus où la conscience politique des étudiants est plus forte qu'ailleurs ; c'est surtout sur les campus que se développent les groupes politiques organisés et l'expérience contestataire. Comme nous le verrons plus loin, l'environnement universitaire n'a pas seulement réactivé la culture de la protestation chez les étudiants ; il a entraîné le repli identitaire favorisant ainsi le développement de formes de solidarités dont ont su profiter les associations religieuses.

UNE UNIVERSITÉ MARQUÉE PAR UN PAYSAGE ASSOCIATIF ATOMISTIQUE

Le paysage associatif, très éclaté et souvent antagoniste, est largement dominé sur le champ par de l'activisme des associations syndicales et confessionnelles. La multiplication des associations correspond à la période de la transition démocratique où les libertés d'expression et d'association sont garanties. Mais elle est aussi symptomatique d'une université en crise, malgré des réformes institutionnelles entreprises dès 1992. L'ampleur des difficultés qui surgissent de la gouvernance académique explique qu'une seule association se révèle incapable d'incarner les aspirations de tous les étudiants. Les associations syndicales, au nombre de neuf,[7] se répartissent en deux blocs : le bloc marxiste-léniniste avec l'UGEB-ANEB et le bloc dit des « réformistes » qui rassemble un ensemble hétérogène d'associations syndicales sans idéologies ni orientation politique clairement définies[8]. Ils ont en commun de s'opposer au bloc marxiste-léniniste. Sauf la Fédération estudiantine des étudiants et scolaires pour l'intégration au Burkina Faso (FESCI-BF) qui engage une véritable rivalité avec l'ANEB, les autres associations n'exercent pas une influence significative sur le monde étudiant.

On dénombre cinq associations religieuses sur le campus. Trois associations catholiques (JECU, Mouvement eucharistique des Jeunes (MEJ) et Buisson Ardent), une musulmane (AEEMB) et une protestante (GBU). La pluralité des associations catholiques est due à la conception par l'Église de la pastorale des jeunes à travers plusieurs mouvements de formation religieuse. Tous les mouvements d'action catholique sont réunis au sein du Conseil national de la jeunesse catholique, leur structure faîtière. Mais aucune d'entre elles n'agit sur le campus sous la bannière de celle-ci. De ces cinq associations, trois (l'AEEMB, la JECU et le GBU) sont très actives sur le terrain.

Les associations à caractère scientifique et culturel, encore plus nombreuses, se répartissent entre les clubs scientifiques de type disciplinaire, les associations de type transversal mobilisant des étudiants de toutes les unités de formation et de recherche (UFR) et les associations de ressortissants de région, de province, voire de commune.

Les associations syndicales entre marxisme-léninisme et révisionnisme

L'UGEB, représentée par sa section nationale, l'ANEB, est la plus ancienne et la plus permanente des organisations syndicales. Elle a incarné le mouvement étudiant burkinabè sans concurrent jusqu'en 1990 (Bianchini & Korbéogo 2008 ; Sory 2012). L'UGEB se distingue des autres syndicats également par sa structuration complexe, comprenant les sections des universités, elles-mêmes subdivisées en corporations. L'assemblée générale, le conseil syndical et le congrès constituent les instances statutaires de l'organisation. Les corporations et le comité exécutif de l'ANEB tiennent des réunions hebdomadaires. Une telle structuration permet à l'UGEB de s'informer et d'analyser les problèmes qui affectent la vie étudiante, de réactualiser la plateforme revendicative pour la lutte qui est perçue comme un combat permanent.

Le leitmotiv de la lutte de l'UGEB-ANEB est l'amélioration des conditions de vie et d'études qui ne cessent de se dégrader depuis les mesures du programme d'ajustement structurel (PAS) et l'explosion des effectifs à partir des années 1990. Alors que l'activisme estudiantin en Afrique centrale, particulièrement au Zaïre et au Cameroun, intègre dans les plateformes des revendications politiques réclamant l'organisation de conférences nationales (Woudamike 2008 : 137), au Burkina Faso, la lutte a un contenu corporatif et idéologique. L'ANEB dénonce d'abord la crise d'identité du régime du Front populaire, puis s'associe aux nouvelles organisations estudiantines nées au début de la transition démocratique pour s'opposer à la mise en œuvre du PAS qui affecte drastiquement l'enseignement supérieur (Bianchini & Korbéogo 2008 : 44-6). La lutte corporative à partir du milieu des années 1990 s'opère sur deux fronts : celui des questions académiques où elle revendique un assouplissement de la réglementation en matière d'évaluation et le rejet pur et simple du système licence, master, doctorat (LMD) ; le front social afférent aux conditions d'accueil des cités universitaires, à l'amélioration de la qualité de la restauration, à la question des bourses et du transport des étudiants. Sur les questions académiques et de la restauration, l'ANEB mobilise la majorité des étudiants en vue de minimiser les taux d'échecs en fin d'année. Vis-à-vis de l'administration universitaire, elle constitue le principal « parti d'opposition » à la gouvernance académique. Par le jeu des piquets de grève et l'usage, s'il le faut, des armes blanches pour faire entendre sa cause, elle réussit à imposer le respect de ses mots d'ordre.

Les autres syndicats, moins structurés et sans véritable stratégie de lutte, sont apparus comme des organisations à existence plus nominale qu'active sur le terrain. Nombre de ces syndicats apparus en 1990 et qui ont, avec l'UGEB, dans le cadre du Collectif des organisations démocratiques étudiantes (CODE), conduit les luttes de 1990 à 1993, ont disparu[9]. Toutefois parmi ces organisations, l'administration universitaire trouve a un allié de taille, la FESCI-BF. Créée en 2013 par l'activiste Bruno Yaméogo, un ancien militant de la Fédération des étudiants et scolaires de Côte-d'Ivoire (FESCI) qui impressionne par ses apparences bourgeoises, la FESCI-BF veut apporter un renouveau dans la lutte estudiantine[10]. Elle est depuis sa création la seule organisation capable de s'opposer ouvertement à l'UGEB-ANEB sur les questions académiques. Elle soutient le gouvernement dans la mise en œuvre du système LMD.

Pratiquants de la violence, les militants de la FESCI-BF affirment connaître les armes à feu, et mettent en garde leurs rivaux de l'ANEB, qui ont coutume de recourir à la violence par l'utilisation des armes blanches. L'on redoute, de ce fait, leur capacité à mettre le feu aux poudres, par l'utilisation d'armes légères. L'on redoute également leurs actions d'éclat comme la confiscation de biens publics tels que les véhicules, par la prise d'otage. Elle a, parmi ses militants, des ressources humaines capables de poser des actes attribuables à des hommes militairement entraînés. L'on redoute enfin, leur force de pénétration dans tous les milieux, politiques ou non. Elle est apolitique dans le principe, mais son leadership se montre capable de côtoyer les allées du pouvoir. Sur l'échiquier associatif, elle représente la deuxième force après l'ANEB. La FESCI-BF a tendance à réifier la lutte estudiantine et à re-politiser les campus où les étudiants sont déjà excédés par une ANEB trop politiquement et idéologiquement située. Influencée par le réveil actuel du sankarisme, elle emprunte par moment une ligne politico-idéologique de gauche et, s'emparant de thèmes sankaristes, elle entend lutter contre la corruption, la gabegie, le népotisme, la politisation de l'administration, et l'exploitation des masses laborieuses par l'impérialisme et ses valets locaux dans le milieu scolaire et estudiantin[11]. Mais le manque de constance de ce syndicat, les soupçons de sa manipulation possible par le politique pèsent sur elle et la discréditent devant l'ANEB qui a toujours montré sa capacité à se renouveler et à s'adapter aux nouveaux contextes[12].

Dans une déclaration du 6 octobre 2016, elle fait un réquisitoire contre l'État burkinabè qui n'aurait pas eu le courage d'engager les réformes structurelles en vue d'une bonne application du système LMD. Elle dit avoir cru en la capacité de l'État à apporter des améliorations au nouveau système académique. Mais elle fait le constat de son échec du fait de la résistance même des acteurs à sa mise en œuvre. Elle dénonce donc la démission des autorités politiques successives face à ce système très exigeant en ressources humaines de haut niveau, en infrastructures et en équipements modernes. La FESCI-BF déclare s'en démarquer désormais, parce qu'elle veut « arrêter les massacres académiques et le cortège de désespoir et de chaos que ces derniers participent à créer »[13]. Cette décision ne la rapproche pas pour autant de l'ANEB.

Outre la capacité de mobilisation, les rapports de forces syndicales se mesurent à l'aune de leur représentativité dans les instances de l'université. C'est en 2000 que fut instaurée l'élection des délégués d'UFR et d'instituts. Elles concernent les associations syndicales, mais des étudiants peuvent aussi y prendre part en qualité d'indépendants. Chaque syndicat ou groupe d'indépendants présente une liste de deux candidats dans les UFR. Après les élections, les délégués élus représentent et défendent les intérêts des étudiants dans les instances de l'université. Dans leur esprit, les élections des délégués des étudiants devaient changer les rapports de forces sur le campus, en tout cas d'un scrutin à l'autre, en ce qu'elle permet un renouvellement de la représentation syndicale. Dans leur application cependant, elles montrèrent l'effet contraire : les élections ont accru le leadership de l'ANEB qui a toujours largement remporté ces élections.

L'administration universitaire, les pouvoirs publics et des étudiants ont beau se montrer hostiles aux méthodes fortes de l'ANEB et surtout à la dimension politique de sa contestation, celle-ci réussit toujours à s'imposer par sa capacité mobilisatrice. Beaucoup d'étudiants qui s'opposent à ses méthodes refusent cependant de désavouer le « bandit d'honneur »[14]. C'est sans doute en raison de l'impossibilité de pouvoir se passer d'un partenaire social gênant et de ne pouvoir compter sur un autre, non seulement inconstant, mais aux méthodes tout aussi insoutenables, que l'administration universitaire a eu recours aux associations religieuses comme un troisième acteur non légal, mais légitime dans la gestion des problèmes de l'université.

Les associations religieuses, une alternative crédible à l'activisme corporatif ?

Les associations religieuses procèdent au maillage de l'espace universitaire suivant un schéma presque identique. Chaque association dispose de sections (AEEMB), de cellules (JECU) ou de comités (GBU) dans les différentes UFR et instituts. Un bureau de l'université coordonne les activités des organes de base. Toutes sont liées à des structures supérieures de dimension nationale. L'AEEMB a une structure à triple niveau hiérarchique : la section est l'organe de base logé dans les UFR, instituts et cités universitaires. Les sections forment ensuite les conseils généraux qui fournissent au comité exécutif de l'AEEMB ses membres. Un conseil d'administration contrôle l'action du comité exécutif. Les conseils généraux et le congrès sont les instances de l'AEEMB.

Du point de vue de leur importance numérique, on assiste à la guerre des chiffres. L'AEEMB estime ses militants à 3 500. Le GBU dit mobiliser 1 000 étudiants des universités de Ouaga 1 et de Ouaga II. La JEC évalue ses membres à 500. L'évaluation du nombre des militants n'est pas fondée sur le critère de l'adhésion qui donne droit à une carte de membre, mais à une estimation des étudiants mobilisés autour de leurs activités. Dans la réalité, elles n'arrivent pas à écouler les cartes de membre, ne serait-ce que pour alimenter les caisses souvent vides.

Les chiffres avancés sont peu probables dans la mesure où aucune association ne possède un annuaire statistique et où la mobilisation lors des activités ne concerne pas seulement des militants déclarés et régulièrement inscrits. Sur la base de la tendance générale qui consiste à considérer la participation de leurs coreligionnaires comme la mesure de leur taille et sur la base de nos observations, l'AEEMB est sans doute la plus importante des trois principales associations religieuses, suivie de la JECU. En dehors des signes ostentatoires (tenue vestimentaire) propres aux militants des trois associations, ceux de l'AEEMB et de la JECU s'identifient facilement avec des séances de prière régulière dans des espaces physiques.

Le GBU est interdénominationnel. Comme l'AEEMB pour les musulmans, il tente de regrouper tous les courants se réclamant des missions évangéliques et pentecôtistes. Mais contrairement à l'AEEMB, qui dispose d'une autonomie par rapport à la FAIB, la volonté de rassemblement du GBU se trouve limitée par sa dépendance de la Fédération des Églises et missions évangéliques (FEME). Celle-ci ne regroupe pas tous les courants du protestantisme burkinabè. Les étudiants membres des Églises non rattachés à la FEME pourront ne pas militer au sein du GBU. C'est là aussi toute la difficulté que rencontrent les associations de jeunesse qui cherchent à briser les barrières dénominationnelles au sein des communautés religieuses éclatées comme le protestantisme et l'islam.

Une autre caractéristique du GBU est la distance prise d'avec le prosélytisme qui caractérise le protestantisme burkinabè (Laurent 2003 ; Fancello 2007). Certes, l'espace universitaire laïc « ne s'offre pas à la prédication prosélyte », mais, comme le souligne Nabi Ézéchiel, les étudiants eux-mêmes ont convenu de rompre avec les anciennes méthodes pour annoncer l'évangile de manière créative : conférences, panels, études bibliques, pendant lesquels les étudiants du GBU tentent de faire de nouveaux adhérents parmi les invités[15].

Les associations religieuses conduisent diverses activités qui concourent à leur visibilité. Ce sont principalement des activités religieuses, sociales, économiques et de citoyenneté. Les activités religieuses portent sur les formations et les cours d'instruction destinés à renforcer la foi des adhérents. Les prières et les animations sont des formes ostentatoires de présence et d'annonce de « la parole divine » régulièrement conduites dans les UFR et instituts par les démembrements des différentes associations. La dimension sociale ou caritative des associations religieuses les amène à développer des formes d'économie sociale pour venir en aide aux membres en situation difficile. Il s'agit de la vente d'articles et de documents religieux (livres, cassettes-audio), de vêtements, de dattes. Aucune des associations ne dispose d'une boutique permanente, mais toutes ont développé le concept de boutique virtuelle qui s'adapte à leur mobilité et leur dispense des taxes que nécessite le maintien d'une boutique permanente. La visibilité sociale de l'AEEMB se manifeste dans la santé et l'éducation avec la construction, grâce à un financement japonais, d'un dispensaire et d'un complexe scolaire.

La décennie 2000 correspond à une émergence des associations religieuses estudiantines dans la sphère publique. Par exemple, les trois associations, AEEMB, JECU et GBU, se sont engagées dans une dynamique de dialogue interreligieux qui a abouti à la mise en place d'une commission mixte visant à unir leurs efforts dans la résolution des conflits entre les organisations syndicales sur le campus. Dans la même lancée, l'AEEMB et la JECU ont organisé ensemble une rencontre interreligieuse de trois jours au Stade du 04 août en 2003 à Ouagadougou. Les réformes institutionnelles (mise en place du Sénat et révision de l'article 37 de la constitution) qui ont polarisé l'attention de la population entre 2012 et 2014 ont vu les sorties remarquées de l'AEEMB et de la JECU. Mais c'est surtout au sujet des élections de novembre 2015 et de la lutte contre l'extrémisme violent que les associations religieuses rivalisent en conférences, panels, fora, marches et déclarations. Le 17 août 2015 par exemple, la JEC (national) a organisé un symposium autour du thème : « Elections en octobre 2015 : rôle et place de la jeunesse burkinabé »[16]. Le 22 août 2016 à Ouagadougou, l'AEEMB a marché pour la paix[17]. Du 29 mars au 1er avril 2017, elle a organisé un panel sur l'extrémisme violent. Ces quelques exemples illustrent combien les associations religieuses sont actives dans l'espace public.

Dans les exemples ci-dessus décrits, les associations religieuses prennent acte de ce que Sandrine Nicourd (2009) appelle « les engagements militants », qui s'inscrivent dans un contexte sociohistorique où ils sont valorisés. Si les associations religieuses estudiantines s'engagent pour la paix et la sécurité, c'est justement parce qu'elles sont valorisées par les mondes politique et médiatique. Les catégories empruntées par les responsables des associations pour expliquer la légitimité de leur engagement recourent aux sollicitations des religieux et des coutumiers en faveur de la cohésion sociale et de la paix, depuis la crise sociopolitique de 1998 et la montée de l'extrémisme violent en 2016. La mobilisation pour la cohésion sociale et la paix est devenue une des formes de réinvestissement du politique par les religieux, qui s'accompagne d'une quête de visibilité dans l'espace public et médiatique. Les associations religieuses estudiantines ne sont pas en marge de cette mobilisation citoyenne pourvoyeuse de ressource et de visibilité. Sont alors mis sur le devant de la scène des engagements en réseaux autour de sujets d'intérêt national et international, capables de susciter des adhésions plus larges. Les activités de visibilité établissent des connexions entre les associations religieuses et des mouvements religieux nationaux et internationaux et les pouvoirs publics.

La sous-représentation des filles : caractéristique et préoccupation communes à toutes les associations estudiantines

Le trait caractéristique commun à toutes les associations estudiantines demeure la sous-représentation des filles dans les instances dirigeantes. Théoriquement, il n'existe aucune discrimination ni dans les textes, ni dans la pratique, en ce qui concerne l'accès aux responsabilités. Les associations ne mettent pas non plus en avance le principe de la discrimination positive, ou celui de la parité pour promouvoir des candidatures féminines. Les critères pertinents qui président aux choix des responsables restent la compétence, l'ancienneté dans l'association, l'expérience, la probité et l'esprit de sacrifice.

Si l'ancienneté et l'expérience acquises dans le militantisme apparaissent comme des critères objectifs, ce n'est pas le cas pour la compétence, la probité et l'esprit de sacrifice. Un militant est dit compétent si son ancienneté et son expérience lui confèrent de l'audience au sein de son groupe syndical ou religieux. Le militant probe est celui-là qui incarne des valeurs comme la droiture, l'intégrité et l'honnêteté. L'esprit de sacrifice définit le militant qui fait sienne la cause de l'association et montre des dispositions à la défendre, souvent au prix de sa vie. Ce critère est notamment privilégié par l'ANEB.

L'accès aux postes de responsabilité dessine un itinéraire relativement long et pénible qui ne favorise pas les filles. La plupart des étudiantes optent pour des études à cycle court ou moyen. Une comparaison du rapport de féminité dans les UFR[18] et instituts de l'Université Ouaga 1 montre que celui-ci est plus élevé dans les instituts où les formations proposées sont généralement à cycle court (Licence professionnel en trois ans). Il est par exemple de 88,4 % à l'École supérieure des sciences juridiques et politiques Appliquées au Développement (ESSPJAD) ; 81,6 % à l'Institut des arts et métiers (IBAM) et 76 % à l'Institut panafricain d'étude et de recherche sur les médias, l'information et la communication (IPERMIC) contre 52,1 % en sciences de la santé ; 40,6 % en sciences humaines et 10 % en sciences exactes et appliquées[19]. Le profil sociologique des filles qui font le cycle long (sciences de la santé) est celui des filles issues de milieux modestes et qui ont un faible penchant pour la vie associative. Même celles qui arrivent sur le campus avec déjà une expérience acquise au secondaire ont besoin de temps pour se faire découvrir dans un organe de base (cellule, section, comité, corporation) avant d'espérer prendre la tête de l'association. Or, à supposer même que ce parcours soit ramené à deux ans (ce qui est rare), les filles des cycles court ou moyen seraient déjà à la porte de sortie de l'université. L'élection aux postes-clés (présidence et secrétaire général) dans toutes les associations estudiantines met finalement en compétition des candidats de cycles longs (master et doctorat). C'est à ce moment que les filles qui capitalisent de l'expérience, comme Julie Belemsaga, l'actuelle présidente de la JECU, peuvent être sollicitées pour faire valoir leur expérience au plus haut niveau de responsabilité.

Julie Belemsaga est étudiante en 4ème année de médecine. Elle a fait un parcours de 7 ans dans la JEC au secondaire et à l'université avant d'être portée à la tête de le JECU. Elle a occupé successivement les postes de responsable à l'animation de la JEC au secondaire, celui de chargée aux activités académiques, de responsable de la cellule sciences de la santé, puis secrétaire diocésaine de la JEC. Le temps déjà passé dans la JECU et le temps qu'elle aura encore à y passer pour consolider les acquis ont pesé en sa faveur. Des exemples de filles qui ont occupé des postes secondaires (trésorerie, mobilisation féminine) existent dans la plupart des associations, religieuses comme syndicales. Des commissions à la mobilisation féminine sont mises en place, mais l'esprit général demeure celui qui consiste à réserver aux femmes les postes secondaires, sous le prétexte qu'elles sont réticentes à accepter des postes de responsabilité. L'AEEMB et le GBU par exemple réservent dans leurs organes la trésorerie aux femmes. La même tendance est observée dans les associations syndicales. Le cas de Julie Belemsaga nous amène à soutenir l'hypothèse que la faible représentation des filles dans les instances dirigeantes des associations estudiantines s'explique moins par leur réticence habituelle à accepter les postes de responsabilité, que par le temps relativement court de leurs études supérieures qui les disqualifient par rapport aux garçons.

LE RÉVEIL DU RELIGIEUX SUR LE CAMPUS UNIVERSITAIRE

L'apparition du fait religieux sous une forme organisée remonte aux années 1980 où l'on vit se constituer des associations religieuses intégrant désormais l'espace universitaire dans le champ religieux. Les années 2000 constituent une autre étape, celle de l'affirmation de ces associations y compris au travers de l'engagement politique attesté par des actions publiques. La formation d'une élite politico-religieuse, la moralisation et la pacification de l'espace universitaire rendue nécessaire par un hyper-activisme syndical sont apparues au fil des années comme des formes de réinvestissement de l'espace universitaire par les associations religieuses.

On assiste depuis la fin du siècle dernier à un phénomène général de réveil du religieux, d'enchantement des campus et par contre à une baisse de l'attrait de l'idéologie marxiste qui fut pendant longtemps le fondement de la culture politique des étudiants. Et l'ensemble des étudiants, y compris certains marxisants, se retrouvent dans une atmosphère générale de révolution du croire. Comme le fait remarquer Peter Berger (2001), « la religion ne cesse de fournir aux individus et aux groupes l'ensemble des références, des normes, des valeurs et des symboles qui leur permettent de donner sens aux situations qu'ils vivent et aux expériences qu'ils font ». L'affirmation du fait religieux sur le campus universitaire s'inscrit dans une démarche progressive d'abord discrète, puis suit une poussée d'expression de l'identité religieuse des étudiants qui y adhèrent. Les forces religieuses aux travers des associations estudiantines refusent d'être refoulées dans la sphère du privé et sont décidées à agir comme des acteurs publics (Dieckhoff & Portier 2017 : 14). Ce retour du religieux dans l'espace laïc de l'université s'est voulu d'abord discret, puis décisif et revendicatif.

Une présence religieuse qui va au crescendo

C'est au début des années 1980 que les groupes religieux, catholiques, protestants et musulmans intègrent l'université dans leur champ de prosélytisme. Le dénominateur commun à tous ces groupes qui ont décidé d'investir l'université est d'y exprimer leur sentiment religieux, avec en corollaire l'exercice du culte. Cet engagement religieux n'était pas dépourvu d'intention idéologique et politique, avec ce militantisme discret mais actif, visant à mobiliser les croyants tièdes autour de la pratique religieuse. L'Église catholique inscrit l'expression de la foi et l'engagement religieux dans le projet pastoral de transformations sociales et morales, en particulier de formation d'une élite chrétienne capable de prendre les rênes du pouvoir, sinon de contribuer activement à la construction de l'État-nation. Dans le cadre scolaire, le clergé organise la jeunesse à travers les mouvements d'action catholique tels que la Jeunesse étudiante catholique (JEC), les Jeunes témoins du Christ (JTC), etc. La JEC fut le tout premier des mouvements à s'implanter à l'université en 1981.

L'entrée de l'islam à l'école et à l'université est née de la dynamique de promotion des valeurs culturelles islamiques au sein de la Communauté musulmane de Haute-Volta (CMHV) au cours des années 1970. Dès 1972, la CMHV mit en place le Comité culturel de la jeunesse musulmane (CCJM) sous la direction du Docteur Bala Moussa Traoré, un médecin, qui en avait eu l'initiative. Le CCJM voulait minimiser les déperditions de l'islam en fidèles particulièrement dans la jeunesse scolaire et estudiantine. Il s'agissait de surmonter à la longue l'infériorité numérique des musulmans au niveau de la gestion du pouvoir d'État, des institutions politiques et de l'administration publique (Cissé 1994 : 217). Dès 1976, elle inspire, à l'exemple des mouvements d'action catholique, l'organisation des élèves musulmans dans les collèges et lycées des grandes villes, au sein de structures appelées Troupes mahomédiennes. C'est en 1985, sous la Révolution sankariste que, à contrecourant de l'idéologie marxiste-léniniste, utilisée par le pouvoir révolutionnaire comme module de formation de la jeunesse dans le cadre des comités de défense de la Révolution (CDR), se forme l'Association des élèves et étudiants musulmans du Burkina (AEEMB). L'arrivée, depuis le début des années 1980, d'un afflux important d'élèves et d'étudiants de la diaspora burkinabè en Côte d'Ivoire a été un facteur déterminant de la création de cette association. Certains des élèves et étudiants avaient milité dans l'Association des élèves et étudiants musulmans de Côte d'Ivoire (AEEMCI). A leur arrivée au Burkina Faso, ils avaient constaté un vide organisationnel qui ne favorisait pas l'expression de leur foi. L'AEEMB apparaît dans sa dénomination comme une reproduction exacte de l'association estudiantine confessionnelle ivoirienne[20]. De leur côté, les étudiants protestants se rassemblèrent au sein du groupe biblique universitaire (GBU).

Les associations religieuses s'installent solidement sur un campus universitaire sous influence marxiste-léniniste. Les CDR disputaient à l'ANEB le contrôle des étudiants sur le terrain politique et idéologique. En considérant la religion comme « l'opium du peuple », la rhétorique anti-religieuse de ces deux mouvements ne laissait aucune place à l'expression de la foi. Le monde étudiant se répartissait entre le militantisme dans les CDR et l'affiliation à l'UGEB-ANEB qui apparaissait à la fois comme le syndicat, mais aussi le parti d'opposition, sur le campus, à la Révolution démocratique et populaire. Les appréhensions de l'Église catholique se confirmaient à l'Université de Ouagadougou : la restriction de la liberté religieuse dans un contexte révolutionnaire hostile, présentant les communautés religieuses comme des forces réactionnaires. Alors que l'UGEB-ANEB luttait véritablement pour sa survie politique, les associations religieuses recherchaient astucieusement une sorte de droit de cité à un moment où la violence révolutionnaire avait fait voir dans la religion un refuge. Il s'agissait pour elles de résister à la « subversion athée », de surmonter leur complexe et d'afficher publiquement leur foi. Pour éviter la répression par les CDR, elles menèrent une existence plutôt discrète, mais tenace.

L'avènement du Front Populaire de 1987 à 1991, permit aux associations religieuses de sortir de l'ombre et de conquérir l'espace universitaire monopolisé par les CDR. Mais c'est la transition démocratique de 1991 qui leur donna des possibilités de s'affirmer sur le campus. Elles formèrent des cellules d'animation religieuse. L'AEEMB procéda à la délimitation au sein de chaque faculté d'espaces de prière. Les militants des associations religieuses revendiquaient leur identité religieuse par des signes distinctifs : boubous et bonnet pour les Aeembistes, port du foulard et de la croix pour les catholiques, en particulier les jécistes. C'est le début de l'expression remarquée de la religion au sein du campus universitaire. La lutte pour la reconnaissance comme acteur à part entière de la communauté universitaire prit la forme d'une rivalité entre associations religieuses, intimement liée à la compétition entre les différentes religions dans l'espace public burkinabè (Vanvyve 2015 ; Madore 2016).

Du côté catholique, l'Église a défini clairement une politique pour l'université en 1994. Le temps n'était plus aux hésitations. Il fallait élaborer une pastorale sociale destinée à l'animation des étudiants. Un document d'orientation qui recommande et définit les modalités de « la présence de l'Église dans l'université et dans la culture universitaire » fut rédigé (Congrégation pour l'éducation catholique 1994). Pour le Saint-Siège, en effet, la présence de l'Église dans l'université est une « exigence pressante ». Les Églises locales doivent travailler à la « promotion de mouvements ecclésiaux dynamiques. La pastorale universitaire connaît de meilleurs résultats lorsqu'elle s'appuie sur des groupes ou des mouvements et associations, parfois peu nombreux, mais de qualité, soutenus par les diocèses et les Conférences épiscopales » (Congrégation pour l'éducation catholique 1994).

La mise en œuvre de la politique pontificale en milieu universitaire s'est traduite par l'érection de l'aumônerie des étudiants, la Rotonde, en paroisse universitaire. Elle est logée à quelques 300 mètres au nord-ouest du « quartier latin »[21] et jouxte le domaine du Conseil de l'Entente. Lieu de rencontre, de réflexion chrétienne et de formation, elle ouvre l'Église à la jeunesse étudiante, à ses questions et à son dynamisme apostolique. Son but est aussi d'intensifier de fructueux rapports avec l'université de sorte à créer en son sein une communauté chrétienne et un engagement de foi missionnaire. La paroisse universitaire est l'épicentre des mouvements d'action catholique universitaires. La jeunesse étudiante catholique universitaire, le Mouvement eucharistique des Jeunes (MEJ), le Buisson Ardent, etc., ont prospéré ou émergé grâce à son action. Au déploiement catholique plus ou moins visible sur le campus à partir du milieu des années 1990, la jeunesse musulmane a répondu de manière plus offensive.

La jeunesse musulmane a pris conscience que les divisions au sein de l'islam sont le principal facteur du manque d'influence politique de celui-ci. Aussi, l'AEEMB se veut-elle une structure fédérative de tous les courants de l'islam burkinabè en vue de favoriser l'unité de l'*Umma* (Madore 2016 : 94). Or, une structure scolaire et estudiantine a des limites certaines quant à sa légitimité de répondre de l'islam devant les pouvoirs publics. La nécessité que puisse éclore un islam des intellectuels francophones pour remplir cette mission conduisit à la création du Cercle d'études, de recherches et de formation islamiques (CERFI) en 1989 comme prolongement de l'AEEMB. Le CERFI regroupe les anciens Aeembistes qui n'ont plus le statut d'élèves ou d'étudiants et qui se sont insérés sur le marché du travail (Madore 2016 : 101).

L'avènement de l'AEEMB et du CERFI marque un tournant décisif dans les évolutions de l'islam burkinabè. Pour la première fois, de jeunes musulmans sortaient l'islam de ses niches traditionnelles (mosquées, foyers coraniques et medersa) pour contribuer à la formation d'une élite musulmane qui positionne l'islam dans les affaires publiques du Burkina Faso. Les deux organisations font de l'affirmation politique de l'islam leur combat. L'AEEMB transcende les clivages doctrinaux, régionaux et politiques au sein de l'islam burkinabè. En cela même, elle apparaît comme une structure dans l'islam et non de l'islam, comme l'est la Fédération des associations islamiques du Burkina (FAIB). Elle est membre de cette fédération, mais échappe à son contrôle du fait d'une certaine autonomie dans la prise de décision. Sa particularité réside dans le fait que de par sa forte structuration, sa grande implantation, sa stabilité (relative) et son audience, elle est à même de représenter l'islam burkinabè dans toute sa diversité. La précarité de la condition estudiantine lui donne une force de mobilisation.

La précarité étudiante comme facteur de mobilisations religieuses

L'augmentation très rapide des effectifs de l'université, la réduction des bourses et des possibilités d'emploi dans la fonction publique, ont continuellement dégradé la situation des étudiants. Aux temps de crises qui voyaient la fermeture de l'université, la suspension des œuvres sociales (restaurant, cités, bourses et prêts), les associations religieuses se retrouvaient à jouer le rôle auparavant dévolu aux syndicats : la prise en charge de questions sociales. Elles se sont efforcées d'être, pour de nombreux étudiants qui arrivent sur le campus sans accompagnement, des tutrices. Leur présence comme une force à part entière sur le campus débute dans les années 2000 où, à l'instar des associations syndicales, elles sortent accueillir, orienter et aider à loger des « frères » et des « sœurs » nouvellement arrivés ou en situation de précarité. Dans une université où la plupart des étudiants militent par intérêt et non par conviction, les associations religieuses recrutent peu par rapports aux associations syndicales proches du pouvoir (Mazzocchetti 2006). Mais pour ceux qui ont foi en Dieu, comme le montre la figure de Mariam dans « Etre étudiant à Ouagadougou » (Mazzocchetti 2009 : 60), rejoindre une famille religieuse fait partie des pratiques de survie devant les difficultés économiques et académiques sur le campus.

L'élan de solidarité estudiantine s'est même institutionnalisé, faisant des associations religieuses des partenaires de l'administration universitaire au même titre que les associations syndicales dans l'orientation et l'accompagnement des étudiants. A chaque rentrée, à l'instar des associations syndicales, elles sortent avec des pancartes, mettent en place des stands pour accueillir les nouveaux bacheliers. Cette solidarité estudiantine ne passe pas souvent inaperçue. Les associations estudiantines suppléent ainsi à l'insuffisance de l'offre technique de la Direction de l'administration, de l'orientation et de l'information (DAOI) des étudiants, dont les services se ramènent à la gestion des affaires de scolarité. Constatant le déficit de l'offre de service concernant l'orientation et l'information des étudiants, les associations estudiantines, au lieu d'en exiger la prise en compte, le récupèrent, parce qu'elles voient dans le service rendu aux nouveaux bacheliers, un moyen de recrutement de militants. L'administration universitaire reconnaît en définitive le travail utile que mènent les associations confessionnelles dans l'accueil et l'orientation des nouveaux étudiants[22].

La solidarité estudiantine s'étend au logement dans les cités universitaires où le Centre national des œuvres universitaires (CENOU), service social mis en place par l'État, se révèle lui aussi déficitaire dans son offre de service. Là aussi, chaque association estudiantine se mobilise pour placer ses candidats. L'université se retrouve partagée entre logique religieuse et logique syndicale : les « frères en islam » et les « frères en Christ » partagent désormais les espaces dans les jardins des facultés, au restaurant et dans les cités avec les « camarades » militants syndicaux. Espaces de sociabilité et de solidarité, les associations confessionnelles n'hésitent pas à prendre la défense de leur religion et de leurs militants contre les atteintes à la religion et aux personnes. A ce propos, l'action énergique menée par l'AEEMB contre un groupe d'étudiants appelés « Les guerriers » est encore mémorable. Confiscation de chambres en cité, torture, menace de représailles constituaient le mode opératoire de ce groupe. Si les Guerriers ont cédé aux coups de boutoir de l'ANEB en 2000, l'AEEMB fut la première à contenir leur agitation après qu'ils aient agressé un Aeembiste au restaurant universitaire. Cette « correction des guerriers » par l'AEEMB fit prendre conscience de la nouvelle force que représentaient les groupes religieux sur le campus. Il est vrai que ces groupes religieux ne se mesurent pas aux structures estudiantines laïques, ni contestent leur hégémonie et leur logique protestataire, mais la peur d'affrontement sur la base religieuse inquiétait à la fois syndicats estudiantins et administration universitaire.

Le recours aux associations religieuses comme le troisième acteur légitime dans les crises universitaires leur a conféré une reconnaissance de fait. Dès lors, les groupes religieux peuvent situer leur leadership dans le registre de la sociabilité et de la conciliation. Pour l'administration universitaire, l'implication des associations religieuses dans la résolution des crises lui permet de gagner la guerre de l'opinion et de réduire le crédit des associations syndicales protestataires auprès des étudiants. Voyant en elles un contrepoids à l'agitation syndicale, l'administration leur témoigne une neutralité bienveillante, leur donnant ainsi l'opportunité de s'affirmer dans un espace qui les nie.

Les témoignages des responsables d'associations n'indiquent plus une réticence de l'administration à l'exercice public du culte et aux animations religieuses. Les réticences viennent individuellement des enseignants. Certains leur reprochent ouvertement de ne pas respecter la laïcité de l'espace universitaire. Toutefois, leurs plaintes ne vont pas loin, l'administration ne voulant pas intervenir dans une question qu'elle juge très sensible. Les trois associations religieuses peuvent alors proposer de manière concertée leur médiation dans les affrontements intersyndicaux. De l'avis général des représentants des trois associations, leur médiation puise dans les valeurs d'amour et de pardon des religions ; mais elle participe aussi de la moralisation de l'espace universitaire où la pratique religieuse n'est pas la préoccupation de nombreux étudiants. Bien que n'étant pas reconnues légalement, elles sont invitées à titre consultatif dans les instances universitaires en particulier lors des concertations sur les retards académiques, sur la carte du restaurant universitaire, etc. Dans les instances ou cadres de concertation où les représentants religieux se retrouvent avec les délégués syndicaux, ils tentent d'apparaître neutres. Selon Maïga Fatao, actuel président de l'AEEMB, cette posture convient à des associations religieuses dont les actions ne doivent pas interférer avec celles des organisations syndicales[23]. Les associations religieuses ne cherchent donc pas à se mesurer aux structures syndicales, mais entendent construire un leadership basé sur la neutralité en transcendant les clivages idéologiques et politiques qui caractérisent les syndicats. Elles montrent ainsi qu'elles ne sont pas dans une logique de rivalités avec les syndicats d'étudiants, mais d'ouverture à la pluralité des expressions. Pour les associations syndicales, leur légitimation implicite fait partie des bénéfices qu'ils tirent de la participation des associations religieuses. C'est pourquoi, elles se gardent de remettre en cause leur présence non statutaire.

Tout en tenant à leur indépendance vis-à-vis des acteurs administratifs et syndicaux, les responsables des associations religieuses cultivent les relations de bons offices. Lorsqu'intervient le renouvellement de leurs organes, les nouveaux bureaux se présentent aux entités administratives de l'université. Abdou Rasmané Ouédraogo, ancien président de l'AEEMB, justifie cette démarche auprès de l'administration par le nécessaire désir de collaboration et de quête de reconnaissance qui évite que l'administration leur refuse des salles pour leurs rencontres et s'oppose à l'exercice public du culte comme de par le passé[24]. Le « prétexte de la laïcité a été, à un moment un motif pour refuser les salles aux groupes religieux », a renchéri Isaïe Ouédraogo, ancien responsable de la JECU[25]. La religion étant partie intégrante de la culture universitaire et les groupes religieux, un acteur de l'institution, les associations revendiquent leur reconnaissance légale :

> « Les autorités universitaires impliquent les associations religieuses dans la vie de l'université. Pourtant, elles ne nous reconnaissent pas. Au niveau des trois associations, JEC, AEEMB, GBU, nous avons pris conjointement l'initiative en 2016 d'œuvrer à obtenir des autorités universitaires une reconnaissance légale. Nous nous sommes donnés trois ans pour parvenir à cette reconnaissance »[26].

La démarche inclusive de l'administration, même si elle est vue comme un travail de sape par certains responsables syndicaux[27], apparaît comme un exemple typique de la mise en scène du vivre ensemble et d'une gestion du religieux « laïquement compatible ».

Avec les syndicats, les rapports et les représentations ne sont plus ceux des décennies 1970 et 1980. Les deux acteurs sont passés de la méfiance, voire du rejet réciproque à la collaboration. Des militants religieux adhèrent aux structures syndicales. L'AEEMB et la JECU laissent à leurs militants le libre arbitre. Elles ne cherchent pas à influencer de l'intérieur les idées et positions des syndicats, mais à cerner la logique et les problèmes syndicaux en vue d'agir conformément à l'éthique religieuse. Isaïe Ouédraogo fait remarquer qu'il est difficile de faire changer la position des groupes syndicaux qui prennent toujours la précaution de ne pas soumettre les positions qu'ils défendent aux débats contradictoires. Aussi, est-il vain de vouloir infléchir des positions régies par le principe de l'inflexibilité. Il illustre ses propos par l'attitude de l'ANEB qui invite la JECU à ses assemblées générales :

> « Dans les AG de l'ANEB, la JECU part en tant qu'invitée. La stratégie de l'ANEB consiste à balayer d'un revers de main les arguments contraires. Donc, il y a une prudence à mener les débats. Nous n'avons donc pas assez d'influence en tant que structure. Comme il nous est difficile d'arriver à changer les idées dans l'ANEB, nous procédons par déclaration devant un problème d'intérêt universitaire ou national »[28].

Si pour l'AEEMB et la JECU, l'attitude du militant religieux dans le syndicat doit être la prudence et la neutralité, au GBU, la mission du militant au sein d'une structure syndicale est de chercher à exercer, dans la mesure du possible, une influence :

> « Certains de nos membres militent également dans les syndicats. Dans ces conditions, on les encadre spirituellement et humainement. On leur demande de s'abstenir sur tout ce qui est contraire aux valeurs du GBU. L'adhésion aux syndicats vise aussi à exercer une influence sur le cours des choses dans le syndicat. Donc le principe est de ne pas se faire influencer, mais de jouer le rôle actif de celui qui influence »[29].

Les associations syndicales affirment à leur tour qu'elles entretiennent de bonnes relations avec les associations religieuses. Jusqu'ici, les affrontements entre structures estudiantines sur le campus se sont limités aux associations syndicales. L'altercation entre l'AEEMB et le groupe dit « Les guerriers » en 2000, qui pourtant étaient affiliés à l'Union nationale des étudiants du Faso (UNEF), n'est pas considérée comme un affrontement entre l'AEEMB et l'UNEF. L'AEEMB ne voulait pas considérer les « agissements d'un groupe d'égarés » comme ceux de l'UNEF. Celle-ci aussi l'a compris ainsi, évitant ce que tous les acteurs ont redouté sur le campus à l'époque. Il existe un respect mutuel entre associations syndicales et religieuses, malgré les différences d'action et de pensées. Ismaël Traoré, le président de l'UGEB reconnaît que les rapports de l'UGEB-ANEB avec les structures confessionnelles sont meilleurs que ceux qu'elle entretient avec les autres syndicats :

> « Nous avons des tentatives de rapprochement avec certains des groupes syndicaux à certains moments. Par contre, avec les associations confessionnelles, nous n'avons aucun problème. Elles ne peuvent pas revendiquer. Notre logique est de ne pas les laisser en marge de la lutte. Donc, nous les rencontrons et échangeons avec eux dans l'élaboration de nos plateformes revendicatives »[30].

L'organisation marxiste-léniniste accepte toutes les sensibilités religieuses en son sein. Si le réalisme conduit militants de l'UGEB-ANEB et militants des associations religieuses à la collaboration, il reste que les positions réciproques semblent avoir évolué : l'UGEB ne considère plus la religion comme « l'opium du peuple », et les religieux ne voient plus forcément ses militants comme des athées. Ismaël Traoré le rappelle bien :

> « Nous ne sommes pas des athées. Nous avons certains de nos responsables qui s'affichent en tant que croyants musulmans, catholiques ou protestants. L'actuel président de l'ANEB est catholique. Il va régulièrement à l'église. Est-ce pour autant qu'on a refusé qu'il dirige la structure ? Non ! Dans le passé, des militants estimés de l'AEEMB ont dirigé l'UGEB[31]. Nous disons seulement que nous ne faisons pas de discrimination, mais le débat sur Dieu, nous ne pouvons pas l'éviter »[32].

En matière de lutte, la religion n'est pas un élément structurant de la résistance. Toutefois, individuellement, les militants religieux se reconnaissent dans les revendications syndicales et participent aux luttes si elles concernent des enjeux liés aux conditions de vie et d'études. Entre activisme syndical et religieux, les frontières ne sont donc plus étanches. Les étudiants ont généralement une double appartenance : religieuse et syndicale. Des militants des associations religieuses animent des sections ou des comités syndicaux, et des responsables syndicaux sont estimés dans leurs groupes religieux. Les responsables des associations religieuses et syndicales expliquent ce cumul des identités avec lequel s'accommodent les étudiants par deux logiques conciliables.

La première est la communauté de destin des groupes religieux et des syndicats d'étudiants en ce qui concerne les conditions de vie et d'études à l'université. Les problèmes liés à la qualité des repas, aux évaluations, à la faiblesse des capacités d'accueil, au logement, etc., ne connaissent pas de couleur, pour reprendre l'expression d'un responsable d'association religieuse comme pour justifier pourquoi sa structure encourage ses militants à militer dans les syndicats. En second lieu, la nature même de l'association religieuse, instance fédérative de tous les courants syndicaux, idéologiques et politiques estudiantins sous la bannière religieuse, milite qu'elle ne prenne pas parti. C'est pour cette raison que les responsables des trois associations religieuses que nous avons rencontrés ont affirmé que leurs associations ne sont d'aucun camp, mais qu'ils ne se désolidarisent pas des luttes syndicales.

Les responsables des structures syndicales ont en commun de minimiser l'importance de l'élément religieux dans leurs actions. Mais ils n'ignorent pas qu'ils mènent des luttes « déléguées » : un syndicat formule des revendications, mais un nombre bien plus important d'étudiants les considèrent comme fondées et participent à la lutte. Les associations religieuses sont dans cette tension permanente entre la nécessaire neutralité qui en va de leur acceptation et de leur existence de fait sur le campus, et le soutien aux syndicats. Pour atténuer cette tension, elles ont trouvé une solution équilibrée : n'accorder de préférence à aucun groupe syndical et ni n'en soutenir ouvertement aucun, mais éviter de mettre en cause l'hégémonie et la logique protestataire syndicale. L'élément religieux, en particulier celui de la recherche de la sociabilité, dans les rapports de forces sur le campus. Sous un autre angle, l'influence d'une association confessionnelle ne se mesure pas à celle d'un groupe syndical, mais plutôt à celle d'une autre association confessionnelle. En raison des différentes orientations doctrinales et politiques, les groupes de même nature s'excluent et/ou rivalisent dans l'occupation de l'espace, mais cherchent à se rapprocher dans un souci d'apaisement des tensions. Entre groupes confessionnels et syndicats, c'est bien plus les interactions que les luttent de positionnement qu'il est pertinent d'analyser. L'association, à titre consultatif, d'instances religieuses aux instances de l'université leur offre des possibilités d'affirmation et une visibilité au-delà de l'espace universitaire.

De larges connexions avec des mouvements nationaux

Les associations estudiantines sont liées à des politiques nationales et internationales d'organisations confessionnelles et politiques. Les associations confessionnelles puisent largement dans les stratégies et actions des instances supérieures de leurs communautés au niveau national et international. L'AEEMB est membre de l'Organisation de la jeunesse musulmane en Afrique de l'Ouest (OJMAO) ; le GBU est affilié au groupe biblique d'Afrique francophone (GBAF) et à l'International Fellowship of Evangelical Students (IFES), tandis que la JECU se rattache d'abord à la JEC panafricaine, ensuite à la Jeunesse étudiante catholique internationale (JECI), puis au vaste mouvement de la Jeunesse catholique mondiale. Leurs relations avec ces mouvements religieux internationaux sont indirectes, les structures habilitées à gérer les rapports et les sollicitations à l'échelle nationale et internationale étant les structures fédératives au sein de chaque communauté religieuse : l'aumônerie catholique des jeunes pour la JECU ; la FAIB pour l'AEEMB et la FEME pour le GBU. Les associations estudiantines n'échappent donc pas à la logique qui veut que leurs activités soient conformes aux orientations générales des communautés religieuses dont elles répondent. C'est pourquoi, tout en étant autonomes, leurs rapports avec les pouvoirs publics, la société civile et les instances internationales sont encadrés par les instances supérieures ou fédératives. Par exemple, si la JECU veut adresser une demande d'aide ou de parrainage pour une activité à une structure publique, elle est obligée de passer par le bureau national de la JEC qui, à son tour, peut remonter à l'aumônier national pour juger de l'opportunité de la demande. Comme le souligne un membre du bureau de la JECU, pour « tout ce qui sort du cadre de l'université, c'est le bureau national qui en a la gestion. C'est lui qui choisit la structure la mieux habilitée pour agir ou s'impliquer »[33]. C'est la même logique qui prévaut à l'AEEMB et au GBU. Lorsque l'AEEMB, par exemple, collabore à des activités avec les structures étatiques ou avec des organismes internationaux, elle le fait pour le compte de l'ensemble de la jeunesse musulmane.

Les associations religieuses prennent leurs distances avec les groupes politiques. Leur volonté d'apparaître comme des associations estudiantines véritablement apolitiques se traduit par le renoncement aux aides et autres appuis venant d'individus ou de groupes politiques. Il arrive qu'elles apparaissent comme des forces d'oppositions internes à la communauté confessionnelle nationale dont elles relèvent lorsque celle-ci est soupçonnée d'entretenir des accointances avec le politique. L'AEEMB-CERFI est cette voie dissonante au sein de l'islam burkinabè, dans ses relations avec le pouvoir politique. On l'a vu se démarquer de la position de la communauté musulmane sur la question de la mise en place du Sénat. Le refus des associations confessionnelles de composer avec le politique leur confère une légitimité sur les organisations syndicales dans l'espace universitaire.

Un cordon ombilical lie certains syndicats d'étudiants aux partis politiques. Si le campus universitaire de Ouagadougou est apparu comme le lieu de la contestation, on oublie souvent de souligner son rôle majeur dans la « fabrique » et le renouvellement de l'élite politico-administrative. Alors qu'elle était apparue dans les années 1950 comme un contre-pouvoir, la trajectoire d'anciens du mouvement étudiant et l'histoire politique du Burkina Faso depuis 1966 montre deux itinéraires du syndicalisme étudiant. Le premier conduit à des alliances de circonstance pour l'exercice du pouvoir ; tandis que le second s'inscrit dans la construction de contre-pouvoirs, dans le cadre de la société civile (Bianchini & Korbéogo 2008 ; Loada 1999). D'anciennes figures du mouvement étudiant voltaïque et burkinabè ont donné et continuent de donner aux différents régimes leurs cadres. Dans le même temps, ils ont en face d'eux leurs camarades de lutte qui animent la plupart des formations politiques d'opposition, des syndicats et des organisations de la société civile. L'université est un enjeu pour les groupes politiques. Les syndicats d'étudiants sont fabriqués ou suscités par des individus ou des groupes politiques, aussi bien de l'opposition que du pouvoir. Historiquement, l'UGEB-ANEB est dominée par la gauche marxiste[34]. Le pouvoir, ses alliés politiques et certains partis politiques de l'opposition se partagent les syndicats réformistes. Les recompositions du paysage politique burkinabè laissent voir une instabilité permanente au sein mouvement étudiant. Beaucoup de syndicats des années 1990 ont disparu[35], conséquence de la disparition ou de l'affaiblissement de leurs bras politiques.

L'action publique des associations confessionnelles bénéficie de l'accompagnement de plusieurs partenaires : les hautes instances des communautés confessionnelles, l'État, les organisations de la société civile, les organisations internationales et les représentations diplomatiques. Les partenaires institutionnels des associations auprès de l'État, à savoir le ministère en charge de la jeunesse, puis celui en charge des droits humains et du civisme, accompagnent les associations confessionnelles. Les responsables de chacune d'elles ont témoigné avoir reçu un soutien (financier et humain) de l'État. Les associations confessionnelles collaborent ou reçoivent l'appui d'ONG et des organisations internationales selon leurs sensibilités et leurs centres d'intérêts. Tenant compte des considérations religieuses et éthiques, la JECU et le GBU collaborent plus facilement avec les organismes de solidarité d'obédiences chrétiennes. L'AEEMB ne porte pas de préférence à sa collaboration, mais comme les deux autres, elle ne collabore ni n'accepte de l'aide d'une ONG ou organisation internationale dont elle ne partage pas la philosophie. Les organismes spécialisés des Nations unies comme le Fonds des Nations unies pour la population (FNUAP) et le Fonds des Nations unies pour l'enfance (UNICEF) passent pour des partenaires communs à toutes les associations confessionnelles. Il en est de même avec les organisations de la société civile nationale active dans le domaine des droits humains et de la corruption. Ainsi, interagissent-elles, l'ANEB particulièrement, avec le Mouvement burkinabè des droits de l'homme et des peuples (MBDHP) et le Réseau national de lutte anti-corruption (REN-LAC). La collaboration avec les chancelleries aboutit souvent à des réalisations concrètes. A ce sujet, on ne peut passer sous silence l'exemple de l'AEEMB qui dispose d'une maternité, construite et équipée par l'ambassade du Japon au Burkina Faso.

CONCLUSION

L'analyse du paysage associatif à l'Université de Ouagadougou révèle l'existence de deux phénomènes distincts mais complémentaires : la permanence d'un activisme syndical et le développement de mouvements religieux. Ceux-ci sont passés de la simple présence à l'affirmation en tant qu'acteurs légitimes de l'université. Si la précarisation des étudiants a favorisé leur émergence dans l'espace universitaire, elle ne rend pas compte à elle seule des processus de mobilisations religieuses. Le réveil du religieux trouve également son explication dans le phénomène plus global d'enchantement de la société burkinabè, dans la neutralité bienveillante de l'administration universitaire et du pouvoir politique qui, dans le contexte de la démocratie, a garanti les libertés d'expressions. Administration et associations religieuses ont besoin l'une des autres et vice-versa pour une gestion pacifique de l'espace universitaire. Les associations religieuses, en plus d'être neutres dans les rapports de force entre associations syndicales et entre syndicats et administration universitaire, se positionnent dans un rôle de médiatrices des conflits sur le campus. Mais elles se refusent de mettre en cause le rôle des syndicats dans leurs revendications de meilleures conditions de vie et d'études au profit des étudiants. Elles savent que sur le campus, il y a deux luttes : la lutte pour leur reconnaissance règlementaire et celle pour l'amélioration des conditions de vie et d'études. A ce niveau, elles se reconnaissent incompétentes. Cette lutte est du domaine des syndicats. Dans cette optique, ne pouvant s'opposer aux syndicats, elles comptent avec eux tout en essayant de freiner leur recours systématique à l'épreuve de force.

La polarisation du campus indique donc cette asymétrie entre les associations syndicales qui sont de type contestataire avec une tendance à la violence, et les associations religieuses qui sont dans une dynamique de quête d'un campus apaisé et qui, de ce fait, se rapprochent pour un dialogue interreligieux. En se positionnant dans la recherche de la paix, elles sont susceptibles de perpétuer une tradition de coexistence pacifique entre religions au Burkina Faso à un moment où la montée inquiétante de l'intolérance religieuse dégrade le climat social. Elles montrent par-là que la religion n'est pas un phénomène marginal, ni dans la société, ni à l'université. La reconnaissance de fait des associations religieuses et la tolérance de l'exercice du culte sur le campus tendent à montrer que le projet de promotion d'un espace universitaire laïc peut, pour être stable, évoluer vers la conception rousseauiste de la religion civile qui prône la pluralité des religions à condition que le citoyen confine sa pratique dans la sphère privée et se montre vertueux vis-à-vis de sa nation.

NOTES

1. L'Association des élèves et étudiants du Burkina (AEEMB), le Groupe biblique universitaire (GBU) et le Jeunesse étudiante catholique universitaire (JECU).
2. L'Union générale des étudiants burkinabè de l'Université de Ouagadougou (UGEB) et sa section locale l'Association nationale des étudiants burkinabè (ANEB), la Fédération estudiantine et scolaires pour l'intégration au Burkina Faso (FESCI-BF).
3. L'organisation panafricaniste « Deux heures pour nous, Deux heures pour Kamita ».
4. Le port du voile dans les établissements d'enseignement publics a été discuté. La pression de la Fédération des associations islamiques du Burkina (FAIB) a fait reculer l'État y compris devant le voile intégral qui pose des soucis sécuritaire et d'identité des candidats aux examens et concours

de la Fonction publique. Par contre, certains prédicateurs musulmans ont dénoncé les tenues scolaires frappées de la croix comme un symbole religieux contraire à la laïcité de l'école publique.
5. Par exemple, à la demande de la FAIB, le gouvernement a retiré le récent projet de loi sur la liberté religieuse. Cela est un signe de l'obligation qu'a l'élite politique de prendre en considération les exigences religieuses. Cf. « Projet de loi sur les libertés religieuses : Les associations islamiques demandent le retrait » : http://lefaso.net/spip.php?article75098 (consultée le 03-02-2018).
6. De 2016 à 2018, toutes les treize régions administratives du Burkina ont été dotées d'une unité universitaire appelée à se développer dans le temps en université à part entière.
7. Selon la liste transmise par le Secrétariat général de l'Université.
8. Il s'agit de l'Union estudiantine et scolaire du Burkina (UESB), de l'Union nationale de étudiants du Faso (UNEF), de l'Union nationale pour la renaissance estudiantine et scolaire (UNARES), du Mouvement des étudiants du Faso (MEFA), de l'Association des scolaires et étudiants du Faso (ASEF), de la Fédération estudiantine des étudiants et scolaires pour l'intégration au Burkina Faso (FESCI-BF) et de la Fédération estudiantine et scolaire du Burkina Faso (FES-BF).
9. On peut citer, entre autres, le Mouvement des étudiants non-boursiers (MONENB), du Rassemblement des étudiants non boursiers (RENBO), de l'Amicale des étudiants (AMIE).
10. Ouattara Aboubacar, Secrétaire général de la FESCI-BF, Ouagadougou, le 17 janvier 2018.
11. L'examen de ses plateformes revendicatives des cinq dernières années montre ce repositionnement politico-idéologique de la FESCI-BF.
12. Barry Newton Ahmed, « Le nouveau visage du mouvement étudiant : Paupérisation et radicalisation », op. cit.
13. Cf. sa plateforme revendicative d'avril 2018.
14. Jérôme Régnier repris par Jean Clauzel in Bernus, Edmond et al. (1993 : 17).
15. Entretien avec Ahadi Ouoba, Président du GBU, Ouagadougou, le 07 janvier 2018.
16. JEC, rapport du symposium sur les élections au Burkina Faso, Tenkodogo, août 2015.
17. Trente ans de l'AEEMB : Une halte pour magnifier la paix ! : http://lefaso.net/spip.php?article72845 (consultée le 10-03-2018).
18. Redénomination des facultés à partir de la refondation de l'université en 2000 : Unité de formation et recherche (UFR).
19. Annuaire statistique 2016–2017 de l'Université Ouaga 1 Joseph Ki-Zerbo, p.33.
20. Les migrations de retour de la Côte d'Ivoire ont de façon générale constitué un éminent facteur de renforcement d'organisations existantes ou de mise en place de nouvelles organisations au Burkina Faso. Ce constat est plus évident sur les campus universitaires où les associations se multiplient et où les méthodes de luttes évoluent considérablement.
21. L'ensemble de l'espace comprenant l'Université, l'École nationale d'administration et de magistrature (ENAM) et l'École internationale d'ingénierie de l'eau (2ie).

22. Cf. http://www.univ-ouaga.bf/spip.php?article255 (consultée le 11-03-2018).
23. Entretien du 15 février 2018.
24. Entretien du 13 janvier 2018.
25. Entretien du 06 janvier 2018.
26. Entretien avec Julie Belemsaga, Présidente de la JECU, Ouagadougou, le 06 février 2018.
27. C'est notamment le point de vue d'Aboubacar Ouattara, Secrétaire général de la FESCI-BF. Il estime que l'implication ou le recours à des personnes non statutaires par l'administration est une stratégie de contournement des syndicats qui sont les seuls habilités à parler au nom des étudiants. Entretien du 17 janvier 2018 à Ouagadougou.
28. Entretien avec Isaïe Ouédraogo, ancien responsable de la JECU, Ouagadougou, le 06 janvier 2018.
29. Entretien avec Ahadi Ouoba, Président du GBU, Ouagadougou, le 07 janvier 2018.
30. Entretien du 20 février 2018.
31. Allusion faite à Souleymane Kologo dont on raconte de façon anecdotique qu'il lui été retirée la bouilloire pour lui confier la direction de l'UGEB.
32. Entretien avec Ismaël Traoré, Président de l'UGEB, Ouagadougou, le 20 février 2018.
33. L'entretien avec lui a lieu à Ouagadougou, le 06 janvier 2018.
34. Le Mouvement de libération nationale (MLN) et le Parti africain de l'indépendance (PAI) l'ont contrôlé jusqu'à la fin des années 1970, avant de se voir évincés par d'autres groupes clandestins dont le Parti révolutionnaire voltaïque (PCRV) crée en 1978.
35. Alors qu'ils étaient une vingtaine, ils ne sont plus qu'une douzaine d'associations syndicales, dont la plupart n'ont qu'une existence théorique selon les termes de Théophile Tenkodogo, Secrétaire général du l'Université Ouaga 1. Entretien du 16 janvier 2018 à Ouagadougou.

BIBLIOGRAPHIE

Altbach, G. Philip, 1984, « Student Politics in the Third World », *Higher Education* 13(6) : 635–55.

Bernus, Edmond et al. (eds), 1993, *Nomades et commandants. Administration coloniale et sociétés nomades dans l'ancienne AOF,* Paris : Karthala.

Bianchini, Pascal et Korbéogo, Gabin, 2008, « Le syndicalisme étudiant, des origines à nos jours : Un acteur permanent dans l'évolution sociopolitique du Burkina Faso », *Revue de l'enseignement supérieur en Afrique,* Vol. 6, n° 2 & 3, pp. 33–60.

Camara, Malick S. & Bodian Mamadou, 2016, « Islam in the academic sphere in Senegal: the case of Cheikh Anta Diop University in Dakar (UCAD) », *Contemporary Islam* 10, 3, pp. 379–98.

Cissé, Issa, 1994, *Islam et État au Burkina Faso, de 1960 à 1990,* Paris : Université de Paris VII, thèse de doctorat d'histoire.

Chouli, Lila, 2009a, « Le néolibéralisme dans l'enseignement supérieur burkinabé », *SavoirAgir,* pp. 119–27.

Chouli, Lila, 2009b, « La domestication des étudiants du campus de Ouagadougou : la crise de juin 2008 », *Revue de l'enseignement supérieur en Afrique,* vol. 7, n° 3, pp. 1–28.

Chouli, Lila, 2018, *Le contre-pouvoir étudiant au Burkina Faso. L'ANEB face à l'usage de la violence d'État et à la disciplinarisation du campus de Ouagadougou (1990–2011).* Paris : Publications de la Fondation Gabriel Péri.

Congrégation pour l'éducation catholique, 1994, *La présence de l'Église dans l'université et dans la culture universitaire.* Rome : Conseil pontifical de la culture.

Dieckhoff, Alain et Portier Philippe, (eds.) 2017, *L'enjeu mondial. Religion et politique.* Paris : Presses de Sciences Po.

Fancello, Sandra, 2007, « Les défis du pentecôtisme en pays musulman (Burkina Faso, Mali) », *Journal des africanistes,* 77-1, pp. 29–54.

Fourchard, Laurent et al. (eds.), 2005, *Entreprises religieuses transnationales en Afrique de l'Ouest,* IFRA-Karthala.

Hilgers, Mathieu et Loada Augustin, 2013, « Tensions et protestations dans un régime semi-autoritaire : Croissance des révoltes populaires et maintien du pouvoir au Burkina Faso », *Politique africaine,* Vol.3, n° 131, p. 187–208.

Holder, Gilles (eds.), 2009, *L'islam, nouvel espace public en Afrique,* Paris : Karthala.

International Crisis Group, 2016, Burkina Faso : Préserver l'équilibre religieux, Bruxelles : Rapport Afrique n° 240, 6 septembre.

Kaboré, Koudbi, 2016, *Les relations interreligieuses institutionnalisées au Burkina Faso : le cas de l'Union fraternelle des croyants dans le Sahel, 1960–2006.* Ouagadougou : Université de Ouagadougou, Thèse de doctorat d'histoire.

Langewiesche, Katrin, 1998, « Des conversions réversibles : études de cas dans le nord-ouest du Burkina Faso », *Journal des africanistes,* pp. 47–66.

Langewiesche, Katrin, 2003, *Mobilité religieuse. Changements religieux au Burkina Faso.* LITVerlag, Hamburg, Berlin, Münster.

Savadogo Mathias & Muriel Gomez-Perez, 2011, « La médiatisation des prêches et ses enjeux. Regards croisés sur la situation à Abidjan et à Ouagadougou », in *Revue Ethnographique de l'Institut d'ethnologie de l'Université de Neuchâtel,* n°22, mai. http://www.ethnographiques.org/../2011/Savadogo.Gomez-Perez/ (consultée le 15/03/2018).

Loada, Augustin, 1999, « Réflexions sur la société civile en Afrique : Le Burkina de l'après-Zongo », *Politique africaine* n°76, p. 136–51.

Loada, Augustin, 2006, « L'élection présidentielle du 13 novembre 2005 : un plébiscite par défaut » *Politique Africaine,* n°101, pp.19–41.

Madore, Frederick, 2016b, « Islam, médias, mise en place du Sénat et article 37 de la Constitution : Changement de paradigme au Burkina Faso (1991–2014) ? », *Canadian Journal of African Studies/Revue canadienne des études africaines,* 50(1), pp. 7–27.

Mazzocchetti, Jacinthe, 2006, « Quand les poussins se réunissent, ils font peur à l'épervier... Les étudiants burkinabè en politique », *Politique africaine,* n° 101, pp. 83 101.

Mazzocchetti, Jacinthe, 2009, *Être étudiant à Ouagadougou,* Paris : Karthala.

Laurent, Pierre-Joseph, 2003, *Les pentecôtistes du Burkina Faso,* Paris : Karthala.

Lipset, Seymour Martin, 1972, *Rebellion in the University. A History of Student Activism in America.* London: Routledge & Kegan Paul.

Otayek, René, 1997, « L'Église catholique au Burkina Faso. Un contre-pouvoir à contretemps de l'histoire ? », in Constantin, François et Coulon, Christian (eds.), *Religion et transition démocratique en Afrique,* Paris : Karthala, pp. 221–58.

Passard, Cédric, 2008, « Une sociologie politique des campus. S.M. Lipset et la contestation étudiante des années 1960 aux États-Unis », *Revue internationale de politique comparée,* 15(3), p. 445–61.

Nicourd, Sandrine (ed.), 2009, *Le travail militant,* Rennes : Presses universitaires de Rennes.

Somé, Magloire, 2006, « Le rôle des Églises chrétiennes dans la transition démocratique depuis 1990 ». *Annales de l'Université de Ouagadougou* série A, Lettres et Sciences Humaines, pp. 59–99.

Somé, Magloire, 2012, « Migrations, recomposition socioculturelle et mobilité religieuse dans le Burkina postcolonial : Le cas de Bama », in Harrak, Fatima (ed.), *Religion et migration.* Rabat : Publications de l'IEA, pp. 105–38.

Vanvyve, Adrienne, 2015, « L'islam burkinabé sous la IVème République », *Cahiers d'études africaines,* n° 219, p. 489–508.

Woudamike, Joseph, 2008, « Contestations étudiantes à Ngaoundéré, répressions et insécurité des personnes et des biens sur la route nationale n°1 », in *Journal of Higher Education in Africa,* Vol. 6, N°s. 2&3, pp.135–56.

Zeilig, Leo & Marcelle, Dawson, 2008, « Student Activism, Structural Adjustment and the Democratic Transition in Africa », in *Journal of Higher Education in Africa,* Vol. 6, N°s 2&3, pp.1–31.

3.

L'ACTIVISME RELIGIEUX DANS LES UNIVERSITÉS MALIENNES : DE L'OMBRE À LA LUMIÈRE ?

Mamadou Lamine Dembélé
& Mamadou Ballo[1]

L'activisme religieux est un phénomène ancien mais de plus en plus visible dans le paysage universitaire malien. Ce paysage est marqué par la crise universitaire et la profusion d'associations religieuses qui coexistent avec les syndicats estudiantins classiques qui ont longtemps été les seuls à porter les revendications morales et matérielles des étudiants. Très peu étudiées jusque-là, ces organisations ne sont pourtant pas dépourvues d'intérêt au regard des liens complexes qu'elles tissent avec l'administration universitaire et des nombreuses connexions qu'elles entretiennent avec les associations religieuses au niveau national et régional. En tant que « faits sociaux totaux » au sens maussien du terme, elles informent sur les dynamiques et transformations profondes de la société malienne actuelle où le fait religieux prend de plus en plus de l'importance.

Bien avant l'affirmation des associations religieuse au sein du campus, l'espace universitaire était dominé par le mouvement étudiant malien. Celui-ci est né dans les années 1970, mais a connu un regain de dynamisme dans le contexte de transition démocratique au début des années 1990. En effet, l'échec politique relatif à l'incapacité du régime dictatorial de Moussa Traoré à aller vers des réformes institutionnelles garantissant le multipartisme, et la dégradation croissante du niveau de vie dans un contexte d'ajustement structurel avaient suscité l'ire des étudiants qui, en octobre 1990, avaient mis sur pied l'Association des élèves et étudiants du Mali (AEEM). Ce syndicat d'étudiants est devenu l'unique organisation regroupant des élèves et étudiants du Mali, même si au cours des années 1990, des organisations religieuses ont commencé à émerger de façon timide. En tant que structure englobante ayant des accointances avec le monde politique, l'AEEM est restée une force de contestation connue aussi pour son usage excessif de la violence.

Toutefois, ses rapports avec les associations religieuses musulmanes sont empreints de cordialité. C'est que les organisations religieuses ne cherchent pas à contester l'hégémonie de l'AEEM. Elles se contentent de dérouler leurs activités en laissant à l'AEEM jouer son rôle d'interface entre les étudiants et l'administration. Les organisations religieuses sont nombreuses et reflètent la diversité confessionnelle, mais aussi les clivages doctrinaux au sein de la société malienne. D'un côté, il y a les organisations islamiques parmi lesquelles la Ligue islamique des élèves et étudiants du Mali (LIEEMA), la plus représentative des structures estudiantines musulmanes. Toutefois, il existe une démarcation en son sein entre mouvances wahhabite et tidiane. Ce schisme reflète les tensions au niveau national entre ces deux tendances doctrinales. Il a ouvert la porte à la création de plusieurs autres tendances dont Ançarddine international, une association tidiane créée depuis 2006 et qui opère sous le nom de Collectif des Ançars dans le milieu universitaire et scolaire (CAMUS). De l'autre côté, il existe une communauté chrétienne universitaire qui regroupe quatre entités : le Groupe biblique universitaire, la Communauté catholique, le Renouveau charismatique, et (plus éclectique) le Campus pour Christ

La multiplication des organisations religieuses dans l'espace universitaire malien soulève de nombreuses questions. Quel regard peut-on porter sur l'activisme estudiantin et les mouvements religieux dans les universités maliennes d'aujourd'hui ? Plus précisément, comment les religions ont-elles pénétré les espaces universitaires au Mali ? Dans quelle dynamique s'inscrit l'activisme religieux dans l'espace universitaire ? Quels sont les contraintes et les atouts de ces mouvements estudiantins religieux ? Quelle est la cartographie des mouvements estudiantins religieux dans les universités maliennes ? Quelle est la nature de leurs rapports (interconfessionnels, intraconfessionnels) avec les mouvements syndicaux classiques tels l'Association des élèves et étudiants du Mali (AEEM) dans l'espace universitaire malien ? Dans un futur proche, quels sont les défis internes et externes qui se posent à ces organisations dans un contexte de lutte féroce contre le terrorisme et l'extrémisme violent?

En raison du caractère systémique de l'objet d'étude, la méthodologie adoptée a consisté, d'une part, à la recherche documentaire qui a permis de passer en revue la production sur le sujet et, d'autre part, à la recherche de terrain au cours de laquelle nous avons pu conduire des interview avec les acteurs religieux qui évoluent dans l'espace universitaire, les autorités universitaires et les experts travaillant sur la question. Le travail est structuré en deux parties. La première donne un aperçu du contexte politique et religieux au plan national. Quant à la seconde, elle aborde le religieux dans l'espace universitaire, en particulier l'environnement universitaire, les acteurs religieux en place, leurs pratiques et les espaces qu'ils occupent. Enfin, nous concluons sur les enjeux et les perspectives à moyen et long terme de la dynamique des associations religieuses dans une société malienne taraudée par la crise et la recherche de nouveaux équilibres.

LE CONTEXTE NATIONAL : DE LA DÉMOCRATISATION À L'ÉVEIL DU RELIGIEUX

Le contexte politique

Le 31 décembre 2017, la Ligue islamique des élèves et étudiants du Mali (LIEEMA) tenait sa 12ème conférence des sections dans un établissement public d'enseignement supérieur à Bamako. Le thème de cette rencontre portait sur « *Militantisme religieux en milieux scolaire et universitaire : intérêts et exigences* ». Ce thème sonnait comme un appel à la mobilisation des troupes et une démonstration du poids politiques des religieux en cette veille d'année électorale. L'histoire des rapports entre les religieux et les politique vacille entre collaboration et défiance. En 2015, Chérif Ousmane Madani Haïdara réagissait à la décision du Gouvernement qui voulait, en raison de l'état d'urgence, interdire la tenue de son prêche lors du Maouloud (c'est-à-dire la célébration de la naissance du Prophète de l'islam) de cette année en soutenant :

> « Si les autorités ne font pas attention, les musulmans prendront le pouvoir. Nous ferons en sorte que nul ne devienne Président de la République s'il n'est pas de nos imams ! Je jure au nom d'Allah que nous le ferons si les autorités ne font pas attention ! Pour qu'on n'en arrive pas là, respectons-nous mutuellement » (Cité par Dakouo et Sidibé 2017 : 8).

L'affirmation de la religion dans l'espace public et politique malien a commencé depuis la vague de démocratisation au cours des années 1990 qui constitue un moment fondateur marquant une rupture fondamentale (Gomez-Perez 2005 ; Camara 2008 ; Villalón 2010 ; Keita 2011 ; Dembélé 2014 ; Dakouo et Sidibé 2017). Cette nouvelle donne a créé de nombreuses opportunités pour les mouvements religieux qui ont mis à profit les nouvelles ouvertures sur le plan juridique (respect de l'État de droit), politique (multipartisme intégral, décentralisation) et socio-économique (promotion de l'initiative privée, révolution numérique) pour se positionner dans l'espace public. Ainsi la réduction du contrôle social de l'État, les garanties juridiques liées au respect de l'État de droit, la décentralisation et surtout la profusion des libertés dont celle de la presse, ont largement favorisé l'éveil politique du religieux musulman à travers le Mali. Aujourd'hui, les acteurs religieux – et particulièrement les leaders musulmans – sont de plus en plus décomplexés à l'endroit des hommes politiques qui sont, d'ailleurs, dépendants d'eux à bien des égards.

En effet, dans le contexte actuel où le clientélisme est au cœur de l'activité politique, les partis politiques – dont la plupart n'ont pas une assise nationale – sont constamment à la recherche de soutiens électoraux (surtout lors des élections générales) et politiques (pour la mise en œuvre des grandes réformes politiques) auprès des différentes associations et leaders religieux bien ancrés socialement. En plus de leur rôle de souteneurs électoraux et politiques, les religieux sont aussi des médiateurs sociaux. Ce rôle s'est confirmé lors de la crise de 2012, consécutive à la rébellion du Nord, l'invasion djihadiste au nord du Mali, et au coup d'État militaire à Bamako, qui avaient consacré l'affaiblissement considérable de l'autorité de l'État malien. Dans ce contexte de confusion, les religieux étaient apparus comme les seules forces organisées et les seules voix dignes de confiance et capables de se faire entendre auprès des autorités publiques et des populations en désarroi. Cette posture leur permet également de négocier, directement ou indirectement, des positions de pouvoir sur l'échiquier national. Ainsi, au plus fort de la crise, le Haut conseil islamique (HCI), principale organisation musulmane au Mali, a tenu un meeting géant en janvier 2012 au Stade du 26 mars de Bamako, meeting qui s'est révélé comme une véritable démonstration de sa force politique (Holder 2012). Il récidive le 12 août 2012 par un autre meeting géant qui lui a permis d'obtenir, au sein du gouvernement d'union nationale du 20 août 2012, un Ministère des affaires religieuses et du culte, une première dans l'histoire institutionnelle du Mali indépendant et une brèche dans la république laïque.

Récompense du rôle des religieux dans la crise ou nouvelle orientation de la politique religieuse de l'État ? En tout état de cause, les religieux musulmans sont devenus incontournables pour les hommes en quête de légitimité populaire, donc de pouvoir, et de véritable soupape dans un contexte de gouvernance chaotique. La désignation en 2016 du président du Haut conseil islamique, Mahmoud Dicko, par le gouvernement pour mener une mission de bons offices dans la région de Kidal, où l'administration et l'armée malienne ne sont pas encore revenues, illustre leur présence et leur capacité à insérer leur agenda au sommet de l'État.[2]

Le contexte religieux

Dans un pays à forte majorité musulmane, les enjeux de l'influence politique des religieux sont importants, non seulement du point de vue de la gouvernance de l'État, mais aussi et surtout en raison de la dynamique qu'ils créent au sein et entre les différentes confessions religieuses en place.[3] Conscients de leur rôle social et politique, les leaders religieux et musulmans en particulier sont de plus en plus impliqués dans les grandes décisions de la nation. Ils n'hésitent plus à s'opposer ouvertement à certaines reformes jugées contraires aux valeurs culturelles et religieuses du pays, comme l'attestent les protestations puis le rejet pur et simple du projet de code des personnes et de la famille en 2009 et l'adoption, en 2011, d'une version réécrite sous la supervision des religieux. D'une manière générale, les religieux musulmans sont considérés comme les gardiens des valeurs morales et de la piété islamiques. Leurs positions sont souvent déterminantes dans le succès ou l'échec de certaines politiques publiques qui doivent passer par le filtre de la religion. Plus récemment en 2017, les partisans du non au projet de révision de la constitution sont parvenus à lui faire échec en arguant, entre autres, que certaines de ses dispositions favoriseraient l'homosexualité, argument de taille qui a fait que les religieux non pas soutenu cette révision malgré leur proximité connue avec le pouvoir en place. Cet argumentaire a été fatal au gouvernement et aux autres partisans de cette révision constitutionnelle (Dembélé 2017).

Du côté chrétien, les évolutions ne sont pas différentes. En effet, le maintien de toutes les dispositions juridiques relatives à la laïcité au Mali, dans un pays majoritairement musulman, apparait comme une faveur à la minorité chrétienne. De plus, la nomination de l'archevêque de Bamako, Monseigneur Jean Zerbo comme cardinal par le Pape François, en juin 2017, ainsi que celle de Bruno Maiga par le gouvernement malien comme ambassadeur du Mali en Italie, constituent aussi un soutien fort du pouvoir à l'endroit de cette minorité religieuse, dans le cadre de sa diplomatie apostolique. Ces gestes à l'endroit des communautés religieuses ont largement favorisé la réélection en 2018 du Président Ibrahim Boubacar Keïta (IBK) à l'issue d'un scrutin difficile, à cause non seulement des divisions politiques au sein de la mouvance présidentielle, mais aussi du contexte sécuritaire et de la lutte contre le terrorisme et l'extrémisme violent, au Mali en particulier et dans le Sahel en général.

Précisément cette situation sécuritaire, véritable tonneau des danaïdes, marque de son empreinte toutes les actions sociopolitiques du Mali et de la sous-région. Aux conflits intercommunautaires qu'elle ravive, la situation sécuritaire met une pression sur les mobilités humaines dans ces vastes espaces livrés à l'abandon puisque les forces armées nationales n'ont pas les moyens d'assurer efficacement leur présence. Au regard des mouvements religieux, elle favorise, d'une part les tensions entre les groupes religieux (intraconfessionnelles, surtout et, dans une moindre mesure, celles interconfessionnelles), d'autre part, avec ce sentiment de stigmatisation, elle contribue à la radicalisation de certains mouvements religieux. Les tensions interconfessionnelles, notamment au niveau musulman, sont révélatrices de profonds schismes dans l'islam malien. Sans doute, c'est l'un des faits remarquables du dynamisme religieux islamique au Mali de ces dernières décennies. Ce manque de cohésion est exacerbé par les rivalités entre leaders religieux (notamment entre Haïdara et Dicko) dont le point culminant fut le renouvellement des instances du Haut conseil islamique, intervenu en 2014 lors du deuxième congrès ordinaire de l'instance, tenu les 13, 14 et 15 avril 2014.

Pour ne remonter qu'à la seconde moitié du 20ème siècle, sous la colonisation, ce schisme profond dans l'islam malien est né avec l'avènement du wahhabisme introduit au Mali vers 1930. Par la dénonciation de l'islam confrérique, la remise en cause des lignées maraboutiques et de leurs pratiques « occultes » et d'autres particularités rituelles, le wahhabisme a poussé « l'islam traditionnel, malékite ». Cette offensive anti-soufisme a provoqué une réaction défensive des partisans de l'islam traditionnel et conduit à l'épisode dramatique du pogrom anti-wahhabites de Bamako en 1957 (Amselle 1985). Pour autant, les wahhabites ont persévéré dans leur agenda jusqu'à leur consécration avec l'avènement du régime militaire de Moussa Traoré en 1968. Force pourtant est de reconnaitre que depuis l'indépendance, pour canaliser les forces musulmanes et mieux les contrôler, les gouvernements successifs ont opté pour une structure faîtière destinée à fédérer les musulmans. C'est ainsi qu'en 1980, le régime militaire de Moussa Traoré crée l'Association musulmane pour l'unité et le progrès de l'islam (AMUPI). Son successeur, Alpha Oumar Konaré, pour impulser une nouvelle dynamique et imprimer une nouvelle orientation plus adaptée au contexte et aux enjeux politiques de l'époque démocratique, va susciter la création, en 2002, du Haut conseil islamique (HCI) en lieu et place de l'AMUPI. C'est le HCI qui est donc l'instance représentative des musulmans du Mali, la seule habilitée, en principe, à parler au nom des musulmans, toutes tendances confondues. De ce fait, la maitrise de la direction de ces structures faîtières devient un enjeu de lutte entre les différentes tendances de l'islam au Mali.

Jusqu'à présent, les wahhabites sont parvenus à dominer ces structures, à prendre le leadership au sein de ces organisations. C'était le cas avec l'Association musulmane pour l'unité et le progrès de l'islam (AMUPI), qui leur permettait d'avoir « le monopole de la pensée » et d'orienter la politique religieuse en leur faveur. Ils ont acquis une position privilégiée et sont très actifs au sein des instances nationales de l'AMUPI en s'attachant à institutionnaliser et à normaliser leurs réformes (Holder 2013). Avec l'ouverture démocratique des années 90 et surtout avec la création en 2002 du Haut conseil islamique, ils ont momentanément perdu le leadership avec le premier bureau dirigé de 2002 à 2008 par un malékite. Mais au renouvellement en 2008, les wahhabites ont repris le contrôle sous la houlette de Mahmoud Dicko. Holder (2013) renseigne que « sur les 33 membres de ce bureau exécutif, 30 sont réputés wahhabites ». Dans un contexte de démocratisation et de réformes politiques, ils s'efforcent de mettre dans l'agenda politique national « la question de l'islam » comme le témoigne le feuilleton du code de la famille de 2009, largement commenté par Soares (2010), jusqu'à son adoption le 02 décembre 2011 et celui, plus récent, en fin 2018, du manuel scolaire qui devait introduire l'éducation sexuelle au Mali. Le gouvernement de Boubeye Maiga, sous la pression des leaders musulmans, a abandonné le document.

Cette réforme fut un enjeu majeur et un moyen de défier l'État malien tout en écartant de l'échiquier national les représentants de l'islam malékite. Si au départ, tout semblait indiquer le retour des malékites, finalement leur percée n'aura pas lieu puisqu'à l'issue du congrès de 2014, Mahmoud Dicko sera réélu pour un autre mandat de 5 ans, même si son leadership à la tête du HCI est affaibli par le retrait momentané « des gens » de Haïdara. D'ailleurs, pour tenir la balance entre les deux leaders musulmans, le Président IBK s'efforce de ménager chaque tendance. La désignation de Cherif Madani Haïdara comme le parrain national de la 23ème édition du mois de la solidarité 2017 au Mali, et l'octroi, après le Maouloud de cette année, de 150 hectares de terrain à l'association que dirige celui-ci en est une parfaite illustration.[4] La nomination de Haïdara est intervenue quelque temps après la désignation officielle de Mahmoud Dicko aux fonctions de bons offices à Kidal. La réconciliation entre les deux leaders religieux et leurs camps respectifs sera pourtant difficile, tant les positions entre wahhabites et malékites semblent inconciliables. Après des années d'attentes, les malékites font leur *come back* avec Cherif Ousmane Madani Haïdara élu à la tête du HCI en remplacement de Mahmoud Dicko, devenu entre-temps opposant au régime d'IBK, lors du congrès de l'instance, les 20 et 21 avril 2019. C'est là l'un des plus grands défis de l'islam malien qui rejaillit sur l'ensemble des segments de la société malienne, y compris en milieu universitaire, où l'on retrouve cette rivalité. Ces antagonismes interviennent dans un contexte politico-sécuritaire marqué par la lutte contre l'extrémisme violent qui ravive du coup la suspicion, parfois injustifiée, à l'endroit de certains groupes religieux, notamment wahhabites.

LE RELIGIEUX DANS L'ESPACE UNIVERSITAIRE MALIEN :
UNE FORCE TRANQUILLE ?

L'environnement universitaire

L'islam a toujours été intimement lié à l'université au Mali, comme ailleurs en Afrique du Nord (Diop 1981 ; Affa'a et des Lierres 2002), et cela pour deux raisons. D'abord, la culture religieuse se diffuse dans toutes les sphères de la société, y compris au sein des universités. Ensuite, dans le monde universitaire constitué de croyants parmi les étudiants et les enseignants, ceux-ci ressentent le besoin de disposer d'un cadre d'échange et de partage qui faciliterait la pratique de leur culte et leur épanouissement spirituel. L'expression visible du religieux dans des espaces scolaires et universitaires maliens est d'autant plus remarquable que depuis l'indépendance du pays en 1960, la laïcité héritée de la colonisation régissait le fonctionnement de ces espaces, même s'il existait un dispositif juridique visant à adapter ce principe aux réalités socioreligieuses du Mali. Par exemple, la loi N° 86 du 21 juillet 1961 sur la liberté religieuse et des cultes, qui était la concrétisation du principe de la laïcité de l'État, garantissait le libre exercice de toutes les religions et de tous les cultes dans le respect de l'ordre public. Malgré ce dispositif qui s'applique théoriquement à la société de façon large, l'espace public malien en général et éducatif en particulier étaient pratiquement régi par le principe de la laïcité. Par ailleurs, la plupart des gouvernants postcoloniaux sont restés attachés à l'école laïque telle qu'héritée du colonisateur, tandis que les premiers étudiants du Mali indépendant avaient un penchant pour les idéologies de gauche. Dans une société malienne marquée par une montée en puissance du phénomène religieux dans l'espace public et politique, le milieu universitaire amorce une transformation en profondeur et une transition vers le temps du religieux. Ainsi, le problème des mouvements religieux estudiantins ne peut être appréhendé que dans son rapport avec l'évolution institutionnelle de l'enseignement supérieur et du fonctionnement des universités laïques telles que mises en place après les indépendances au Mali.

En effet, dès son accession à la souveraineté internationale, le Mali a entrepris d'organiser son système éducatif, y compris celui de l'enseignement supérieur. C'est par la loi N° 62-74/AN RM du 17 septembre 1962 et son décret d'application N° 237/PG RM du 04 octobre 1962 que commença la réforme de l'enseignement supérieur au Mali. Conformément à ces textes, le système d'enseignement supérieur était essentiellement basé sur des grandes écoles et des instituts. Il s'agissait, entre autres, de l'École nationale d'administration (ENA), l'École normale supérieure (ENSUP), l'École nationale d'ingénieurs (ENI), l'École nationale de médecine et de pharmacie (ENMP), l'Institut polytechnique rural de Katibougou (IPR), l'École des hautes études pratiques (EHEP) et l'Institut supérieur de formation et de recherche appliquée (ISFRA).

En 30 ans d'existence, ces écoles ont formé des milliers de cadres compétents qui ont constitué la colonne vertébrale de l'administration nationale, dans tous les secteurs de la vie politique, économique et sociale. Cependant, avec le temps, la plupart des grandes écoles et instituts a été confrontée à de nombreuses difficultés liées, entre autres, à la non-maîtrise des effectifs, à la vétusté et l'exiguïté des infrastructures ainsi qu'à l'inadéquation entre la formation et l'emploi. En réalité, tous ces établissements avaient un statut de grande école, mais avec des effectifs d'une université. Ce constat a amené les autorités à créer, en 1993, l'Université du Mali par la loi N° 93–060 du 8 septembre 1993, qui deviendra par la suite l'Université de Bamako.[5] Les problèmes récurrents d'infrastructures et de gestion des flux importants d'étudiants ont amené les autorités maliennes à adopter un programme de réforme de l'enseignement supérieur.[6] Ce dernier a abouti, en 2011, à la scission de l'Université de Bamako en quatre entités, à savoir l'Université des sciences juridiques et politiques de Bamako (USJPB), l'Université des sciences, des techniques et des technologies de Bamako (USTTB), l'Université des sciences sociales et de gestion de Bamako (USSGB), et l'Université des lettres et des sciences humaines de Bamako (ULSHB).[7] Pour ne prendre que l'exemple de l'USJPB, celle-ci comptait en 2012 plus de 30 000 étudiants encadrés par environ 400 enseignants, dont 177 permanents seulement.[8]

Tableau 3.1. Évolution des effectifs de l'USJPB de 2010 à 2015[9]

Structures	2010–11	2011–12	2012–13	2013–14	2014–15
FDPRI	18 689	17 907	17 692	14 599	12 804
FDPU	-	12 110	10 231	9 020	8 262
ISFRA	-	317	315	332	324
Total Inscrits	18 689	30 334	28 238	23 951	21 390

Source : Plan stratégique de développement de l'Université des sciences juridiques et politiques de Bamako (USJPB) 2015–2019.

Tableau 3.2. Évolution des effectifs de l'USSGB de 2012 à 2017

Effectifs	2012	2013	2014	2015	2016	2017
FSEG	14.530	9.090	8.307	8.234	8.309	10.868
FHG	7.332	8.618	7.665	7.569	6.348	5.703
IUG	2.773	3.388	1.805	1.650	1.667	1.846
IUDT	29	ND	ND	92	75	ND
Total USSGB	24.635	21.096	17.777	17.545	16.399	18.417

Source : Rapport d'activités annuelles 2017 de l'USSGB.

Le bref aperçu historique et démographique de l'enseignement supérieur au Mali montre que l'évolution institutionnelle des universités a été provoquée d'une part par la massification des effectifs d'étudiants et la raréfaction des ressources budgétaires. Ces deux situations ont affaibli la gouvernance et ont surtout rendu difficile les conditions d'études et de vie des étudiants. L'exiguïté des campus, l'absence de sécurité en leur sein, les retards liés à l'attribution et au payement des bourses, la promiscuité qui caractérise la vie sur le campus et « l'anomie » des étudiants ressortissants des localités éloignées de la capitale sont devenus le quotidien des étudiants tout au long du parcours universitaire. C'est sur le terreau de cette situation infra-humaine que foisonnent les nombreux mouvements religieux devenus de véritables confréries qui cohabitent avec les organisations syndicales estudiantines, minées par les rivalités internes généralement empreintes de violence. Tous défendent les intérêts moraux et matériels de leurs membres quasiment abandonnés à leur sort dans cette « jungle universitaire ».

Les acteurs : des associés–rivaux ?

Le 19 décembre 2017, notre équipe de recherche s'était rendue à la Faculté des Sciences Techniques (FST) pour rencontrer les membres du comité local de la Ligue islamique des élèves et étudiants du Mali (LIEEMA) sur la colline du quartier de Badalabougou. Par coïncidence, une violente bagarre a éclaté entre deux groupes rivaux du comité local de l'Association des élèves et étudiants du Mali (AEEM), c'est-à-dire le syndicat des étudiants. Les membres du bureau dirigeant étaient en conflit avec une tendance dissidente qui voulait la tenue des élections de renouvellement de la structure. Apparemment face au blocage de l'équipe en place, la faction dissidente a eu recours à la force. Ainsi, non loin de la mosquée, sous un hangar, l'équipe du secrétaire général de l'AEEM en fin de mandat a vu un groupe d'étudiants foncer sur elle avec des machettes et des gourdins. Se dispersant un moment, dans une sorte de repli stratégique pour aller chercher leurs armes, une folle bagarre s'en est suivie entre ces anciens associés et l'on pouvait entendre des coups de feu.[10] Face à la situation qui semblait être hors de contrôle, l'imam de la mosquée, Abdallah, nous a invité dans le lieu de culte pour se mettre à l'abri et prier. On entendait toujours les bruits, mais les bagarreurs ont épargné la mosquée. Quelques temps après, plusieurs unités des forces de sécurité – dont les nouvelles forces antiterroristes – sont intervenues jusqu'au petit soir pour procéder aux interpellations et perquisitions. Le bilan dressé était de deux morts du côté des étudiants et plus d'une dizaine de blessés. Le lendemain, cet incident était à la une de la presse qui avait montré des images de saisine d'un arsenal d'armes blanches et de pistolets digne d'un film western. Une semaine après l'incident, une bagarre similaire s'est produite au sein de la Faculté de droit public lors de la semaine de l'étudiant de cette faculté. Laquelle a enregistré plusieurs blessés et des dégâts matériels importants. Ces anecdotes issues de nos travaux de terrain démontrent que la violence estudiantine est un phénomène omniprésent qui n'épargne aucune structure universitaire d'autant plus que l'AEEM y est partout présente. C'est dans cette ambiance que les nombreuses organisations religieuses mènent leurs activités en tentant de garder une sorte de « neutralité » favorable à une coexistence pacifique et un respect mutuel avec l'AEEM. Il y a donc dans l'espace universitaire malien, ce puissant syndicat des étudiants mais aussi les autres associations notamment religieuses reconnues et non reconnues.

L'AEEM : *Ce dieu chronos qui mange ses enfants*

Le mouvement étudiant Malien est né dans les années 1970, mais il a connu un regain de dynamisme dans le contexte de transition démocratique au début des années 1990 marqué par un double échec : un échec politique se traduisant par l'incapacité du régime dictatorial de Moussa Traoré d'aller vers des réformes institutionnelles garantissant le multipartisme et un échec économique consécutif à la dégradation croissante du niveau de vie dans un contexte d'ajustement structurel. Jusqu'à la fin des années 1980, les organisations syndicales estudiantines n'étaient pas reconnues par le régime Traoré qui avait même fini par éliminer physiquement son leader, Abdoul Karim Camara dit Cabral, dans les années 80.[11] Affaibli par les vagues de répression, le mouvement étudiant malien allait connaître un nouveau souffle avec la création, le 27 octobre 1990, de l'Association des élèves et étudiants du Mali (AEEM) par 39 élèves et étudiants des établissements d'enseignement secondaire et supérieur. L'usage continue de la répression par le régime a radicalisé le mouvement qui s'est allié, en janvier 1991, au Syndicat national de l'enseignement et de la culture, au Congrès national d'initiative démocratique (CNID) et à l'Alliance pour la démocratie au Mali (Adéma) pour réclamer l'instauration du multipartisme. La jonction entre ces organisations pour contester le régime autoritaire de Moussa Traoré a précipité la chute de ce dernier, le 25 mars 1991.

Depuis, plusieurs traits caractérisent l'AEEM. L'une de ces forces réside dans le fait qu'elle est l'unique et seul syndicat des élèves et étudiants du Mali. Sur le plan organisationnel, l'AEEM a connu plusieurs évolutions, mais est composée aujourd'hui d'un bureau de coordination au niveau national, des sections au niveau régional et des comités au niveau des établissements d'enseignement. Il s'agit donc d'une structure fortement hiérarchisée et centralisée, bien organisée et disciplinée. La nomenclature de ces organes est la même. Ils sont composés de 22 membres (17 au bureau et 5 à la commission de contrôle) élus par le congrès ou par l'assemblée générale au début de chaque année scolaire.[12] Ainsi, l'AEEM est une structure englobante. Elle mène des activités pédagogiques, scientifiques, sportives, artistiques et culturelles. Elle initie également, pour l'atteinte de ses objectifs, des meetings, marches ou grèves. Depuis sa création, ce syndicat des étudiants s'est fixé comme objectifs principaux la défense des intérêts matériels et moraux des élèves et étudiants du Mali, l'amélioration des conditions de vie et d'étude des élèves et étudiants du Mali et la représentation des élèves et étudiants par des délégations démocratiquement élues dans toutes les instances. Mais au fil des années, ce syndicat des étudiants a incorporé, dans son fonctionnement, des pratiques qui tendent à l'éloigner de sa mission originelle.

Une autre caractéristique majeure de l'AEEM, et qui est intrinsèquement liée aux conditions ayant présidé à sa création, est son accointance avec le monde politique. Depuis sa création, cette structure estudiantine est apparue comme une force de contestation. Déjà le lendemain de la chute du régime dictatorial, son secrétaire général de l'époque, Oumar Mariko, participa au Comité de transition pour le salut du peuple (CTSP), c'est-à-dire l'instance suprême et organe législatif de la transition institué par Amadou Toumani Touré (ATT), du 31 mars 1991 jusqu'en mai 1992.[13] Depuis, le passage à l'AEEM est devenu un tremplin pour beaucoup de ses membres qui cherchent à franchir le cap des études pour engager une carrière politique ou s'assurer une insertion professionnelle. Par ailleurs, beaucoup d'anciens leaders, devenus des cadres de partis politiques ou de l'administration, s'efforcent d'influencer la marche du mouvement au service de leurs intérêts divers. Il en est ainsi du Cadre de réflexion et de solidarité des anciens de l'AEEM (CRS-AEEM), crée en 1996, qui regroupe les anciens leaders de l'AEEM et qui sert de cadre de concertation entre ceux-ci et les leaders actifs de l'association pour débattre des questions relatives à l'éducation, développer la solidarité entre les anciens de l'organisation et surtout « appuyer et assister les jeunes frères en cas de besoin notamment dans l'action collective et l'organisation de manifestations ».

L'AEEM est aussi connue pour son usage excessif de la violence. Lors de ses marches et manifestations, les militant de ce syndicat estudiantin cassent et brûlent tout sur leur passage. Un exemple concret fut le saccage suivi de l'incendie du bureau du directeur du Centre d'enseignement de Bamako en 2012. Cette violence est aussi dirigée contre les étudiants. En effet, l'AEEM apparait comme une structure regroupant des étudiants qui, bien qu'élus par leur camarades, violent ce mandat de confiance et érigent l'intimidation et la violence en *modus operandi*. Les membres de cette structure syndicale semblent reprendre les codes de l'Armée en s'attribuant des galons et obéissant au doigt et à l'œil à leur leaders qui s'arrogent le titre de « général », comme on peut le voir sur les poster des candidats à l'élection de délégués des étudiants. Crainte plus qu'aimée par les acteurs universitaires, y compris les organisations religieuses, l'AEEM est vue par certaines autorités comme étant l'incarnation de la débauche, de la violence et de l'opportunisme. Le témoignage d'un universitaire malien et responsable administratif est illustratif de cette perception :

> « L'AEEM, après avoir joué un rôle très prépondérant dans le renversement du régime militaire de Moussa Traoré, s'est transformée, au lendemain de l'instauration du régime démocratique en République du Mali, en un mouvement mafieux et irresponsable [...] Il est presque impliqué dans toutes les prises de décisions liées à l'organisation des examens et dans la publication des résultats autour desquels une corruption mafieuse est organisée. Dans certains cas, il peut même imposer à l'administration décanale ou rectorale la liste des membres de cette association qui ne doivent en aucun cas échouer, comme si être membre de ce mouvement estudiantin signifiait d'office une garantie de passer en classe supérieure. » (Coulibaly 2018)

Certains étudiants adhèrent aux syndicats des étudiants pour tirer des avantages pécuniaires à travers une sorte de « racket de protection ». Au cours de nos enquêtes, beaucoup d'étudiants et de personnels administratifs ont fait état de la façon dont l'AEEM exerce une violence sur les étudiants et leurs membres à quelque niveau que ce soit, notamment pour le recouvrement des cotisations. L'organisation prélève 5 000 FCFA (approximativement $10) sur les bourses à titre de cotisation des nouveaux bacheliers). Les membres de l'AEEM demandent aussi à tous les propriétaires de motos qui se garent sur le campus de payer un montant en contrepartie d'une surveillance de leurs biens. Un de nos interviewés note à ce propos que :

> « ...à la Faculté des lettres et des sciences humaines de Bamako, l'AEEM gère les parkings et tout étudiant qui n'y gare pas son engin ou ne paye les 50 FCFA aux parqueurs, peut voir son engin volé sans autre forme de procès. Cela veut dire qu'il a aussi un réseau bien organisé de voleurs qui sont généralement membres de ce mouvement. Nous avons plusieurs fois assisté à des cas de vols dans cette faculté dont les auteurs-voleurs n'étaient autres que des membres de l'AEEM. »

Curieusement, les rapports entre l'AEEM et les associations religieuses musulmanes sont empreintes de cordialité. Ces relations se manifestent non seulement sur le plan pratique mais aussi sur le plan formel, car il y a des associations musulmanes qui – comme la LIEEMA (ligue islamique des élèves et étudiants du Mali) – sont des partenaires privilégiés de l'AEEM. Par ailleurs, dans sa structuration, l'AEEM tient compte des aspects religieux. Cela se manifeste par le fait qu'au sein du bureau, il y a un secrétaire aux affaires religieuses. Il arrive souvent que l'AEEM collabore avec les associations religieuses dans l'organisation de l'élection des secrétaires généraux des comités, par souci de transparence et d'impartialité (pour éviter surtout la violence pré ou postélectorale). Par ailleurs, les deux structures mutualisent certaines revendications. C'est le cas avec le projet de reconstruction de la mosquée de la FDPU, piloté conjointement par le comité AEEM et le comité local de la LIEEMA. Elles se retrouvent sur d'autres activités à caractère religieux, en l'occurrence, l'organisation annuelle des séances de rupture de jeun dans les différents campus pendant le mois de ramadan. L'AEEM sollicite, à chaque fois que de besoin, des conseils des leaders religieux qui sont les médiateurs indiqués, surtout en cas de désaccord profond entre le gouvernement et l'AEEM. D'après certains membres de l'AEEM, il y a rarement de désaccords insurmontables entre l'AEEM et les associations religieuses car, quelle que soit la situation, elles arrivent toujours à s'entendre. Cette attitude de l'AEEM vis-à-vis des structures religieuses ne surprend guère puisque le syndicat se veut une organisation cosmopolite qui fédère toutes les autres associations, y compris celles religieuses – tant qu'elles poursuivent les mêmes objectifs de défense des intérêts matériels et moraux des élèves et étudiants du Mali.[14]

En tout état de cause, il semble que les organisations religieuses ne cherchent pas à contester l'hégémonie de l'AEEM. Elles se contentent de mener des activités de promotion de la religion dans l'espace universitaire tout en laissant à l'AEEM le soin de jouer son rôle d'interface avec les étudiants et l'administration. Certaines personnes interviewées estiment que l'attitude des organisations religieuses consistant à faire profil bas au sein du campus universitaire est liée au fait que les rapports de force ne leur sont pas favorables. Une autorité administrative semble rendre compte de cet état de fait lorsqu'elle soutient : « …n'ayant pas les moyens de leur politique, les organisations religieuses se contentent, pour l'instant, de gérer la coexistence pacifique avec ce monstre qui n'hésite pas à manger ses propres petits, tel le dieu Chronos de la mythologie grecque. » (Coulibaly 2018).

Les organisations qui font de la foi leur salut sont nombreuses. Elles reflètent la diversité confessionnelle au sein de la société malienne : d'un côté l'islam et de l'autre, le christianisme. Pour l'islam, majoritaire, c'est la LIEEMA qui est la structure religieuse estudiantine la plus représentative. Pour les Chrétiens, c'est la Communauté chrétienne universitaire au sein de laquelle se trouve le Groupe biblique universitaire qui retiendra particulièrement notre attention.

LA LIEEMA : entre hégémonie et dissidence musulmane

La naissance de la LIEEMA et son imposition en tant qu'association des étudiants musulmans la plus importante s'explique en grande partie par l'ouverture démocratique des années 90 et la profusion subséquente des associations de tout genre. Sur le campus universitaire de l'époque, notamment à l'École nationale de médecine et de pharmacie (ENMP, actuelle FMPOS), le brassage culturel favorisait le partage d'expériences. C'est dans ce contexte que des étudiants étrangers, notamment de la Côte d'Ivoire qui avaient une longue expérience en matière d'association estudiantine à vocation religieuse, ont inspiré la création en juin 1992 d'une association dénommée Ligue islamique foi et action (LIFA). Celle-ci œuvrait à faire connaître l'islam à travers l'apprentissage et la pratique saine de cette religion. Dans un souci de rassembler les élèves et étudiants du Mali, l'Assemblée Générale de la LIFA décida, le 9 février 1994, de changer le nom de l'association en Ligue islamique des élèves et étudiants du Mali (LIEEMA). Le but était de permettre un cadre d'échange et de partage entre les étudiants musulmans, et de faciliter la pratique de leurs activités religieuses à côté des activités pédagogiques. En parcourant les statuts de l'association, il apparaît que la création de la LIEEMA était une réaction à une double situation : combler un vide idéologique, et afficher un islam moderne et pacifique. Ces deux objectifs sont formulés de manière claire et détaillée dans le préambule des statuts de la LIEEMA :

> « [La LIEMA] affirme qu'une bonne connaissance de l'islam associée à une bonne maîtrise du texte et du contexte est une alternative crédible pour combler le vide crée par les nombreux tâtonnements idéologiques ; Constate cependant, que pour s'affirmer comme tel, l'islam doit relever les défis de l'acharnement de ses détracteurs d'une part, et l'ignorance manifeste de certains musulmans, d'autre part ; S'engage à ce que les élèves et étudiants, musulmans et musulmanes, apprennent les préceptes de l'islam et acquièrent le minimum de connaissances indispensables à l'accomplissement correct de leurs obligations religieuses… La LIEEMA réaffirme son attachement aux valeurs et croyances de l'islam qui sont d'ailleurs compatibles avec la modernité. Elle défend l'idée que l'islam une religion naturelle et universelle de justice et de paix ».

Dans la mise en œuvre de sa ligne doctrinale, cette association s'est développée au point d'avoir une représentation sur l'ensemble du territoire national à l'exception de la Région de Kidal. Elle est composée d'un Bureau national (BN), une cinquantaine de sections (structures intermédiaires) et une centaine de commissions ou comités (structures de base) ainsi que quelques milliers d'adhérents. Ces organes de la structure sont toutes sous la houlette d'une instance suprême appelée le Conseil d'administration, formé du bureau national et des anciens de la LIEEMA, et qui est en réalité l'organe d'impulsion et d'orientation de l'association.

Au fur et à mesure de l'évolution de l'association qui se veut une faîtière incluant toutes les sensibilités de l'islam au Mali, il y a eu une démarcation, depuis 2010, entre l'élément wahhabite et la composante affiliée à la confrérie tidiane. Pour certains membres de la LIEEMA, cette dissidence est fondée dans la mesure où il y a une déviation de la LIEEMA « *qui a pris une tendance résolument wahhabite, moderniste et qui a même admis une femme à la tête d'une instance de l'organisation, violant l'un des principes sacro-saints de l'islam qui interdit de confier la direction à une femme*».[15] Une telle démarcation entre mouvances wahhabite et tidiane au niveau universitaire semble répliquer le schisme national entre ces deux tendances doctrinales. Cette division a laissé la porte ouverte à la création de plusieurs autres tendances sans reconnaissance officielle, mais qui n'en demeurent pas moins actives sur les campus universitaires. Il s'agit notamment d'Ançarddine international, une association tidiane [créée depuis 2006] et qui opère sous le nom de Collectif des Ancars dans le milieu universitaire et scolaire (CAMUS)[16]. Très proche du guide religieux Cherif Madani Haïdara, cette association compte une centaine de membres. En outre, il faut noter la présence d'autres associations musulmanes qui, opérant en dehors de l'espace universitaire, impliquent fortement les jeunes étudiants. C'est le cas notamment de l'Union des jeunes musulmans du Mali (UJMA) qui comptait déjà 75 associations lors du premier forum des associations des jeunes musulmans en 2007. Elle constitue aujourd'hui une fédération de plus de 124 associations et mouvements. Il y a aussi le WAMY (World Assembly for Muslim Youth) qui travaille avec la jeunesse musulmane estudiantine.

Le Groupe biblique universitaire : sous la bénédiction du Christ et la protection de la laïcité

A côté des associations musulmanes, il existe une communauté chrétienne universitaire qui regroupe quatre entités. Il s'agit du Groupe biblique universitaire (mouvement protestant mais très souvent hétéroclite), de la Communauté catholique, le Renouveau charismatique (qui regroupe essentiellement des étudiants étrangers venant du Cameroun, du Bénin, sont des catholiques etc.) et du Campus pour Christ (qui est éclectique). Ces groupes sont discrets mais actifs.[17] C'est que la situation de minorité et le cadre universitaire longtemps dominé par l'idéologie laïque et marxiste ne favorisaient guère leur brillance.[18] Ils sont présents dans les différents campus universitaires, mais c'est au niveau de la FMPOS qu'ils sont vraiment visibles, vu la particularité de cette institution universitaire qui accueille beaucoup d'étudiants étrangers. En 2016, les quatre entités susmentionnées se sont fédérées autour d'une structure appelée la Communauté chrétienne. Dans sa structuration, cette faîtière est composée des présidents de ces différentes entités qui se concertent pour la prise de décision concernant la communauté tout entière. Il en est ainsi des séances de prières collectives notamment lors des grèves, mais et surtout, pour l'organisation des élections du bureau de l'AEEM locale. En effet, vu la neutralité et la respectabilité que les associations religieuses ont pu imposer à travers leur comportement, elles sont chargées de cette tâche très sensible de supervision des élections des représentants des étudiants, car génératrices de violence au niveau universitaire. La présidence de la commission est tournante entre les musulmans et les chrétiens. Quand elle revient aux chrétiens, les présidents des différentes organisations estudiantines chrétiennes se concertent et se mettent d'accord sur le choix d'une personne qui doit faire office de président de la commission. Quant aux membres de la commission, un quota est réservé à chaque communauté religieuse qui se charge de la répartir de manière équitable entre ses composantes.

C'est dire que chaque composante de cette communauté chrétienne garde son autonomie et son identité. Il en est ainsi du Groupe biblique universitaire (GBU), d'obédience protestante et évangéliste. Il y a un groupe biblique national et des comités locaux au niveau de chaque structure universitaire même si certaines structures universitaires peuvent n'avoir qu'un seul groupe biblique en leur sein. C'est le cas de la FMPOS, qui compte deux facultés avec un seul comité local du GBU. Cette situation est liée au fait qu'il partage le même campus et les mêmes salles pédagogiques. Créée en 1994, cette association compte aujourd'hui environ 810 étudiants.

Les espaces : Le lieu de prière, nœud gordien de l'activisme religieux universitaire

L'espace universitaire malien est généralement un domaine public régi par la législation sur les libertés et franchises universitaires. Hormis les cas où l'État procède à la location d'immeubles privés, les structures universitaires sont bâties sur des espaces immatriculés au nom du Ministère de l'Enseignement supérieur et de la recherche scientifique destinés aux fins académiques. Ce sont par conséquent des espaces laïcs. Cependant, le monde qui peuple ces espaces appartient à des communautés, des cultures et des religions différentes. C'est là le caractère ambivalent de l'environnement universitaire dont le statut est *de jure* laïc mais *de facto* religieux. Cette ambivalence est mise en exergue par certains interviewés. Par exemple, un membre du Comité de l'AEEM de la Faculté de droit public (FDPU) reconnait que l'université est en principe un établissement public à caractère administratif et laïc. Ce qui veut dire qu'« *elle n'a pas de coloration religieuse ; elle ne favorise et ne défavorise aucune religion* ». Toutefois, il apporte une nuance en s'opposant à l'idée de révoquer la religion de l'espace universitaire au nom de la laïcité en soutenant que :

> « Cependant, il y a un problème à ce niveau car il faut tenir compte de la situation des pays. Prenons le cas malien, par exemple ; il est très difficile au Mali d'envisager l'université sans tenir compte de la religion en général et musulmane en particulier. La preuve en est que vous trouverez peu d'universités où il n'y a pas une mosquée. Ça ne dérange personne et personne ne se plaint car c'est légitime, même si ce n'est pas forcement légal. En plus, le travail administratif tient compte des aspects religieux : il n'y pas de programmation au moment de la prière du vendredi ou des jours de fêtes religieuses. Il y a aussi des pauses pendant les heures de prières. Si l'administration programme durant ces moments, il y aurait très peu d'étudiants et peut-être même pas de professeurs car tous estiment que la religion prime sur toute autre activité. Dans toutes les activités universitaires, l'aspect religieux est pris en compte pour un bon fonctionnement de la structure. La religion, au Mali en général et dans les universités en particulier, est un facteur d'union, de conciliation et de paix. Donc, ce qu'on peut dire à ce niveau est que ceux qui pensent que la religion n'a pas sa place à l'université doivent revoir leurs positions. Quelles que soient les dispositions législatives et réglementaires prises, la religion est inséparable de l'université car la religion repose sur la foi or l'homme, où qu'il soit, abandonnerait difficilement sa foi. En ce qui concerne le cas malien, si on essaye de séparer la religion et l'université, il y a un risque de blocage du fonctionnement de l'université. Pourquoi ne pas envisager de concilier les deux au lieu de les séparer ? ».[19]

Cette conception d'un espace universitaire laïc mais qui n'évacue pas nécessairement les préoccupations religieuses est la mieux partagée par les étudiants. Ces derniers cherchent à faire valoir leur identité par divers moyens. Cet engagement se perçoit, entre autres, à travers la construction ou l'animation de lieux de culte qui appartiennent aux associations musulmanes. Dans les structures universitaires ciblées par cette étude, ces lieux de culte sont généralement des espaces aménagés, des salles de prière (salles de classe) et des espaces dûment construits. Dans la mesure où leur édification peut apparaître comme une violation du domaine universitaire régi par le principe de laïcité, il serait intéressant de connaître leur mode d'acquisition ou de tenure, leur vocation socioreligieuse et le sens que les acteurs y attachent.

L'importance religieuse des lieux de culte pour les étudiants

L'espace universitaire au Mali est de plus en plus caractérisé par la prolifération des lieux de culte et les mosquées qui sont devenus la pierre angulaire de l'activisme religieux sur le campus. Historiquement, la mosquée a été le centre de diffusion du message islamique en ce sens que les décisions prises par les fidèles dans ce lieu sont transmises au reste de la communauté. Pedersen (1984) indique que « *[l]e monde qui évoluait au sein des mosquées se propageait à l'extérieur de celles-ci et laissait sa marque partout dans les cercles d'influence* ». Comme partout ailleurs dans le monde musulman, les mosquées au Mali ont toujours été le socle de la communauté musulmane. Il est rare de trouver des mosquées destinées exclusivement à la prière. En effet, ces lieux de culte jouent le plus souvent le rôle de centre communautaire. Les gens y vont pour prier et pour s'éduquer, pour régler des litiges et pour visiter la bibliothèque. Ils y vont pour se recueillir et pour se reposer dans un lieu calme et de sécurité.

En tant que produit de la société, les étudiants maliens ont constamment cherché à disposer d'un lieu de culte dans l'espace universitaire puisque la situation géographique des campus et son isolement relatif du reste de la ville ne leur permet pas d'accomplir leurs prières quotidiennes dans les mosquées environnantes. C'est l'absence de lieu de recueillement dans un monde universitaire en proie au stress et à d'autres formes de vulnérabilités qui a « *justifié pour les étudiants des structures universitaires maliennes l'aménagement d'espaces de prières et de ruptures collectives de jeûne* ».[20] Dans presque tous les campus maliens, les espaces de culte qui furent initialement des aménagements provisoires sont progressivement transformés en mosquées dûment construites et gérées par les associations musulmanes, en l'occurrence la LIEEMA. Il existe aussi des espaces pour les femmes (les sœurs) qui sont distincts de ceux des hommes. Cette délimitation sexo-spatiale est l'une des caractéristiques majeures qui distingue les associations musulmanes de celles chrétiennes où il n'existe pas cette démarcation de genre entre les fidèles.

Il faut souligner que les mosquées et lieux de prière musulmane ne constituent pas les seuls prieurés dans l'espace universitaire. Il en existe d'autres appartenant à la communauté chrétienne. Les étudiants chrétiens que nous avions interviewés faisaient état de l'importance pour eux de disposer d'un lieu de culte en indiquant que le Christ lui-même aurait laissé un modèle d'église à ses apôtres et à la communauté chrétienne tout entière. Pour eux, il est important de renouveler cette institution et ses traditions telles qu'enseignées dans la première partie de la Bible :

> Tous ceux qui croyaient étaient dans le même lieu, et ils avaient tout en commun. Ils vendaient leurs propriétés et leurs biens, et ils en partageaient le produit entre tous, selon les besoins de chacun. Ils étaient chaque jour tous ensembles assidus au temple, ils rompaient le pain dans les maisons, et prenaient leur nourriture avec joie et simplicité de cœur, louant Dieu, et trouvant grâce auprès de tout le peuple. Et le Seigneur ajoutait chaque jour à l'Église ceux qui étaient sauvés » (Actes 2 :44–47).

Cette raison a motivé les fidèles chrétiens en général et ceux des structures universitaires du Mali en particulier à trouver, dans les environs immédiats de l'université, un lieu de rassemblement leur permettant de grandir spirituellement. Ce lieu de culte est le théâtre des journées de prédication, des cours bibliques, des matinées, soirées ou nuits de prière ainsi que la pratique d'activités sociales qui permettent aux fidèles d'acquérir la constance, la fidélité, la stabilité dans la foi.

La lutte pour l'acquisition d'un espace de culte, comme un acte de foi

Il est ressorti des entretiens avec les responsables religieux des structures universitaires que les premières tentatives d'aménagement d'espaces de cultes ont été empêchées par les responsables administratifs au nom de la laïcité de l'Université. Durant notre enquête, nous avons visité certaines structures où les espaces de prière sont difficilement identifiables des autres espaces, si ce n'est par les nattes de prière pour les musulmans et seulement pendant les heures de prière pour les chrétiens. Mais ce n'est pas le cas de tous les campus. De plus en plus, l'aménagement des lieux de culte a accru dans l'espace universitaire grâce notamment à la persévérance des mouvements religieux. C'est le cas de la Faculté de médecine, de pharmacie et d'odontostomatologie (FMPOS) avec la construction d'une église, de la Faculté des sciences et des techniques (FAST), de l'Institut universitaire de gestion (IUG) et plus récemment de la Faculté des sciences économiques et de gestion (FSEG) qui ont respectivement, vu la construction d'une mosquée en leur sein. Cette implantation de lieux de culte traduit l'évolution positive des rapports entre les autorités universitaires et les organisations religieuses.

Depuis plusieurs années, les responsables des associations religieuses, soutenue par leurs membres et autres sympathisants, n'ont cessé d'adresser des demandes à l'Administration universitaire. Ces demandes n'ont jamais connu de suite favorable au premier essai. Mais dans leur volonté inébranlable de se doter d'un lieu de culte, les religieux ont persisté. En général, ils mettent à profit les périodes de succession au sommet de l'administration ou des services universitaires pour intensifier les demandes et les initiatives pour l'obtention d'un lieu de culte. Souvent confrontées à une crise de gouvernance ou par propension personnelle, certaines autorités universitaires accèdent à ces demandes et répondent favorablement au grand dam de la laïcité. Dans tous les cas de figures, les activistes religieux, fidèles à leur ligne de conduite, parviennent à obtenir l'accord implicite de l'Administration universitaire qui devient moins regardante sur les pratiques et finit par s'étonner devant le fait accompli. Dans certains cas, les étudiants n'hésitent pas à jouer sur les relations sociales pour « forcer la main aux administrateurs ». Cela semble être le cas dans la décision de construction de la mosquée de la FSEG en 2018 grâce à la générosité d'un mécène.

Evidemment, le désengagement ou la neutralité des autorités universitaires et le financement extérieur de ces mouvements religieux et des lieux de culte dans l'espace universitaire suscitent des inquiétudes quant au risque d'une intrusion, voire d'une manipulation indirecte des associations religieuses estudiantines. Une autorité universitaire s'interrogeait d'ailleurs sur les solutions possibles à une reprise de contrôle de la situation par l'administration universitaire en disant qu'« *On est même tenté de se demander pourquoi l'administration universitaire ne prendrait pas en charge la construction et la gestion de ces lieux de culte dans le cadre de sa mission de service public universitaire ? Ce qui lui donnerait un droit de regard sur les activités qui s'y organisent et garantirait davantage le principe de laïcité* ».

L'implication de l'administration universitaire dans la gestion du religieux est certes une réalité. Elle prend la forme d'une régulation et non d'un contrôle de l'activité religieuse. Par exemple, en dehors des mosquées et églises, certaines salles de classe servent temporairement de salles de prière sur autorisation de l'administration. Le Groupe biblique du campus de l'IUG avait fait recours à cette solution alternative en l'absence d'église dans l'espace universitaire. Mais la régulation n'est pas toujours effective. Il est courant de voir des espaces verts utilisés pour les rencontres et autres activités religieuses en plein air.

Il apparait donc clairement que l'espace de culte est l'une des manifestations les plus visibles du fait religieux dans l'espace universitaire. Cet espace, symbolise, à la fois, la présence et le signe extérieur de la religiosité. Cependant, un des principaux problèmes est que, une fois construits, les lieux de culte échappent quasiment au contrôle et à la supervision de l'administration universitaire. Pour récuser toute intrusion dans ces espaces réservés mais dont la vocation est inclusive, les étudiants musulmans convoquent le Coran qui rappelle que « les mosquées appartiennent à Dieu seul » tandis que leurs camarades chrétiens soutiennent que « l'église est le bien collectif de la communauté du Christ ».

Les pratiques des associations religieuses : entre promotion de la foi et éthique sociale

« *L'université est notre Jérusalem* ». Ces mots du président du comité local du Groupe biblique universitaire traduit éloquemment les pratiques des associations religieuses destinées avant tout à promouvoir leur foi et marquer extérieurement leur identité religieuse.[21] Ainsi, au niveau du groupe biblique, les activités principales portent sur l'étude biblique et la prière. Le Président du comité local de la FMPOS nous renseigne :

« Comme nous nous réunissons chaque mardi, nous avons un canevas d'étude biblique. Avant de procéder aux études bibliques, nous répartissons le groupe en cellule, comme c'est une rencontre d'étude biblique, chacun aura ainsi le soin de dire ce qu'il comprend, ce qu'il entend de tel ou tel passage. Les cellules se réunissent un peu partout. Certaines cellules se réunissent à l'intérieur du village de Point G, et d'autres se réunissent dans la salle de classe de la faculté pour permettre à tous de se sentir à l'aise. Maintenant au cours de l'étude biblique, on prend une partie de la bible, chacun sera guidé par des questions, chacun aura le soin de dire ce qu'il entend et conformément à ce qu'on a lu, chacun aura le temps de demander aux autres de prier pour lui… ».

Un des facteurs qui alimente la religiosité dans l'espace universitaire est la recherche d'un groupe d'appartenance pour faire face, de manière collective, aux difficultés de survie dans un environnement universitaire socialement et pédagogiquement hostile. Les propos du Président du Groupe biblique universitaire en sont révélateurs :

« Nous considérons généralement l'université ou la faculté comme un lieu où la foi des uns et des autres faillit, puisque l'Université est un lieu de rencontre de tout genre de personne, nous avons des origines différentes, des cultures différentes, et donc on peut avoir des bons compagnons comme des mauvais compagnons. D'où la nécessité de rester entre soi pour renforcer notre foi en la Bible. C'est une manière de réunir les uns et les autres afin d'étudier la Bible et conforter notre communauté ».

Le réflexe grégaire des étudiants est une propension générale, mais leur repli vers les associations religieuses est le penchant le plus spectaculaire. Les raisons de cette attitude sont à chercher dans la capacité intégratrice des organisations religieuses qui offrent à leurs membres non seulement une sécurité sociale et spirituelle, mais surtout une nouvelle perspective de vie morale et estudiantine sur le campus. Selon le président du comité local de la LIEEMA de la FAST, « *la religion est un mode de vie qui ne doit pas être dissocié des études* ». Il poursuit en montrant que « *la présence de l'association [la LIEMA] est un facteur de changement, car être musulman n'est pas juste accomplir la prière, c'est aussi un comportement. Nous remercions le Bon Dieu, car à travers nos activités certains comportements ont changé. Cela démontre que notre association a porté ses fruits* ».

Le président du comité local de la LIEEMA de la FAST insiste beaucoup sur le changement de « comportement » des membres de la structure qui s'opère grâce à certaines activités caractéristiques des associations religieuses évoluant sur le campus universitaire. Au premier rang de ces dernières figure la formation spirituelle des membres autour de laquelle gravitent d'autres activités qui, à première vue, semblent profanes mais dont la portée religieuse se révèle dans les discours et les comportements des acteurs. Par exemple, dans le cadre de la formation spirituelle, il est difficile de distinguer la formation intellectuelle, d'une part, et celle destinée à conforter la foi et l'éthique particulière promue par chaque religion, d'autre part. Un responsable de la LIEEMA laissait savoir que leurs activités consistent à sensibiliser leurs membres sur les « bons comportements » qu'ils doivent avoir pendant et après leur cursus, compte tenu de la loi religieuse. Il poursuit en disant ceci :

> « Sans religion, l'être humain est laissé à lui-même. Alors, l'université qui est en quelque sorte la vie miniaturisée, doit enseigner les paroles de Dieu. Notre défi, c'est l'éducation vis-à-vis de la religion. Je vous avoue que les structures les mieux gérées au Mali sont détenues par les sortants de LIEEMA ».

Donc, il y a de leur point de vue, un rapport étroit entre l'éducation religieuse et la construction d'une citoyenneté centrée sur l'éthique, l'excellence et la bonne gestion des biens communs. Des avis concordants des membres de la LIEEMA soulignent comment les études riment avec la religion. Les membres de cette structure racontent, avec une certaine fierté, que le deuxième national au concours d'entrée à la fonction publique des collectivités territoriales, en 2015, est le président sortant du BEN de la LIEEMA de l'époque (M. Seydou Bah) et que plusieurs de leurs membres ont pu obtenir des bourses d'études. Il faut noter que la persévérance dans cette étude en vue de la consolidation de la foi n'est pas l'apanage des étudiants des structures musulmanes. On retrouve le culte de l'excellence combinée à la pratique religieuse chez les étudiants chrétiens.

Il existe également une importante composante sociale dans les activités des structures religieuse. De ce point de vue, les responsables de la LIEEMA cherchent à se démarquer des autres structures associatives en soulignant que :

> « A la différence des autres associations, nos activités sont à but non lucratif. Nous offrons gratuitement aux étudiants des enseignements très couteux dans la société. En outre, parmi nos activités, il y en a une qui est réservée aux visites de chambres. Pour échanger et demander comment nos camarades étudiants vivent. Et essayer de venir en aide aux nécessiteux. Cela démontre les bons rapports que nous avons ».

Par ailleurs, il existe des rapports cordiaux avec les autres confessions religieuses, faits de respect et de compréhension mutuelle : « *nous les respectons et nous comprenons leur choix. Nous sommes ouverts pour eux. Ils ont la liberté de participer à nos activités* » témoigne un responsable de la LIEEMA. Le renforcement des capacités en gestion associative, l'entretien des lieux de cultes, les prêches et conférences avec des personnalités religieuses du pays et de l'extérieur, les ruptures de jeunes, l'organisation et la célébration des fêtes religieuses (Tabaski, Ramadan, Noël, Pâques, Maouloud etc.), les cérémonies sociales (baptêmes, mariages, décès et maladies) sont autant d'activités qui mobilisent les membres des associations religieuses et manifestent leur engagement et leur présence dans l'espace universitaire.

CONCLUSION : ENJEUX FUTURS POUR LES ASSOCIATIONS RELIGIEUSES

Incontestablement, l'activisme religieux a le vent en poupe dans les universités maliennes en pleine recomposition dans un contexte sociopolitique de crise et de reconstruction. En effet, si les mouvements associatifs estudiantins d'obédience laïque ont été les fers de lance du syndicalisme estudiantin après les indépendances et de manière décisive, lors des luttes pour la démocratisation dans les années 1990, celle-ci a été fatale pour ceux-ci et permis, à l'inverse, la profusion et le dynamisme des associations religieuses qu'elles soient chrétiennes ou musulmanes. Discrètes au départ, elles sont devenues des acteurs majeurs de la vie universitaire. De plus en plus visibles et présentes dans l'espace universitaire au point qu'elles sont sur le point de renverser la tendance en leur faveur. D'une part, leurs rapports avec l'administration universitaire connaissent une évolution positive (malgré la laïcité dont l'usage est interprété en fonction des circonstances). D'autre part, leur interaction avec les syndicats estudiantins classiques empreinte de respect mutuel. Les organisations religieuses sont progressivement devenues un partenaire incontournable des syndicats d'étudiants, non seulement dans la gestion de ces mouvements mais et surtout dans la lutte pour les revendications collectives pour un mieux-être des étudiants. Dans cette perspective, une de leur conquête majeure est l'acquisition d'espaces de cultes très visibles et de mieux en mieux lotis et bien fréquentés par leurs fidèles (étudiants, enseignants et personnel administratifs). Ces évolutions légitiment, du coup, la présence des organisations religieuses dans l'espace universitaire.

Du reste, elles s'impliquent de plus en plus dans la dénonciation de la violence, mais aussi la pacification de l'espace universitaire. Le pouvoir d'attraction et l'importance des organisations religieuses augmentent dans un contexte marqué par la gouvernance précaire de l'espace universitaire et l'extraversion du syndicat estudiantin classique qui sont devenus une véritable poudrière et un casse-tête pour les autorités politiques et administratives. Ainsi, sans complexe dans le maniement du verbe et des nouvelles technologies, et bénéficiant de connexions avec les associations religieuses extra universitaires, les associations religieuses universitaires essayent de montrer un nouveau visage de modernité.

Elles cultivent le sens de l'éthique et concilient la réussite sociale (scolaire, universitaire) et la pratique religieuse, malgré les nombreux défis auxquels elles sont confrontées. Les plus déterminants sont la gouvernance démocratique au sein de ces associations religieuses, la prise en compte du genre, et globalement, l'adhésion d'une jeunesse déboussolée, inculte et en quête de repères dans un contexte de crise généralisée, et la lutte implacable menée au nom du terrorisme et l'extrémisme violent. Sur ce dernier point, les leaders des associations religieuses musulmanes craignent un amalgame et une restriction de leurs activités à cause de l'insécurité ambiante liée aux activités terroristes. C'est en tout cas les craintes de Adama Gouanle, étudiant membre de la Ligue islamique des élèves et étudiants du Mali (LIEEMA). Il soutient :

> « Il est important de vous rappeler que nous sommes reconnues par l'État malien. De surcroit, nous avons le droit de mener nos activités au sein de l'enceinte universitaire...Pour autant, le Mali, avec l'insécurité au Nord et l'exacerbation du terrorisme, nous avons d'énormes difficultés pour la mise en œuvre de nos activités. L'administration les perçoit parfois très mal, comme une propagande en faveur du terrorisme alors qu'il n'en est rien... ».[22]

Cette crainte est liée à la situation politico-sécuritaire et, en particulier, la radicalisation des groupes religieux liée plus ou moins à la stigmatisation (perception ou réalité, il est difficile de le mesurer).

NOTES

1. Les auteurs tiennent à noter la contribution inestimable du Professeur Bakary Camara, enseignant-chercheur et Doyen de la Faculté de Droit Public de l'USJPB et coordinateur du Laboratoire d'études et de recherches en droit, décentralisation et développement local (LERDDL) de la Faculté de droit public de l'Université des Sciences Juridiques et Politiques de Bamako (USJPB), dans lequel le présent projet a été mené. Ils remercient particulièrement les responsables de la LIEEMA, du GBU et les autorités universitaires maliennes pour leur concours précieux dans la réalisation de ce projet de recherche.
2. On se souvient d'ailleurs qu'il avait proposé cette option en 2012, lors de la rébellion du Nord et l'occupation par les djihadistes. Mais les malékites avaient désavoué cette décision prise par Mahmoud Dicko qui apparaissait à leurs yeux comme voulant se servir de l'islam pour arriver à des fins politiques et récupérer le salafisme lors de l'occupation du nord par les djihadistes d'Al-Qaïda au Maghreb islamique (AQMI).
3. Il n'y a aucune statistique officielle et fiable, mais il est admis qu'environ 90 % de musulmans selon que l'on retranche ou additionne la part flottante de la population pratiquant la religion traditionnelle. *Jeune Afrique*, parlant du Mali, indique que « dans ce dernier pays, les chrétiens ne représentent en effet que 2,4 % des 17 millions d'habitants, musulmans à 94 % ». Voir http://www.jeuneafrique.com/440745/societe/mali-mgr-jean-zerbo-arche-

veque-de-bamako-nomme-cardinal-pape-francois/. Consultée le 22 janvier 2018.
4. Célébration de la naissance du prophète Mahomet, autre point de discorde entre wahhabites et les tidjanis au Mali.
5. Voir Loi N° 06-007 du 23 janvier 2006 créant l'Université de Bamako.
6. En 2010-2011, l'Université de Bamako comptait déjà près de 100 000 étudiants.
7. Depuis la rentrée 2014-2015, l'USJPB a basculé dans le système Licence-Master-Doctorat (LMD) conformément à la Directive 03/2007 CM-UEMOA portant adoption du système « LICENCE-MASTER-DOCTORAT » (LMD) dans les universités et établissements d'enseignement supérieur au sein de l'Union économique et monétaire ouest-africaine (*UEMOA*).
8. L'USJPB fut créée par l'Ordonnance N° 2011-022/P-RM du 28 septembre 2011. Voir Plan stratégique de développement de l'Université des sciences juridiques et politiques de Bamako (USJPB) 2015-2019, p.19.
9. L'on observe une tendance à la baisse des effectifs liée surtout à la réduction des effectifs du baccalauréat et à une certaine rigueur dans la gestion au niveau de l'USJPB avec l'utilisation de logiciel de gestion de la scolarité.
10. Notons que les facultés d'apparence calme, sont de véritables caches d'armes de toutes sortes.
11. Celui-ci était, plus précisément, le leader de l'UNEEM (Union nationale des élèves et étudiants du Mali), l'ancêtre de l'AEEM, créée les 20 et 21 janvier 1978 en tant que section de l'Union nationale des jeunes du Mali, une émanation du régime militaire.
12. Ils sont rééligibles.
13. C'est à la suite des négociations entre le Comité de réconciliation nationale et la coordination des associations démocratiques, dès le lendemain de la chute de l'ancien régime que furent arrêtés les principes de la gestion de la période transitoire, notamment, la création d'un Comité de transition pour le salut du peuple (comprenant dix militaires et 15 civils et le Gouvernement), le 29 mars 1991. Le CTSP est l'organe suprême de la période transitoire. Il adoptera, le 31 mars 1991, une nouvelle charte dite Acte fondamental N°1. L'article 64, titre 12 de cet acte précise que « en attendant les élections générales et la mise en place des institutions prévues par la nouvelle constitution à adopter par référendum, le présent acte fondamental serait exécuté comme constitution de l'État ». Voir Dembélé (2017: 7).
14. C'est pourquoi elle est également en partenariat avec des associations de jeunes telles que le Conseil national des jeunes (CNJ).
15. Lors de l'élection du BN de la LIEEMA de 2010 à 2012 qui comprenait une femme comme vice-présidente en la personne de Mme Fatoumata Djiguiba. Entretien avec M. Sangaré Madani, membre de l'amicale des anciens de la LIEEMA et vice-président de l'Association des enseignants musulmans du Mali, Bamako, le 06 janvier 2018.
16. Voir une vidéo d'une conférence du CAMUS sur l'islam et le terrorisme, animée par le Guide Haïdara en 2014 en langue nationale https://www.youtube.com/watch?v=HzAgJO08Ivo. Il a abordé aussi plusieurs autres questions comme les relations entre la junte et les religieux en 2012, la veillée religieuse au Mali etc.
17. Nous allons particulièrement nous focaliser sur l'expérience du Groupe biblique universitaire qui nous a paru pertinent et significatif. Le choix de ce groupe est aussi lié à la disponibilité des uns et des autres puisque

l'enquête a coïncidé avec les congés universitaires qui ne nous ont pas permis d'échanger avec les représentants des autres confessions chrétiennes.
18. C'est la raison pour laquelle, lors de nos interviews, nos interlocuteurs chrétiens ne se présentaient pas avec leur nom chrétien mais leur nom traditionnel : Soungalo Cissouma, Nana Coulibaly, Sana Kouriba etc.
19. Entretien avec des responsables du Comité de l'AEEM de la Faculté de droit public (M. Aliou Djibo et Hamidou Moussa), Bamako, le jeudi 06 janvier 2018.
20. Propos du Président de la section universitaire au niveau de la FMPOS lors de son entretien, le 8 janvier 2018 à Bamako.
21. Entretien avec M. Sana Kouriba, Président du Groupe biblique universitaire Campus/FMPOS le 8 janvier 2018 à son domicile à Niamana, un quartier périphérique de Bamako, en Commune 6. Le verset auquel il fait référence est tiré de Matthieu 28, 19–20 : « Allez, faites de toutes les nations des disciples, les baptisant au nom du Père, du Fils et du Saint-Esprit, et enseignez-leur à observer tout ce que je vous ai prescrit. Et voici, je suis avec vous tous les jours, jusqu'à la fin du monde. »
22. Entretien avec Adama Gouanle, chargé à l'information de la Ligue islamique des élèves et étudiants du Mali (LIEEMA) du campus de la Faculté des sciences techniques (FST) de l'Université des sciences techniques et technologiques de Bamako (USTTB) de Badalabougou, Bamako, le 02 juin 2017.

BIBLIOGRAPHIE

Affa'a Félix-Marie, et Thérèse Des Lierres, 2002, *L'Afrique noire face à sa laborieuse appropriation de l'université : Les cas du Sénégal et du Cameroun*. Québec : L'Harmattan, les presses de l'Université de Laval.

Amselle, Jean-Loup, 1985, « Le Wahabisme à Bamako (1945–1985) », *Canadian Journal of African Studies/Revue Canadienne des Études Africaines*, Vol. 19, No. 2.

Basdevant-Gaudemet, B., 2006, « Eglise et Autorités : Études d'histoire de droit canonique médiéval. » *Cahier de l'Institut d'anthropologie juridique* n°14, Faculté de droit et des sciences économiques, Université de Limoges.

Camara, Bakary, 2018, « Le processus démocratique au Mali depuis 1991—Entre fragmentation de l'espace politique et coalitions : Quels sont les impacts de la démocratisation sur la condition de vie des maliens ? » Publié par American Political Science Association (APSA). Disponible sur http://www.apsanet.org/~africaworkshops/media/Bakary%20Camara.pdf

Coulibaly, Sidiki Aboubacar, 2018, « Mouvements sociaux au Mali : Leviers réels de changement social ou vecteurs de déstabilisation politique et économique en Afrique postcoloniale ? » in *Revue malienne des sciences juridiques et politiques* (REMASJUPE), n° 5, Université des sciences juridiques et politiques de Bamako (USJPB).

Dakouo, Ambroise et Kalilou Sidibé, 2017, « L'islam au Mali : Diversité des pratiques et dynamiques actuelles » Analyse sociétale africaine/African Societal Analysis (ASA). Disponible sur http://africansecuritynetwork.org/assn/wp-content/uploads/2017/02/islam-au-Mali.pdf

Dembélé, Mamadou Lamine, 2014, « L'islam et le pouvoir au Mali du moyen-âge à nos jours : Entre apothéose, marginalisation et renaissance », *Revue africaine*

de *science politique et sociale* (RASPOS), numéro 2, janvier-février-mars, Éditions Librairie juridique africaine.
Dembélé, Mamadou Lamine, 2016, « Rôles des acteurs universitaires dans la prévention de l'extrémisme violent au Mali », Communication lors de la conférence-débat sur le rôle de la jeunesse dans l'éducation à la paix et à la non-violence organisée par *West Africa Network for Peacebuilding* (WANEP-Mali) en partenariat avec l'Université des sciences juridiques et politiques de Bamako et l'American Bar Association Rule of Law Initiative.
Dembélé, Mamadou Lamine, 2017, « La naissance de la Constitution malienne de 1992 ». Communication de la journée de réflexion sur les 25 ans de la constitution malienne de 1992, organisée par la Faculté de droit public de l'Université des sciences juridiques et politiques de Bamako.
Dembélé, Mamadou Lamine, 2019, « Islam et élections post-crise au Mali : enjeux et défis ». *Revue malienne de sciences juridiques, politiques et économiques* (REMASJUPE), Etudes de droit public, de droit privé et de sciences politiques et assimilées. n° 6. Presses de l'Université de Toulouse 1 Capitole, pp. 149-66.
Diop, Cheikh Anta, 1987, *L'Afrique noire précoloniale,* Paris : Présence africaine, Seconde édition.
Glavany, Jean, 2011, *La laïcité. Un combat pour la paix*, Paris : Éditions Héloïse d'Ormesson.
Gomez-Perez, Muriel, 2005, *L'islam politique au Sud du Sahara : Identités, discours et enjeux*, Paris : Karthala.
Holder, Gilles, 2013, « Au Mali, la guerre des islamismes ». *Le Monde* du 28 janvier 2013.
Holder, Gilles, 2013, « Un pays musulman en quête d'État-nation », in P. Gonin et al. (éd.), *La tragédie malienne,* Paris : Vendémiaire, pp. 135-60.
Keïta, Naffet, 2011, « Mass médias et figures du religieux islamique au Mali : entre négociation et appropriation de l'espace public », *Afrique et développement*, Vol. XXXVI, n° 1, 97.
Pedersen, J., 1984, *The Arabic Book (Le livre arabe)*, Translated by Geoffrey French, Princeton, New Jersey : Princeton University Press.
Soares, Benjamin, 2009, « The Attempt to Reform Family Law in Mali », *Die Welt des Islams*, n°49.
Université des sciences juridiques et politiques de Bamako, *Plan stratégique de développement 2015-2019*.
Villalón, Leonardo A., 2010, « From Argument to Negotiation: Constructing Democracy in African Muslim Contexts », *Comparative Politics* 42:4.
Villalón, Leonardo A., Abdourahmane Idrissa, et Mamadou Bodian, 2012, « Religion, demande sociale, et réformes éducatives au Mali : Quand les acteurs sociaux poussent l'État à encadrer la transition des médersas arabo islamiques au système franco-arabe. » Research report #7. Published by the African Politics and Power Programme (APPP), 56pp. Disponible sur : http://www.institutions-africa.org/page/religious-education.

4.

ISLAMISME, TRIBALISME ET ETHNOCENTRISME SUR LE CAMPUS DE L'UNIVERSITÉ DE NOUAKCHOTT

Elemine Ould Mohamed Baba Moustapha

Les syndicats d'étudiants en Mauritanie reproduisent de manière générale les lignes de clivages qui caractérisent la société mauritanienne. Autrement dit, ils sont généralement le prolongement des groupes sociopolitiques qui évoluent en dehors de l'espace universitaire. Trois groupes dominent cet espace. Le premier est l'Union générale des étudiants de Mauritanie (UGEM) créé en 2005 et qui est contrôlée par des étudiants affiliés au parti au pouvoir, l'Union pour la République (UPR). Le second est constitué des étudiants affiliés au Syndicat national des étudiants de Mauritanie (SNEM). Ce dernier défend les intérêts des étudiants négro-mauritaniens et conteste leur marginalisation dans la société mauritanienne. Entre les deux, il y a un troisième groupe : l'Union nationale des étudiants de Mauritanie (UNEM). Contrôlé par des étudiants islamistes proche du parti islamiste Tawasul, cette structure apparait aujourd'hui comme la plus influente.

La percée et la domination d'organisations estudiantines d'obédience islamique en Mauritanie se conçoit aisément dans ce pays où tous les citoyens sont musulmans et où toute manière de penser et d'agir sous-couvert du qualificatif « islamique » force *à priori* le respect et ne saurait souffrir d'un sentiment de rejet. L'adhésion au label islamique semble, en effet, être une inclinaison naturelle des mauritaniens, si bien que toute attitude qui tendrait à défier cette propension expose son auteur, qui risque d'être indexé de mécréant. Mais ce constat n'est pas dépourvu de nuances, puisque certaines questions ne sont pas toujours consignées en noir et blanc. Dans sa réponse à un syndicaliste affilié aux Frères musulmans sur la question de l'islam politique dans les années 1970, un instituteur mauritanien soutenait : « Je n'ai aucun souci si Satan me disait de le suivre. Mais quand il me dit de le suivre tout en psalmodiant un verset du coran, j'hésiterai car je ne voudrais ni suivre

Satan, ni fausser compagnie au Coran ». Cette réponse remet au goût de la discussion le dilemme des Mauritaniens dans une société où tout doit passer par le filtre religieux avant d'être validé ou rejeté.

En effet, depuis l'indépendance du pays en 1960, les différents pouvoirs qui se sont succédé ont, de manière renouvelée, tenté de construire la nation mauritanienne en mobilisant la symbolique islamique. Tout en poursuivant cette action, ils ont tenu à endiguer le champ religieux dès l'apparition des premières velléités islamistes. Il faut dire que la société mauritanienne est caractérisée par l'existence d'un savoir arabo-musulman produit de manière « industrielle » par la classe maraboutique et reproduit au sein des universités nomades appelées *mahadra*. Ces institutions éducatives ont laissé une marque indélébile dans le paysage socioculturel du pays. Ould Ahmed Salem attire justement l'attention sur la méconnaissance « de la place que ce haut lieu du malikisme scolaire, ses écoles religieuses, ses *ulamâ* et ses ressortissants tiennent depuis des siècles dans la configuration de l'islam régional et mondial, place, il est vrai, largement disproportionnée par rapport au poids économique et démographique tout à fait modeste du pays lui-même » (2012 : 206). En plus de la tendance malikite, on observe aussi une prédominance d'un islam sunnite, rigoureux et littéral, quoique tolérant. Cette mouvance subit de plus en plus les assauts des courants d'idées traversant le monde musulman. Toutefois, les anciennes institutions de la société semblent se pérenniser malgré les changements sociaux et l'existence de superstructures plus ou moins modernes ; ce qui oblige le pouvoir politique à bâtir et asseoir son autorité sur les notabilités traditionnelles.

Si l'islam est incontestablement le ciment de la société, ce qui distingue les mauritaniens, c'est plutôt leur appartenance à deux aires sociolinguistiques dont la cohabitation est parfois complémentaire mais souvent conflictuelle. Sociologiquement parlant, la société mauritanienne est écartelée entre le groupe arabo-berbère et les communautés négro-africaines (pulaar, soninké et wolof). Les antagonismes entre ces groupes se cristallisent autour de la question dite « nationale » qui met en opposition les partisans de l'arabité et les défenseurs de l'africanité. Depuis l'indépendance du pays en 1960, les premiers ont cherché à ériger l'arabe comme la langue d'instruction et de l'administration en remplacement du français, tandis que les seconds contestent le recentrage de l'identité nationale mauritanienne autour de l'arabe, prônant en revanche le maintien du français qui était jusqu'alors la langue officielle. Pour certains chercheurs comme Ould Mohamed (2001 : 26), ce sont ces « polémiques d'ordre politique, autour de la question de l'identité nationale qui justifièrent ce recours à l'islam afin de baptiser la République » à laquelle les deux épithètes d'arabe et d'africain ont été tour à tour contestées. C'est dans ce contexte général de polémique autour de l'identité nationale que baigne le mouvement estudiantin relativement récent, mais dont la composition reflète les lignes de clivage qui caractérise la société mauritanienne de façon générale.

L'objectif de ce chapitre est de fournir une analyse de ce qui apparait aujourd'hui comme une dynamique de tension et de négociation permanentes entre islamisme, tribalisme et ethnocentrisme sur le campus de l'Université de Nouakchott. Il est tout de même curieux de constater qu'en dépit de son importance dans la compréhension des transformations en cours dans la société mauritanienne, le mouvement étudiant a retenu très peu d'attention de la part des chercheurs. La revue de la littérature n'a révélé qu'une seule étude pertinente à côté de quelques bribes éparses sur le mouvement syndicaliste et des généralités de son évolution pouvant être glanées çà et là dans des ouvrages de synthèse.[1]

C'est pourquoi nous avons jugé nécessaire de reconstituer l'histoire de la naissance et les évolutions actuelles du mouvement syndical estudiantin en Mauritanie. Ainsi, sur le plan méthodologique, nous avons largement fait recours aux entretiens avec les acteurs et les observateurs de la scène syndicale estudiantine. Cette approche qualitative est combinée avec une enquête quantitative en visant un cercle estudiantin dont l'effectif, sans atteindre le palier minimum des 4 % requis en matière de choix de l'échantillon, apporte un éclairage significatif lorsque les données quantitatives sont triangulées avec les observations de terrain, et surtout les focus groups.[2] Organisés à l'issue de l'enquête, trois focus groups ciblant les directoires des syndicats ont essentiellement tourné autour des commentaires des résultats du sondage. Un quatrième focus group a été organisé avec les étudiants du master d'histoire. Le questionnaire (en deux cents exemplaires) a été administré aux étudiants des différentes facultés de l'Université de Nouakchott. Pour des raisons de commodité et de pragmatisme, et sur la base de l'annuaire de l'enseignement supérieur de 2014-2015, les quotas ont été définis en respectant l'ordre de grandeur des facultés. Ainsi le nombre de questionnaires a été respectivement de 80 pour la Faculté des sciences juridiques et économiques (FSJE) soit 40 % de la population estudiantine, 60 pour la Faculté des lettres et sciences humaines (FLSH), 40 pour la Faculté des sciences et techniques (FST), 13 pour la Faculté de Médecine (FM) et 7 pour l'Institut universitaire professionnel (IUP). Sur l'ensemble de ces questionnaires, 20 ont été spécifiquement adressés à des étudiants négro-africains.[3]

Ce sondage a été conduit en novembre 2017. Le questionnaire embrasse un certain nombre de thématiques prédéfinies, c'est-à-dire l'adhésion des interviewés aux syndicats, leurs motivations et les critères d'éligibilité, la participation aux activités, les activités religieuses sur le campus et leurs visibilités, le caractère islamique de l'État, les enjeux d'avenir, etc. De plus, pour compléter les informations, des tableaux élaborés sur la base des listes de délégués au congrès des étudiants de 2003 et 2012 ont été ventilés pour l'identification de la position actuelle des anciens leaders des étudiants. Ces tableaux indiquant la liste électorale de chaque délégué proposent une palette de positions actuelles : études supérieures, fonction publique, métiers libres, migration à l'étranger, activité politique et syndicale, etc. Ils ont été ventilés parmi les anciens étudiants par courrier électronique ou par contact personnel. Il a été demandé à ces participants d'identifier les étudiants dont les noms figurent sur la liste et de préciser leur situation actuelle.

Ainsi, sur la base de ces données qualitatives et quantitatives, nous nous proposons d'étudier le mouvement estudiantin mauritanien et, en particulier, sa composante islamique dans l'Université de Nouakchott. Pour ce faire, nous envisageons de revenir, avec plus de détails sur le contexte politique au regard de l'islam politique avant d'aborder l'environnement universitaire, les syndicats et leurs organisations, l'état des campus et le positionnement des syndicats en leur sein ainsi que leurs activités, pour envisager enfin les enjeux d'avenir.

CONTEXTE POLITIQUE ET ISLAMISME

La Mauritanie a été contrainte d'engager le processus de démocratisation après le discours de La Baule du Président français, François Mitterrand.[4] La constitution de 1991 permet la création de partis politiques et de journaux indépendants. Toutes les structures d'une démocratie formelle sont mises en place. Le gouvernement engage ainsi une politique de reconnaissance tous azimuts des organisations pour les dévaluer et assurer leur paralysie mutuelle par la suite. Jouant avec machiavélisme sur le clientélisme politique et tribal, Maouiya Ould Taya, qui fut Président de la République depuis le coup d'État du 12 décembre 1984 jusqu'à son renversement par un autre coup d'État, le 3 août 2005, alternait l'alliance avec les partis politiques et leur répression. Son règne a correspondu aux temps des grands procès politiques et à l'avènement de l'islam politique.

L'islamisme trouve généralement au sein de la société mauritanienne un terreau favorable. En effet, comme nous l'avons déjà indiqué plus haut, toute référence à l'islam procure une aura de sainteté et bénéficie d'emblée d'une protection. Par exemple, quelques infractions au code de l'urbanisme ont été constatées au fil des ans, en particulier l'appropriation illégale de l'espace public à Nouakchott pour la construction de mosquées. Mais leurs auteurs ont échappé à toute sanction en raison de l'utilité jugée islamique de leurs actions. Évidemment, il est très difficile de s'opposer aux activités ou actions entreprises sous le couvert de l'islam. En effet, la société mauritanienne est devenue très réceptive à l'égard de l'islamisme et, inversement, très réfractaire aux courants d'obédience marxiste. Même si l'affirmation de l'islamisme s'est heurtée à l'autorité de l'État qui garde encore sa puissance régulatrice, elle a pu bénéficier d'un environnement favorable marqué par la valorisation de la langue arabe qui est la langue du Coran, mais surtout par la quasi-absence de la laïcité dont l'évocation connote l'idée de mécréance.

L'islamisme face à la puissance régulatrice de l'État mauritanien

Le premier noyau du mouvement qui se réclamait de l'islamisme semble être un groupe d'étudiants et des disciples de l'Imam Beddah Ould Busayri qui a découvert, durant les années 1970, la littérature des pères fondateurs des Frères Musulmans.[5] Ce groupe fut rejoint par les premières promotions d'étudiants diplômés des universités du monde arabe. Pour citer Ould Ahmed Salem (2012 : 639):

> « Outre ses racines culturelles évidentes, le mouvement islamiste mauritanien est né de l'agrégation de diverses entreprises de renouveau religieux où se mêlent les discours piétistes, l'engagement religieux de personnalités indépendantes, les intérêts des animateurs de circuits de bienfaisance, la montée en puissance des jeunes issus des circuits de « formation » traditionnels et l'activisme de cadres en phase avec les mouvements islamistes ailleurs dans le monde musulman ».

Après une apparition remarquée lors du congrès de la jeunesse du Parti du peuple mauritanien (PPM) de 1977, la fondation de l'Association culturelle islamique (ACI) en 1980 a offert aux islamistes un cadre de mobilisation et d'embrigadement idéal (Ould Cheikhna 2011 :400). Dans le sillage de cette association, deux organisations – l'une pour les Jeunes *Nâdî Mus'abb Umayr* (Club Mus'abb Umayr) et l'autre pour les femmes, *Nâdî 'Aysha* (Club 'Aysha) – sont créées respectivement en 1985 et 1986. Elles se sont illustrées dans la propagande et l'action, emportant ainsi l'adhésion d'une jeunesse enthousiaste et de plus en plus nombreuse. Les grands succès de l'ACI sont largement redevables au rapprochement avec le pouvoir du Président Haidalla (1979–1984). Ce rapprochement se justifiait, entre autres, par l'application de la *Charia* promulguée le 25 juin 1982, mais aussi par le recours fréquent de ce Président aux conseils des savants (Ould Ethmane 1987 : 69).

Toutefois, cette alliance avec le pouvoir ne fut pas du goût des jeunes qui s'éloignèrent du régime et s'organisèrent dans la structure *Al-Haraka al-Siyâsiya al-Islâmiya vi Muritânya* (Mouvement politique islamique de Mauritanie – HASIM) qui regroupait les mouvances les plus dynamiques de l'époque. Ce mouvement avait tenté, sans succès, d'obtenir la reconnaissance sous le label du parti Umma.[6] Par la suite, certains leaders s'étaient joints au parti-État tandis que d'autres avaient préféré rallier l'opposition lors de l'élection présidentielle de 1992 avant de se faire arrêter par le pouvoir en 1994. Mais cela n'a pas empêché leur succès politique et l'élargissement de leurs bases islamistes qui inquiètent de plus en plus le pouvoir dont la réaction a consisté en la grande répression de 2003. Il s'en est suivi une vague d'oppression qui n'a pris fin qu'après le coup d'État de 2005 lorsque le nouveau régime déclara l'amnistie.

A l'intérieur de la mouvance islamiste, des courants avaient déjà commencé à se singulariser suivant la diversité des influences. Certains avaient opté pour l'action légale, processus qui mena à la reconnaissance du Parti Tajammu' al-Watanî li al-Islâh wa al-Tanmiya (Regroupement national pour la réforme et le développement) connu sous l'acronyme Tawasul. Une seconde tendance s'oriente vers une action plus radicale. C'est ce courant qui allait se muer en *salafiyya djihadiyya* qui, après son apparition en 2005, appela à la lutte contre l'Occident et les « pouvoirs corrompus ». Ce courant avait revendiqué les coups d'éclat consécutifs à la tuerie d'Aleg en décembre 2007, à la fusillade de Nouakchott en avril 2008, ainsi que les attaques kamikazes contre l'ambassade de France à Nouakchott en août 2009 et contre le camp militaire de Néma en août 2010. Ces incidents avaient provoqué un grand émoi au sein de la société mauritanienne et propulsé le pays sur le devant de la scène médiatique et politique internationale.

Face à cette situation, le gouvernement installé au lendemain des élections de 2009 avait adopté deux attitudes. Premièrement, il a engagé un dialogue avec les Salafistes emprisonnés. Cheikh Mohamed el al-Hasan Ould Dedew,[7] l'auteur de cette initiative, avait collaboré avec l'ensemble des grands érudits du pays pour engager le débat avec les prisonniers qui avaient recouru à la violence religieusement motivée. Cette démarche aboutit à des amnisties successives que le chef de l'État a accordées aux salafistes repentis. Deuxièmement et parallèlement au dialogue avec les salafistes, une guerre préventive fut lancée contre les djihadistes jusqu'en territoire malien (Ould Ahmed Salem 2013). En d'autres termes, le gouvernement mauritanien avait fait valoir une stratégie de lutte anti-terroriste qui combinait la négociation et l'action militaire.

Il faut aussi souligner qu'au lendemain de l'élection de Mohamed Ould Abdel Aziz en 2009, le parti Tawasul s'était engagé dans une politique de main tendue au pouvoir. C'est par la suite qu'il a rejoint le Front de l'opposition avant de s'en singulariser lors des élections de 2013. Tawasul s'était activé ensuite de manière passionnée au sein du Front national démocratique pour l'unité (FNDU) qui regroupait les principaux partis d'opposition. Mais depuis son dernier congrès et la réouverture en 2018 de sa chaîne de télévision dénommée *Al Murâbitûn*, le parti s'est plus ou moins assagi. Les observateurs ont lu cette attitude comme une stratégie de profil bas adoptée par l'organisation pour éviter le sort réservé aux Frères musulmans d'Egypte.[8]

Les clivages arabophones-francophones

L'affirmation et la prédominance des islamistes cache mal la présence d'un espace urbain qui n'a été que marginalement touché par leurs influences jusqu'à la généralisation de l'arabisation. En vérité, c'est parmi la population de culture arabe, en particulier celle originaire des campagnes, que s'est développé le courant islamiste. L'exode rural consécutif à la vague de sécheresse qui a frappé le pays au début des années 1970 a profondément bouleversé la structure sociodémographique du pays. La seule ville de Nouakchott a vu sa population passer de 5 807 en 1962 à 55 000 en 1972 pour atteindre 620 000 en 1989 (Ould Mohamed Baba 2014 : 9). Or, durant les années 1960, cette population était essentiellement constituée de ressortissants des villes riveraines du fleuve à majorité négro-africaine, ou des cités de l'Ouest du pays qui ont une plus grande ouverture sur le monde extérieur et comptent même une communauté européenne : Nouadhibou, Nouakchott et Atar ou Akjoujt. Par ailleurs, l'enseignement dans ces villes était encore largement dominé par le français et ce sont les originaires de ces régions méridionales et occidentales qui étaient les premiers à se former dans les pays occidentaux.

A partir des années 1970, cette tendance allait s'inverser. La ville de Nouakchott, par exemple, commençait à perdre son aspect cosmopolite. C'est aussi au sein de la nouvelle vague des nouveaux venus, essentiellement composés des produits de l'arabisation et des populations de la Mauritanie profonde, que l'on enregistrait le plus d'adhérents aux nationalismes arabes marquant les premières décennies après l'indépendance, puis à l'islamisme ultérieurement. Cette période correspondait aussi à l'origine de la dualité entre arabisants et bilingues (franco-arabes) en Mauritanie ; dualité qui – sans recouvrir exactement les lignes de clivages ethniques – symbolisait tout au moins cette lutte entre les intérêts des produits des deux cultures en Mauritanie : une arabe et une autre franco-africaine. Cette dualité a pris une forme institutionnelle avec la réforme éducative de 1979 qui avait instauré une sorte d'enseignement séparé arabe/français dans le système éducatif. Ces développements ont permis l'émergence d'une génération de citoyens mauritaniens : les uns arabophones et les autres francophones, mais tous cultivant les préjugés et les perceptions négatives envers les autres. Ces divergences allaient atteindre leur paroxysme avec les gravissimes événements qui ont secoué la Mauritanie en 1989 et 1990–91[9] et ont fait émerger deux communautés évoluant en parallèle dans une même société. C'est dans ce contexte qu'il faut comprendre les critiques des arabophones (plus enclins à embrasser les idéaux islamistes) contre les intellectuels bilingues accusés d'être des laïcs et des défenseurs des intérêts occidentaux.

L'impossible laïcité en République islamique

Le premier écueil concernant la laïcité en Mauritanie est le fait que l'opinion dans ce pays a du mal à accepter ce principe du fait de sa résonance anti-religieuse. Le concept de laïcité est en effet affublé d'une connotation de mécréance. A. Sall soutient que ce concept fait l'objet d'un rejet spontané car c'est une conception de l'État sans religiosité et sans équidistance entre le sacré et le profane, et surtout qui se trouve en confrontation avec la culture et l'organisation sociale des pays africains.[10] Ould Mohamed, quant à lui, pense qu'il s'agit d'un problème qui s'étend à l'ensemble des pays musulmans. Dans le premier chapitre de son ouvrage intitulé « L'impossible laïcité », il écrit : « Les pourfendeurs de la laïcité ont réussi à en faire une référence négative de laquelle les acteurs politiques du monde musulman ne s'empressent pas, généralement, de se réclamer » (Ould Mohamed 2001 : 2).Ce même auteur a ainsi relevé l'incompatibilité apparente, sur le plan institutionnel, entre un État dénommé République Islamique et un cadre juridique d'inspiration occidentale (française) en soulignant« l'histoire d'une contradiction originelle entre un arsenal institutionnel d'inspiration laïque implanté dans un univers du tout religieux qui rejaillit, à travers, la multiplication des courants issus de l'islamisme contemporain » (Ould Mohamed 2001 :58).[11]

D'une manière générale, le débat sur la laïcité intervient de façon épisodique pour des raisons politiques ou sociales. La première controverse était consécutive à la promulgation, en 1981, d'un projet de constitution jugée laïque par les islamistes et qui occasionna une rupture entre eux et le gouvernement (Ould Cheikhna 2011 : 368). Mais c'est surtout à l'occasion de l'affaire Ould M'Kheïtir en 2014 que la question de la laïcité a émergé comme une composante majeure du débat public en Mauritanie. Ould M'Kheïtir est un jeune ingénieur et blogueur, descendant d'une famille appartenant au groupe traditionnel des artisans-forgerons. Il a publié en 2014, un article online sur le traitement considéré comme discriminatoire à l'égard des juifs de Médine aux temps du Prophète de l'islam.[12] L'article qui fut très rapidement retiré du site mauritanien *Aqlâm Hurra* (plumes libres) a été jugé blasphématoire et suscita beaucoup d'émoi au sein de la population, provoquant ainsi des manifestations de masse sans précédent suivies de revendications pour l'application de la peine de mort à son auteur qui a été finalement élargi en novembre 2017.[13] Mais au-delà des manifestations, un débat d'anathémisation (*takfīr*) a mis à jour une contre-réaction d'une frange de l'opinion publique qui, sans défendre ouvertement Ould M'Kheïtir, exprima l'indignation et le rejet envers le caractère inquisitoire de certains discours.

Après l'affaire Ould M'Kheïtir dont le sort est encore incertain, une autre polémique surgit en février 2017 sur les réseaux sociaux. Elle est initiée par des jeunes qui ont lancé un mouvement dénommé « Pour une Mauritanie laïque ». Tout en considérant l'islam comme une religion de tolérance, les initiateurs de cette campagne dénonçaient ce qu'ils qualifiaient d'exploitation abusive de cette religion par des extrémistes qui cherchent à entretenir l'ignorance pour asservir les populations. Leur campagne pour l'institution d'un « État laïc » n'a pas fait long feu, mais les initiateurs du mouvement ont pu jeter les bases d'une réinterprétation de la laïcité qu'ils définissent comme « le pouvoir du savoir », c'est-à-dire la gouvernance des affaires courantes (santé, éducation, sécurité…) par la connaissance et la science profane.[14] Leur activisme a sans doute motivé la décision de l'Assemblée nationale mauritanienne qui a adopté, en avril 2018, un texte qui durcit l'article 306 du Code pénal qui punit désormais le crime d'apostasie ou de blasphème de la peine capitale.[15]

Il faut noter que le débat sur la laïcité a souvent tourné aux accusations d'athéisme et a néanmoins fortement bouleversé une société jusqu'ici bien repliée dans son conservatisme. Durant ces débats a rejailli l'idée largement partagée dans l'opinion et selon laquelle les intellectuels non arabisés et instruits en Occident sont généralement réfractaires à la langue arabe et au conservatisme islamique. Un tel préjugé facilite l'amalgame avec l'athéisme et l'assujettissement à l'Occident. Tous ces débats et ces contradictions politiques et sociétales ont, dans une certaine mesure, un écho dans l'espace universitaire aujourd'hui dominé par les tendances islamistes.

ENVIRONNEMENT UNIVERSITAIRE ET ISLAMISME

L'Université de Nouakchott al-Aasriya (UNA) est de loin le plus important des établissements du supérieur et le plus représentatif de la population estudiantine. En 2015, elle comptait 13 141 étudiants sur un effectif global de 19 682 pour tous les établissements d'enseignement supérieur public. Elle se dégage aussi du lot par la construction récente d'un imposant complexe universitaire hors de la ville de Nouakchott vers lequel ont été déjà transféré les FLSH, FST, FM en plus du rectorat. C'est en raison du statut de l'UNA dans le paysage académique mauritanien et de son importance historique que nous l'avons ciblée comme champ de la présente étude. L'ancienneté relative de cette université (37 ans) lui procure par ailleurs un label de référence et un statut d'icône de l'enseignement supérieur mauritanien.

Quoique l'UNA soit le centre d'intérêt de notre étude, nous avons jugé pertinent – dans la perspective d'une compréhension globale des mouvements religieux à l'université – d'inclure de manière marginale le cas de l'Institut supérieur d'études et recherches islamiques (ISERI) qui est le bastion des islamistes. L'ISERI est un établissement spécifiquement dédié aux sortants des *mahadra*.[16] Face à la demande constante de sauvegarde de cette partie du patrimoine culturel mauritanien, le Ministère de l'enseignement supérieur établit une équivalence entre le titre de *'alim* (singulier de ulémas) et le titre de professeur universitaire. Par ailleurs, une filière du baccalauréat dite Lettres originelles a été créée dès les années 1980. Placé sous la tutelle du Ministère des affaires islamiques et de l'enseignement originel, ce baccalauréat a été conçu pour intégrer les sortants des *mahadra* au système universitaire.

Convaincu du rôle « séditieux » de l'ISERI, en raison de son fort caractère réceptif à l'islamisme, le gouvernement a jugé nécessaire de fermer cette institution en 2011. En compensation, les autorités ont fondé une université des sciences islamiques à Aioun (800 km à l'est de Nouakchott) tout en décidant de fermer les nouvelles inscriptions en première année. Ce fut alors le début d'affrontements, parfois très violents, entre les forces de l'ordre et le syndicat d'obédience islamiste soutenu par les professeurs et le personnel de l'ISERI. Le gouvernement finit par faire marche arrière et l'ISERI continue de représenter un cas intéressant dans le paysage universitaire mauritanien.

Historique du syndicalisme islamiste : de l'émergence au monopole de l'UNEM

Les revendications d'ordre islamiste se confondent, durant les premières années de l'indépendance, avec les appels à la sauvegarde et à la valorisation de la culture arabo-musulmane dont les porte-étendards étaient les nationalistes arabes regroupés essentiellement au sein des organisations syndicales d'enseignants. Le mouvement islamiste, après ses préludes au début des années 1960, émergea à l'occasion de la « sahwa » ou du renouveau islamique de la fin des années 1980. Pour s'affirmer, il a profité d'un environnement idéologique favorable marqué, en particulier, par le dynamisme d'institutions wahhabites que sont le Centre de prêche saoudien et l'Institut d'études islamiques et arabes en Mauritanie. Un facteur déterminant de cette percée est certainement le penchant naturel des mauritaniens pour tout ce qui a une connotation islamique dans un contexte de recul et de désenchantement vis-à-vis des courants de gauche minés par des dissensions internes.[17] Les transformations en cours dans la société de manière large s'observaient aussi dans l'espace universitaire, surtout vers la fin de la décennie 1990. Par exemple, en 1999, les islamistes remportèrent la majorité des sièges de délégués des étudiants dans toutes les facultés. Ils avaient déjà remporté, en 1996, le poste de Secrétaire général du Syndicat indépendant des professeurs de l'enseignement secondaire (SIPES) et celui du Syndicat national de l'enseignement supérieur (SNPES) avant de participer activement à la création de l'Union nationale des étudiants de Mauritanie (UNEM), le 13 mai 2000.

Il faut noter que la création de l'UNEM est survenue au lendemain de la grande grève de l'Institut supérieur d'études et recherches islamiques (ISERI) de 1999 au cours de laquelle les Islamistes ont joué le rôle principal. L'UNEM a toujours considéré l'ISERI comme sa chasse gardée. Elle a revendiqué sans relâche le rattachement de cet institut au Ministère de l'enseignement supérieur. Le monopole islamiste qu'elle assure et son rôle de pépinière des leaders de ce courant justifient cet attachement de l'UNEM à l'ISERI qui dépend du Ministère de l'orientation islamique et de l'enseignement originel.

En tant que syndicat d'inspiration islamiste, l'UNEM est aujourd'hui le principal syndicat estudiantin de Mauritanie avec plus de 10 000 adhérents en 2017 sur une population estudiantine interne de 19 862.[18] L'aura de ce syndicat transcende son identité islamiste puisque la structure inclut toutes les autres sensibilités sociales et politiques qui évoluent dans l'espace universitaire. Les islamistes sont restés majoritaires au sein de ce syndicat depuis sa création, avant d'en obtenir la quasi-exclusivité. Contrôlant 50 % de délégués des étudiants en 2001, ils obtiennent 60 % en 2003, et 80 % en 2012 avant d'atteindre la barre des 90 % de délégués en 2013 (Ould Dida 2014 : 72). L'UNEM dispose aussi de 11 sections à l'étranger et plusieurs organisations estudiantines du Maghreb et d'Afrique Occidentale participent à ses congrès ordinaires. Ses affiliations à l'extérieur démontrent une volonté d'ancrage au réseau de l'internationale des Frères musulmans. C'est d'ailleurs cette mise en minorité des autres courants qui explique la multiplication ultérieure des mouvements syndicaux dans l'espace universitaire en Mauritanie.

Les autres syndicats

Après la reconnaissance de l'UNEM par le gouvernement en 2005, certains de ses dissidents créent l'Union générale des étudiants mauritaniens (UGEM) qui fut, elle aussi, officiellement reconnue en février 2006.[19] Le nombre de ses adhérents est estimé à 6100 en 2018. Considérée par ses détracteurs comme l'outil de l'administration pour torpiller le militantisme estudiantin, l'UGEM semble répondre – à chaque fois que de besoin – aux sollicitations des autorités universitaires et aux impératifs du pouvoir politique en place.[20] Il n'est donc pas étonnant si ce syndicat d'étudiants s'est ainsi aligné résolument aux côtés de l'État dans sa confrontation avec le parti Tawasul et son émanation estudiantine qui est l'UNEM. Dans la mesure où l'État a jugé que la menace politique majeure en Mauritanie au moment des révolutions du printemps arabe provenait de l'UNEM, il a encadré l'UGEM pour faire face à ce syndicat estudiantin rival.[21] L'UGEM s'est illustrée, en particulier, lors de la bataille pour le maintien de l'ISERI en organisant des contre-manifestations visant à montrer que le désir des étudiants était bien la création de l'Université islamique d'Aioun et la fermeture de l'ISERI.

Un autre syndicat ayant une grande visibilité est le Syndicat national des étudiants de Mauritanie (SNEM) créé lui aussi en 2006 et exclusivement dédié à la défense des intérêts des étudiants négro-africains. En tant que réceptacle de la communauté estudiantine négro-mauritaniens dans sa revendication « culturelle », le SNEM s'est continuellement dressé pour faire barrage à toute tentative de faire de l'arabe la langue de l'éducation et de l'administration au détriment du français.[22] Ainsi, les pics de la lutte de ce syndicat correspondent aux moments où la langue française se trouve menacée, ou que la langue arabe est promue. Malgré son caractère identitaire et communautariste, et en dépit de ses actions ponctuelles, le SNEM demeure l'un des syndicats d'étudiants les plus actifs. Il s'impose comme la seconde force syndicale avec un nombre d'adhérents estimé à 7000 en 2018.[23]

En plus de ces trois grands syndicats, plusieurs autres organisations estudiantines ont fait leur apparition dans l'espace universitaire. Leur nombre a atteint la dizaine et leur explosion est caractéristique du paysage syndical mauritanien que l'État encourage pour susciter les divisions et profiter des dissensions. Parmi ces organisations, celles de gauche – notamment l'Union autonome des étudiants de Mauritanie (UAEM) et l'Union libre des étudiants de Mauritanie (ULEM) – conservent encore une force d'engagement et un réservoir élitiste respectables.

Cadre juridique et modes de financement

Les syndicats sont soumis aux dispositions de la Loi 2010 – 043 du 21 juillet 2010 organisant l'enseignement supérieur. Tous les deux ans, des élections de représentants d'étudiants au conseil scientifique et pédagogique et de recherche, au conseil d'administration et au conseil des facultés sont organisées. Par leur reconnaissance officielle, les syndicats jouissent de droits d'organisation et de réunion, comme ils peuvent gérer des fonds et nouer des relations avec leurs homologues d'autres pays. Les organisations syndicales ont des textes qui sont, à bien des égards, similaires avec une structure constituée généralement d'un organe exécutif, d'un organe législatif et de structures décentralisées telles que les sections.[24] L'UNEM, par exemple, est dirigé par un bureau exécutif coiffé par le Secrétaire général. Le conseil en est l'organe exécutif tandis que des secrétaires de section s'occupent chacun d'une faculté.

En plus des adhésions, les syndicats bénéficient des chapitres du budget de l'université alloués aux activités socioculturelles.[25] Ce chapitre permet à l'administration de répondre, suivant une procédure qui reste à sa seule discrétion, à l'ensemble des demandes de financement d'activités émanant des syndicats. Chaque syndicat fait aussi recours au volontariat de ses adhérents qui ont une situation financière aisée tout comme il fait appel aux entreprises de la place et aux institutions.[26]

La question du financement demeure une problématique car les trois grandes organisations syndicales estudiantines s'accusent mutuellement de recevoir des financements occultes et sont soupçonnées de recourir à des fonds qui faussent la concurrence légale : il s'agirait de fonds publics pour l'UGEM, de fonds de la diaspora et d'organisations islamistes pour l'UNEM et de fonds de sympathisants de la cause négro-africaine ou même de chancelleries étrangères (France) pour le SNEM.

Motivations

Pour ce qui est de l'engagement auprès des syndicats estudiantins, les motivations sont à considérer à deux niveaux : celui des adhérents et celui des leaders. L'expérience de chaque syndicat et ses traditions représentent toutefois des indicateurs intéressants pour sonder les motivations. D'après les résultats de notre sondage, l'étudiant adhère au syndicat d'abord pour les services rendus. Ainsi, 58 % des sondés disent que leur motivation première pour adhérer à un syndicat est la qualité des services que leur rend ce dernier et son efficacité dans la prise en charge des intérêts matériels des étudiants. Cette proportion des étudiants est de loin supérieure à celles de ceux qui avancent les raisons idéologiques et des principes comme la motivation première de leur adhésion à un syndicat d'étudiant (soit 32 %).

Pour le secrétaire de section de la FSEJ du SNEM, le syndicat est une école d'apprentissage d'un savoir-faire administratif et de formation en matière de plaidoyer et de techniques de négociations qui sont autant de prérequis et d'acquis à valoriser à l'avenir sur le plan professionnel.[27] Dans l'introduction de sa brochure, Ould Dida souligne, pour sa part, que son syndicat, l'UNEM, est « une véritable école d'apprentissage et de gestion des problématiques de la Nation étant donné la représentativité de l'Université qui est le reflet de la réalité sociopolitique du pays. C'est donc un tremplin de culture politique et civique qui sert de pépinière pour les leaders politiques de demain »[28] (Ould Dida 2014 : 5). L'étude des récits de vie d'anciens leaders syndicalistes confirme cette tendance au leadership professionnel et politique. Tariq ould Nah, l'ex-secrétaire de l'UGEM est aujourd'hui un chargé de mission auprès du Premier

Ministère et son prédécesseur est député à l'Assemblée nationale.[29] Abd Salam Ould Horma, le Président du parti Sawab s'est illustré dans le militantisme étudiant durant les années 1990. Yahya Ould Abou Bakr, ex-leader de l'UNEM, est aujourd'hui le vice-président de Tawasul et le Président de l'organisation de la jeunesse de ce même parti. Hasen Ould Bedou, l'ex-secrétaire Général de l'UNEM, est aujourd'hui à la tête d'une organisation de jeunesse dénommée « *Chabiba-t binâ al-Watan* » (Jeunesse de la construction de la nation).[30] Cette propension des leaders du mouvement estudiantin à occuper les hauts rangs de la classe politique après leur formation universitaire pousse probablement les étudiants à s'impliquer davantage dans l'action syndicale.

Pour ce qui est du syndicat de la mouvance islamiste, on peut dire d'emblée que les motivations semblent être le produit de l'importance de l'islam dans la société et le prestige associé au label islamique qui procure naturellement une vocation et garantit une certaine mobilité sociale. Il est d'autre part important de souligner l'impact considérable d'un intense travail de propagande islamiste qui commence dès le cycle secondaire. L'appartenance à un vaste réseau affilié au parti islamiste Tawasul participe de cette mise en confiance des jeunes quant à leur succès professionnel et social potentiel. L'ensemble des organes affiliés officiellement ou officieusement à ce parti travaillent en parfaite coordination dans un partage parfait des tâches et des rôles.[31] Dans cette division des rôles, la grande couverture médiatique des activités de l'UNEM par la télévision *Al-Murabitun* et les sites islamistes qui sont parmi les plus populaires de Mauritanie (en l'occurrence *Al-Akhbar.info* et *Al-Sirâj*) participent au maintien de la visibilité et du leadership de l'organisation syndicale.

Les adhérents à l'UNEM rejoignent un univers au discours populaire et mobilisateur.[32] Ils se sentent comme partie intégrante d'un système dont les différentes organisations et secteurs d'action sont autant d'opportunité de travail et de gain, au-delà de la poursuite d'un activisme passionné.[33]

Rapports entre structures estudiantines et composition sociologique

A son apparition, l'UNEM était constitué de tous les courants d'idées et des mouvances politiques représentés à l'université, à l'exception du groupe des négro-africains. Ces derniers ont été éloignés de l'assemblée constituante pour avoir revendiqué une représentation jugée disproportionnée par rapport à leur poids à l'université.[34] L'UNEM a vécu ainsi, durant plusieurs années, au rythme d'une lutte des différents courants politiques islamistes et de gauche avant de se tailler le plus grand nombre d'adhérents et de s'assurer le leadership au niveau des instances du syndicat. Malgré une politique d'alliance visant à contenir la force montante des islamistes, ces derniers réussirent à confirmer leur domination en 2000.

Mis en minorité, les autres courants profitèrent de la libéralisation consécutive au coup d'État de 2005 pour créer leurs propres syndicats. A la concurrence initiale qui s'apparentait à une lutte entre courants idéologique au sein d'un même syndicat fédérateur s'installe une bataille de leadership entre des syndicats différents au sein de l'espace universitaire. Dans ce contexte, le recul des courants de gauche laisse le champ libre au seul concurrent des islamistes : l'UGEM.[35] Les organisations de gauche continuent cependant de constituer une épine au pied de l'UNEM. C'est ainsi que s'est constitué, en 2009, le front progressiste des syndicats pour faire barrage « à l'hégémonie des islamistes de l'UNEM »[36].

En dépit des antagonismes, il existe parfois une unité d'action entre les différentes organisations estudiantines. Par exemple en 2006, l'ensemble des syndicats ont opté pour la constitution d'une plateforme (*Littilâf*) pour les revendications à caractère purement syndical. C'est ce bloc qui a, entre autres, mené la « bataille du transport » en 2015.[37] Par ailleurs, une autre alliance s'est constituée en 2017 : le Front de lutte pour les intérêts et les acquis des étudiants (FLIADE) qui est considérée comme une émanation du FNDU.[38] Ce bloc auquel ne participe ni l'UGEM ni le SNEM est à l'avant-garde des protestations apparues à partir de février 2018 et centrées sur l'annulation de la limite d'âge des ayant-droits à la bourse.

A part les prises de position parfois tranchantes de l'UGEM et de l'UNEM, la scène estudiantine semble apaisée et les élections se passent généralement dans la sérénité. Les entrevues avec les différents directoires de syndicats permettent d'observer un certain *fairplay* qui n'est d'ailleurs pas étranger à l'esprit mauritanien immortalisé par l'adage « *al-sân bi alsân u laydmakrûfa* » (parole contre parole et main retenue). Le paysage estudiantin demeure cependant scindé sur le plan ethnique et politique.

Dès ses premières années d'existence, l'université mauritanienne était devenue un champ de confrontation entre les gens du Sud (*Ahil al-Gibla*) et les gens de l'Est (*Ahil Charg*).[39] Ce conflit larvé laissait entrevoir, en filigrane, une concurrence entre les premiers qui, en plus d'avoir une formation à l'occidentale, avaient un penchant plus ou moins marxisant et les seconds qui étaient sous l'influence du nationalisme arabe. Ce conflit a souvent débordé sur les étudiants qui se sont parfois engagés dans une confrontation pour des motifs idéologiques, régionalistes ou tout simplement pour des intérêts académiques. Cette division des étudiants fut machiavéliquement utilisée par l'administration de l'université pour faire échouer les grèves des étudiants. Ce fut surtout le cas lors des grèves déclenchées à la fin des années 1980 et au cours de la grande grève de 1992, lorsque l'administration fit recours aux « cadeaux politiques » pour soudoyer et diviser les étudiants, en plus des recours aux manipulations régionalistes.[40] La fracture entre l'Est et l'Ouest du pays refait surface sur la scène estudiantine lorsque le Recteur Isselkou Ould Izid Bih suscita, en 2011, la création d'un groupe syndicaliste appartenant essentiellement à son village natal.[41]

Cette vocation régionale et tribale demeure une caractéristique de l'UGEM, dont les scores lors des renouvellements des instances dirigeantes des étudiants ne peuvent s'expliquer que par le recours aux pressions provenant des canaux des structures traditionnelles. Grâce à un travail de proximité exploitant les appartenances tribales, les étudiants sont ainsi amenés à voter pour les candidats de l'UGEM. Pour les détracteurs de ce syndicat, les fonds publics ont aussi un grand rôle dans ses succès.[42] Par ailleurs, le SNEM est l'unique syndicat qui se singularise par des adhérents appartenant exclusivement aux communautés négro-africaines. Ce syndicat semble dédié aux doléances et revendications des négro-africains. Il représente ainsi au sein du paysage universitaire un exemple unique de syndicat à connotation ethnique marquée et exclusive.

A propos du genre, il convient de souligner que la présence d'étudiantes dans les instances dirigeantes de l'UNEM est d'abord très timide. Mais à partir de 2004, les étudiantes représentent la moitié des délégués des étudiants dans ces instances et sont particulièrement actives lors des grèves. Leur emprisonnement est ressenti avec grand émoi dans l'opinion. Sur un plan purement symbolique, l'UAEM se targue d'avoir élu une femme comme secrétaire générale de son organisation.

Rapports des syndicats avec l'administration et les professeurs : entre tensions et négociations

Les syndicats organisent des rencontres de routine avec l'administration, qui fait montre parfois de compréhension ou d'entêtement mais toujours de laxisme. Dans le nouveau campus, aucune salle n'a été attribuée aux syndicats qui continuent, pour les plus visibles d'entre eux – l'UNEM et le SNEM – à mener leurs activités dans les couloirs et les espaces ouverts. Depuis sa nomination en 2014, l'actuel Ministre de l'enseignement supérieur et de la recherche scientifique refuse de recevoir les syndicats tout en centralisant les prérogatives des doyens des facultés qui ne peuvent plus agir en bien des cas. Pour justifier son attitude à l'égard des syndicats, le Ministre évoque leur politisation[43].

L'attitude de ce ministre qui n'accepte de négocier ni avec les syndicats d'étudiants ni avec ceux des professeurs est jugée incompréhensible même pour les leaders de l'UGEM, jugés proches du régime. Ils sont inquiets que cette approche unilatérale pourrait à la longue déboucher sur la dissolution des syndicats.[44]

Certains professeurs, dont d'anciens syndicalistes, sont à la fois des soutiens aux organisations syndicales mais aussi des références, même si quelques cas de conflits opposant les deux sont parfois enregistrés. Un des incidents les plus récurrents est associé au port du hijab ou voile intégral à la FLSH. En l'occurrence, le fait qu'un professeur de lettres avait renvoyé de son cours une fille en hijab avait créé une tension au sein de la classe. Mais les négociations avec les parents de l'étudiante et l'intervention du Doyen de la Faculté ont finalement permis de trouver une solution. Cet incident aux conséquences graves a, certes, trouvé une solution à l'amiable grâce aux bons offices de l'administration. Mais des problèmes entre les étudiants et les professeurs, c'est moins le comportement vestimentaire des étudiants qui pose parfois la question fondamentale de leur identification lors des examens ou devoirs[45].

Il importe de signaler que le phénomène du hijab est très marginal et que les mauritaniennes, au moins pour la société hassanophone,[46] conservent leur voile traditionnel qui n'est pas incompatible avec les exigences de l'islam en matière vestimentaire.[47] Par ailleurs, à la FSJE, le problème du hijab à l'examen est traité par l'entremise de surveillantes qui procèdent au contrôle des étudiantes.[48] L'inquiétude majeure est surtout la multiplication des appels à l'islamisation du savoir, appels invitant à appréhender toutes les disciplines et les sciences sous le prisme des valeurs et les enseignements islamiques. En 2017, le Professeur Sidi Mohamed Ould Khattary, avait fait un commentaire lors de son cours de philosophie en insinuant que certaines prises de position n'étaient pas nécessairement une marque d'impiété. Son propos suscita l'indignation des étudiants qui les ont rapportés sur les réseaux sociaux au point de les amplifier à la démesure. Comme pour l'incident du hijab, les discussions avec les étudiants et les bons offices de l'administration permirent de tempérer les ardeurs et aboutirent à la présentation d'excuses mutuelles.

Espaces pratiques et perspectives : sièges, bureaux et campus

La plupart des syndicats d'étudiants ont leurs sièges dans le campus universitaire. Les anciens locaux de la FSJE abritent encore des salles affectées aux différentes organisations estudiantines. C'est aussi le cas à l'Institut universitaire professionnel (IUP). Mais comme nous l'avons indiqué plus haut, la politique actuelle du Ministre interdit l'octroi de locaux aux syndicats des étudiants. Dans cette perspective, l'achèvement du transfert des facultés sur le nouveau campus mettra sans doute fin à l'existence au sein du campus de salles dédiées à ces syndicats. Pour le moment, la plupart d'entre eux squattent les grands couloirs et les espaces ouverts du campus transformés en de lieux de rencontres. Les salles de classe, les amphithéâtres peuvent être utilisés occasionnellement par les syndicats sur autorisation de l'administration. En général, ces autorisations sont accordées et beaucoup d'activités – y compris les journées d'ouverture, les cérémonies dédiées aux lauréats – sont organisées dans les amphithéâtres. Mais en période de crise ou de confrontation, le campus devient fortement contrôlé par les vigiles qui filtrent les entrées, laissant très peu de marge de manœuvre aux syndicats opérant dans le campus. Dans ce cas de figure, l'essentiel des réunions et des séances sont organisées aux sièges principaux des syndicats situés généralement au centre-ville.

La mosquée est d'habitude réservée aux activités de prédication. Les prédicateurs y font ainsi leurs discours et y affichent leurs différents prospectus par l'intermédiaire l'UNEM qui a la mainmise sur la mosquée. L'ancienne mosquée, située en face du dortoir, est actuellement à l'abandon du fait du transfert des facultés. Quant à la mosquée du nouveau campus, elle est toujours en construction.[49] On se limite pour le moment à l'installation de grandes nattes au moment des prières au niveau des couloirs des facultés du nouveau campus.

LES ACTIVITÉS ESTUDIANTINES

Le succès des syndicats se mesure d'abord à l'aune de leur aptitude à répondre aux besoins des étudiants qui sont d'ailleurs leur raison d'être. Les deux syndicats les plus actifs du campus, l'UNEM et le SNEM, font un travail de proximité en accompagnant, en particulier, les nouveaux bacheliers dès la sortie des résultats de l'orientation.[50] Une activité dénommée « Semaine d'ouverture » est annuellement organisée par l'UNEM. Elle permet d'instruire les étudiants sur la vie estudiantine tout en les familiarisant à l'organisation syndicale.[51] Ce syndicat fait aussi des exposés à l'attention des nouveaux bacheliers sur les structures de l'université, le système LMD,[52] l'organisation des services fournis par le Centre national des œuvres universitaires (CNOU). Bref, les syndicats s'investissent fortement dans l'assistance aux étudiants et les plaidoyers en leur faveur auprès de l'administration. De plus, des semaines de volontariat sont organisées de temps à autre et les activités socioculturelles et sportives font partie des réalisations annuelles des syndicats.

Notons enfin le grand rôle des poètes et de la poésie dans la mobilisation des masses estudiantines dans le pays du « million de poètes », les poèmes sont composés à chaque occasion et sont rapidement mémorisés au sein d'un public friand de cet art.[53] L'UNEM compte ainsi de grands poètes parmi ses adhérents, anciens et actuels, qui participent de manière efficace à l'animation des cérémonies attirant un nombre impressionnant d'étudiants, et enflammant leurs passions. Ce sont aussi ces poètes qui composent les différents chants de ralliement et hymnes de ce syndicat. Certains poèmes sont aussi de véritables cahiers de doléances versifiés (Ould Mohamed Mahmoud 2003 : 29).

La prédication

Parmi les activités qui rythment le quotidien du campus, la prédication est, sans doute, la plus visible. Elle est du ressort d'associations considérées comme affiliées à l'UNEM, même si les membres de ce dernier récusent tout lien avec ces prédicateurs. L'un des anciens cadres de l'UNEM confirme ainsi que « *les prédicateurs qui animent les différentes campagnes et les sessions ne sont pas des adhérents de l'UNEM et agissent de manière autonome ; je ne nie pas pour autant qu'on peut en dénombrer quelques-uns qui sont affiliés à ce syndicat* ».[54] Or, pour les détracteurs de l'UNEM, les associations de prédicateurs sont « *des affluents qui se déversent tous dans le grand fleuve de l'UNEM* ».[55] Ould Dida, lui-même, n'écarte pas cette accointance lorsqu'il affirme qu'au secondaire déjà, les associations culturelles s'adonnent aux activités de théâtre et de conférence, mais aussi à la prédication tout en initiant à l'idéologie islamiste. Il cite des associations comme *Al-fatâtassâdiqa* (La fille sincère) et *Ma'a Allah nahya* (Avec Allah nous vivons) qui sont présentes sur le campus et agissent dans le cadre de la prédication.[56] Il est assez fréquent de voir se constituer, lors des pauses de dix heures du matin, des cercles de filles ou de garçons qui écoutent religieusement le sermon d'une fille ou d'un garçon, selon les groupes concernés. Les initiatives de prédication s'organisent effectivement suivant le genre.

Les deux grandes campagnes du premier semestre de l'année académique 2018 sont celle intitulée *M'a Allah Nahya* consacrée aux étudiantes et menées par des filles, et celle intitulée *Aldîn al-nasîha* (La religion c'est le conseil) qui est réservée aux étudiants et gérée par des garçons. Au commencement, ces initiatives étaient des clubs à vocation culturelle comme *Nâdî al Ibdâ'* (Club de la créativité) fondé par Ould Wadi'a, l'un des leaders islamistes de la fin des années 1990. Elles deviendront, par la suite, des initiatives de prédication jouissant d'une reconnaissance du rectorat ou des décanats. Les responsables de ces initiatives recrutent dans le milieu estudiantin des orateurs et des jeunes doués dans la prédication qu'ils invitent, de manière régulière, à présenter des *durûs* (leçons) ou des *tadhkira* (évocation) au moment des pauses de dix heures du matin.

Mais ces responsables font aussi recours à de grands prédicateurs, à des savants ou à des imams extérieurs et connus dans l'animation de conférences ou de séances de prédication en Mauritanie. L'accès de ces personnalités au campus requiert une autorisation de l'administration. Depuis les derniers mois de 2017, les autorités administratives de la

FLSH sont devenues de plus en plus réfractaires quant à l'émission des autorisations aux étudiants qui voudraient accueillir d'éminentes personnalités religieuses dans l'espace universitaire. Pour contourner les contraintes administratives, les étudiants font recours aux prédicateurs juniors dont la présence dans l'espace universitaire n'éveille pas beaucoup de soupçons du côté de l'administration.

En tout état de cause, la prédication semble être l'activité la plus visible et la plus dynamique sur le campus. Elle suscite un grand intérêt de la part des étudiants. Cela est d'autant plus vrai que 21.25 % des sondés de notre échantillon affirment participer aux séances de prédication. Les initiateurs des sciences de prédication s'y prennent avec beaucoup de professionnalisme, préparant les imprimés et les affiches qui sous-tendent la campagne de prédication. Les messages de prêche ont même pénétré les salles de classe qui sont généralement ornées d'écriteaux appelant à la piété et à l'humilité. Il est possible de voir sur les murs de classe des affiches de versets du Coran et des hadiths côtoyant des prospectus de solidarité avec la question palestinienne.[57]

Il est ainsi intéressant d'observer, au sein de notre échantillon, que les négro-africains ont des réponses sensiblement différentes de celles des autres étudiants lorsqu'il s'agit de questions relatives à la religion. Contrairement aux étudiants arabo-berbères, les étudiants négro-africains sont, par exemple, moins enclins à participer aux activités à caractère religieux. Ainsi, 35 % seulement d'entre eux affirment avoir participé aux manifestations d'*Ahbâb al-Rasûl*[58] (Fervents du prophète) contre 54,91 % des étudiants arabo-berbères. De même pour 60 % d'entre eux, les activités religieuses sur le campus sont suffisantes contre seulement 15 % des étudiants arabo-berbères. Mais globalement au niveau du campus, ce débat a été assez timide quoique la mobilisation contre Ould M'Kheïtir ait été grande.

Les activités politiques

Tous les syndicats nient généralement avoir des affiliations politiques et manifestent un certain inconfort à avouer leurs relations avec les partis politiques. Mais il est clair que la quasi-totalité d'entre eux ont des affinités avec les formations qui animent la vie politique mauritanienne, et le schéma généralement admis peut être représenté comme suit :

Tableau 4.1. Affiliations politiques des syndicats

Syndicat d'étudiants	Parti politique	Idéologie
UNEM	Tawasul	Islamiste
SNEM	PLEJ – FLAM[59] – AMJD/MR	Communautaristes
UGEM	UPR (Union pour la république)	Libérale (Parti État)
UAEM	UFP (Union des forces progressistes)	Marxiste
UEP	RFD (Rassemblement des forces démocratiques)	Libérale
AL-WAFA	Sawab	Nationaliste arabe (Baathiste)

Ces syndicats, malgré leur autonomie affichée, se trouvent souvent impliqués dans l'action politique extra-syndicale. D'ailleurs, dans l'histoire récente de la Mauritanie, ce sont souvent les syndicats de l'enseignement (enseignants et élèves) qui ont représenté les plus grands acteurs dans la contestation politique. Ils ont mené les actions politiques les plus décisives et les plus spectaculaires contre le régime en place à travers les grèves comme celles de la fin des années 1970, encadrées par les Kadihines, ou encore celles des années 1980, déclenchées par le mouvement Nassériste. Les motifs de ces grèves sont divers, mais ils s'articulent souvent autour des revendications sociales et de l'ouverture démocratique. C'est surtout le cas de la grève de 3 mois à l'Université de Nouakchott en 1992 qui était principalement menée par les islamistes au lendemain du rejet de la reconnaissance de leur parti, Umma. À chaque embrasement des scènes scolaires, il y avait un engagement des partis politiques de l'opposition qui en profitaient pour lancer les mots d'ordre de soulèvement contre le régime en place. Aujourd'hui, comme par le passé, c'est au sein des syndicats d'étudiants et par leur canal que se fait la mobilisation pour faire avancer des agendas politiques au niveau domestique. En 2011, Tawasul, par le biais de l'UNEM, a joué un rôle de premier plan dans la lutte et les pressions qui ont obligé le gouvernement à revenir sur la décision de fermer l'ISERI. Les questions politiques internationales sont aussi inscrites dans l'agenda de lutte des organisations estudiantines. Il faut dire que la société mauritanienne est très attentive à la politique internationale, et notamment ce qui se passe dans le monde arabe. Les contestations contre l'impérialisme occidental au Moyen-Orient ont généralement un grand écho en Mauritanie et mobilisent parfois beaucoup plus de monde que les affaires domestiques.[60] Depuis 1996, des étudiants appartenant à la mouvance islamiste se mobilisent au sein de l'Initiative estudiantine de lutte contre l'infiltration sioniste et pour la défense des causes justes (IELISDCJ). Cette structure, considérée aujourd'hui comme une branche de *Tawasul*, organisait initialement des manifestations en réactions aux relations diplomatiques entre la Mauritanie et Israël. Par ailleurs, les conflits récurrents au Moyen-Orient (Palestine, Irak…) et, plus récemment, les révolutions consécutives au printemps arabe – des thèmes fédérateurs qui avaient fait les beaux jours des mouvements nationalistes arabes – sont aujourd'hui l'apanage des islamistes depuis la démission des premiers.[61] Certains chercheurs expliquent l'engouement pour la mouvance islamiste par son rôle d'avant-garde dans la lutte anti-américaine et par la focalisation des ressentiments populaires autour de la cause palestinienne et du sort injuste réservé au peuple irakien suite à l'intervention américaine.[62] Au sein des syndicats, le mouvement des Haratines, particulièrement dynamique sur la scène politique n'a pas d'organisation spécifique, sa présence est diffuse, mais sa plus grande concentration est enregistrée au sein du syndicat d'obédience marxiste, l'UAEM[63].

Perspectives

Dans le contexte sous-régional marqué par la question du radicalisme violent, beaucoup de chercheurs et de décideurs politiques se demandent dans quelles mesures les institutions d'enseignement supérieur en Mauritanie pourraient être un terreau fertile à l'éclosion de la violence idéologiquement motivée. Notre étude a révélé que l'université de Mauritanie ne semble pas encore un lieu de recrutement des djihadistes. Il a été en effet signalé que les premiers recrutements se sont faits au sein des *mahadra* par des émissaires des djihadistes maghrébins qui sont entrés en Mauritanie pour recevoir des enseignements classiques de l'islam.[64] Plus récemment, dans son étude de 2003, Ould Ahmed Salem a passé en revue les profils des jeunes mauritaniens emprisonnés pour des actes terrorisme et a relevé qu'il s'agit principalement d'anciens délinquants qui n'ont reçu ni formation universitaire encore moins religieuse, mais qui se sont subitement orientés vers l'action djihadiste. Dans notre questionnaire adressé aux étudiants de l'Université de Nouakchott, et notamment les cohortes de l'année 2003 et de l'année 2012, nous n'avons relevé aucun cas d'étudiant ayant versé dans l'extrémisme religieux. Les listes des anciens récipiendaires de cette université, constituées principalement à partir d'adhérents de l'UNEM qui a une orientation islamiste, n'ont pas révélé de tendance à l'extrémisme. Au contraire, les étudiants ciblés ont, pour leur majorité, intégré le marché du travail et aucun changement idéologique dans le sens d'une radicalisation n'a été signalé. D'ailleurs, notre sondage confirme cette observation. Ainsi, seulement une proportion faible (11,86 %) de notre échantillon pense que le plus grave risque pour le futur du pays est l'extrémisme religieux. Les étudiants sondés ne semblent donc pas se soucier de ce phénomène qui n'apparaît pas à leurs yeux comme un risque potentiel dans le futur. Par contre, on décèle dans ce même sondage une certaine angoisse relative à l'avenir de l'islam dans le pays. Ainsi, 68,78 % de notre échantillon pensent que le caractère islamique – y compris celui de l'État – est menacé alors que 46,32 % d'entre eux jugent que le plus grave problème pour l'avenir du pays est la corruption de la religion. Pour tempérer ce jugement, les directoires des principaux syndicats ont évoqué l'émoi provoqué dans le public par l'affaire Ould M'Kheïtir et les commentaires ouvertement antireligieux apparus sur les réseaux sociaux. Le tout crée une atmosphère pleine d'appréhension quant à l'avenir religieux dans le pays qui se trouverait ainsi menacé. Il est intéressant à ce sujet d'observer que dans l'échantillon d'étudiants négro-africains, seuls 10 % pensent que la corruption de la religion est le plus grave problème pour l'avenir alors que 70 % d'entre eux pensent que ce sont les problèmes économiques et le chômage qui représentent le plus grave des problèmes.

CONCLUSION

L'évolution de la situation politique de la Mauritanie n'a concerné l'université que dans sa phase nationaliste et principalement islamiste eu égard au caractère relativement récent de cette institution. La domination du syndicat islamiste, l'UNEM, est motivée d'une part par une tendance universelle caractérisée par une certaine perméabilité de la société à tout ce qui est islamique, dans un contexte de désenchantement à l'égard des nationalistes arabes. Paradoxalement, le campus de Nouakchott ne fait pas montre de grands signes extérieurs d'islamisme. Seules les rares séances de prédication témoignent de la présence de cette idéologie. L'accoutrement étant déjà islamisé, on ne pouvait plus « voiler les gens du voile ».

La domination de l'UNEM est d'ailleurs à considérer avec une certaine réserve en cela que, selon notre sondage, la moitié des étudiants n'est pas affiliée aux syndicats, et que ceux qui le sont adhèrent, pour leur moitié, à d'autres syndicats. La question culturelle et le tribalisme demeurent ainsi des déterminants majeurs et justifient la forte présence du SNEM et de l'UGEM – les deux syndicats qui actionnent ces deux leviers sur le campus. Il n'en demeure pas moins que l'UNEM est le syndicat d'étudiants le plus en vue, le plus dynamique et le plus discipliné. Son avenir dépendra cependant des facteurs que sont le sort du parti *Tawasul* et son positionnement sur l'échiquier politique, ainsi que de l'attitude que prendra le gouvernement par rapport à ce parti et aux organisations syndicales et politiques en général.

Sur le plan des interactions et des influences entre l'université et la société, il importe d'abord de distinguer la société négro-africaine qui est passablement concernée par la mouvance islamiste et où les influences occidentales cohabitent avec les impératifs de l'islam confrérique d'une société maure qui subit les influences du monde arabo-islamique venant interférer avec une vieille tradition malékite. Au sein même des maures, on peut observer un engouement à l'islamisme plus fort chez les descendants d'anciens esclaves et même chez les guerriers, ce qui donne lieu à des luttes de (re)classements sociaux.

Pour ce qui est du radicalisme religieux dans l'espace universitaire, il existe une opinion quasi-unanime sur le fait que les étudiants de l'Université de Nouakchott sont moins enclins au radicalisme puisqu'ils ont une culture islamique solide acquise à travers la formation et les prêches. Par ailleurs, ces étudiants sont plus attirés par l'islam politique et les questions géopolitiques relatives à la crise du Moyen-Orient. Par contre, les sortants des *mahadra* (structures traditionnelles d'apprentissage du Coran) qui ont reçu une formation théologique sont plus enclins à épouser des idées radicales ou un penchant djihadiste. En raison de la décadence du niveau d'instruction, les grands faiseurs d'idées et d'opinion ne sont vraisemblablement plus les universitaires, mais bien les médias de masse et les réseaux sociaux, bref le « fast food intellectuel ». L'université mauritanienne ne fait pas exception à cette règle.

NOTES

1. Ould Mohamed Mahmoud, Y., 2003, « *Târîkh wa tatawwurât al-haraka al-tullâbiyya fi Muritânya*" (Histoire et évolution du mouvement estudiantin en Mauritanie), mémoire de maîtrise, ISERI.
2. Le nombre total d'étudiants de l'Université de Nouakchott étant de 13 141 selon l'Annuaire statistique de l'Enseignement supérieur 2014/2015, Ministère de l'Enseignement Supérieur et de la Recherche Scientifique, notre enquête aurait dû cibler un nombre supérieur à 525 comme minimum, mais elle se limita pour des raisons pratiques à 200. A défaut de publication plus récente, les statistiques fournies pour l'Université dans le présent chapitre sont toutes fondées sur cet annuaire 2014/2015.
3. Il s'agissait d'avoir une idée au sujet des étudiants négro-africains. Ces derniers, appartenant aux communautés Pular, Soninké et Wolof, ayant suivi un cursus différent du groupe arabe, utilisant le français plutôt que

l'arabe devaient vraisemblablement avoir des préoccupations et des priorités différentes et méritent de ce fait d'être pris en compte dans l'enquête. Les vingt questionnaires ont été adressés aux étudiants de la Faculté des sciences et techniques (FST) où se trouve la plus grande concentration de négro-africains, ne serait-ce que par la prévalence de la langue française.

4. Dans le discours du 20 juin 1990 au sommet franco-africain, le Président français a conseillé aux pays africains de procéder à la démocratisation pour prétendre à la coopération française ou occidentale
5. Beddah Ould Busayri était imam et mufti de la ville de Nouakchott de 1957 à 2009.
6. L'ordonnance relative aux partis politiques du 25 juillet 1991 précise que « l'islam ne peut être l'apanage exclusif d'un parti politique » excluant ainsi la reconnaissance de partis islamistes. Le parti Umma (Nation en arabe), constitué autour de prédicateurs et d'imams avait déposé sa demande de reconnaissance le 14/11/1991 auprès du Ministre de l'intérieur mais elle a été rejetée pour motif à caractère religieux.
7. Mohamed al-Hasan Ould Dedew est aujourd'hui la figure de proue des sciences islamiques en Mauritanie. Cet érudit à la mémoire prodigieuse a fait un passage remarqué dans la prestigieuse *mahadra* de ses oncles maternels Ahil 'Addûd avant de s'illustrer au sein des universités du Moyen-Orient où il se constitua un immense réseau de connaissances parmi les savants et les leaders du monde islamique. Ses enregistrements, principalement focalisés sur les questions de la pratique islamique et ses fréquentes apparitions sur les plateaux TV du monde musulman, ont renforcé sa notoriété dans le monde musulman. Ould Dedew est considéré comme la principale référence théologique du parti Tawasul.
8. Entretien avec Moussa Ould Hamed, Directeur de publication du Journal *Biladi*, Nouakchott, le 25/01/2018.
9. L'année 1989 fut marquée par le conflit avec le Sénégal qui occasionna la déportation de milliers de négro-mauritaniens. En 1990–91, il y'eut la purge de l'armée mauritanienne ciblant les négro-mauritaniens, accompagnée de quelques centaines d'exécutions extra-judiciaires
10. Entretien avec Amadou Sall, Sociologue, Coordinateur de la Cellule régionale de prévention de la radicalisation et de l'extrémisme Violent au Sahel, Nouakchott, le 19/02/018.
11. Les premières constitutions ont ainsi garanti le pluralisme religieux.
12. Une discussion intéressante du cas de Ould M'Kheïtir est à consulter dans : Francisco Freire (2018), « Weapons of the Weak, and of the Strong: Mauritanian Foreign Policy and the International Dimensions of Social Activism, *Journal of North African Studies*, 24:3, 490–505. », la revue disponible sur le lien https://doi.org/10.1080/13629387.2018.1454654
13. Après des transferts du dossier entre plusieurs instances judiciaires et des jugements d'inégales lourdeurs ponctuées chacun par une grande mobilisation en faveur de l'application de la peine de mort, Ould M'Kheïtir écopa de 2 ans de prison, ce qui signifiait son élargissement étant donné qu'il avait déjà purgé sa peine. Mais devant la très grande vague de protestation soulevée par ce jugement, les autorités jugèrent plus sage de le maintenir dans un lieu secret.
14. « Pour une Mauritanie laïque, un appel de plus en plus convainquant », http://cridem.org/C_Info.php?article=696021

15. « En Mauritanie, le blasphème est désormais puni par la peine de mort ». https://www.la-croix.com/Religion/Islam/En-Mauritanie-blaspheme-desormais-puni-peine-mort-2018-05-10-1200937968.
16. La *mahadra*, est un centre d'études approfondies de langue arabe et de *fiqh* (l'interprétation temporelle des règles de la charia) qui se développe dans les campagnes mauritaniennes. Elle devient à partir du grand foisonnement culturel du XVIIIe siècle une véritable « université nomade », considérée par beaucoup de chercheurs comme l'une des particularités de la société mauritanienne, unique entité nomade savante dans le monde. Son impact sur l'univers éducatif mauritanien est des plus puissants et elle demeure une icône de la culture mauritanienne traditionnelle.
17. Certains observateurs expliquent le désenchantement par la tendance des leaders à abandonner le militantisme et à délaisser leurs principes une fois nommés à des postes gouvernementaux. Touché mortellement par une scission en 1975, le courant d'inspiration marxiste sera davantage discrédité par son alliance avec le système tribalo-régionaliste et par l'écho dévastateur de la propagande de ses détracteurs l'accablant de religiosité douteuse « tiédeur religieuse ». Pour sa part, le mouvement nationaliste arabe a été fortement ébranlé par les échecs et les déceptions accumulés par les pays modèles (Egypte, Libye). Le discours d'arabité n'était, pour sa part, plus porteur en raison des grands pas réalisés dans ce domaine sous le règne de Maouiya (Entretien avec Yahya Ould Kebd, leader nassériste, Nouakchott, le 18/02/2018).
18. Entretien avec Mohamed Fall Ould Dida, Président du conseil estudiantin de l'UNEM, Nouakchott, le 6/02/2018.
19. Entretien avec Khalil Ould Enahoui, Secrétaire Général de l'UGEM, Nouakchott, le 02/02/2018.
20. Entretien avec Mohamed Fall Ould Dida, Président du conseil estudiantin de l'UNEM, Nouakchott, le 6/02/2018 et Diallo Boubacar, SG adjoint du SNEM, Nouakchott, le 07/02/2018.
21. Entretien avec Ahmed Ould Abdawa, ex-leader de l'UGEM, Nouakchott, le 05/02/2018.
22. Tout progrès de l'arabe, qui n'est pas la langue maternelle de ces communautés, provoquerait, selon le SNEM une inégalité de chance qui ne saurait être garantie qu'avec le maintien de la langue française. Devant les revendications de la généralisation de l'arabe, que les arabophones jugent légitime, les Négro-africains pensent que le moindre mal est qu'ils en soient épargnés.
23. Entretien avec Dia El Hadj, Secrétaire général du SNEM, Nouakchott le 10/01/2018.
Les effectifs d'adhérents fournis par les directoires des syndicats pourraient sembler surévalués mais ils concernent, d'une part, l'ensemble des étudiants mauritaniens à l'intérieur et à l'extérieur et sont, d'autre part, plus récents que les statistiques du Ministère qui datent de 2015.
24. L'UGEM se singularise cependant par la procédure d'élection de ses structures. En effet, au niveau de ce syndicat, c'est le Secrétaire général qui nomme les membres du bureau exécutif et ceux du conseil estudiantin (Entretien avec Ahmed Ould Abdawa, ex-leader de l'UGEM, Nouakchott le 22/02/2018).
25. Entretien avec Mokhtar Fall, Doyen de la Faculté des sciences juridiques et économiques, Nouakchott le 21/02/2018.

26. Entretien avec le SG de la section de la FLSH de l'UNEM, Nouakchott, le 11/12/2017. Il faut noter que les anciens membres du syndicat et les hommes d'affaires islamistes sont en particulier sollicités.
27. Entretien avec Kane Mohamed El Habib, secrétaire de la section du SNEM à la FSEJ, Nouakchott, le du 11/01/2018.
28. Il s'agit de notre traduction de l'arabe au français.
29. Entretien avec Ahmed Ould Abdawa, ex-leader de l'UGEM, Nouakchott, le 05/02/2018.
30. Entretien avec Mohamed Fall Ould Dida, Président du conseil estudiantin de l'UNEM, Nouakchott, le 06/02/2018.
31. Les Islamistes rencontrés éprouvent des difficultés à reconnaître que telle ou telle organisation est affiliée à leur parti.
32. On dit souvent que l'UNEM peut exiger et triompher toujours alors que l'UGEM fait des doléances et des démarches personnelles avec beaucoup de réalisme et en écartant toute confrontation. L'engagement pour les causes justes du monde islamique est un autre fondement de ce discours le tout habillé d'une dose de religiosité à laquelle les Musulmans ne sauraient être indifférents.
33. La rumeur publique tente une systématisation des secteurs de l'économie dominés par les Islamistes, il s'agit entre autres du change des devises, de la pharmacie et de la téléphonie qui sont parmi les plus dynamiques de l'économie mauritanienne charriant une très grande masse monétaire et employant une population considérable.
34. Quoique minoritaires, ils ont revendiqué la parité dans la représentation des instances (Ould Mohamed Mahmoud 2003 : 32).
35. Le SNEM, autre outsider des Islamistes, se sent très peu concerné par la scène syndicale en dehors des menaces des intérêts de la communauté Négro-africaine.
36. Slogan d'un manifeste de 2014 signé par les syndicats SNEM, UGEM, UAEM, UEP, Al-Wafa.
37. À la suite du transfert sur le nouveau campus situé à plus de 5 km du centre-ville, une crise du transport a éclaté et a nécessité une lutte de plusieurs mois pour aboutir à une solution.
38. Front National Démocratique pour l'Unité, regroupant les principaux partis d'opposition.
39. Entretien avec Mohamed Abdellahi Ould Memah, bibliothécaire à l'Université de Nouakchott, Nouakchott le 3/01/2018.
40. Entretien avec Mohamed Abdellahi Ould Memah, bibliothécaire à l'Université de Nouakchott, Nouakchott le 3/01/2018.
41. Entretien avec Mohamed Fall Ould Dida, Président du conseil estudiantin de l'UNEM, Nouakchott, le 06/02/2018.
42. Entretien avec Mohamed Fall Ould Dida, Président du conseil estudiantin de l'UNEM, Nouakchott15/11/2017.
43. Entretien avec Khalil Ould Enahoui, Secrétaire Général de l'UGEM, Nouakchott, le 02/02/2018
44. Entretien avec Ahmed Ould Abdawa, ex-leader de l'UGEM, Nouakchott le 22/02/2018.
45. Entretiens avec Mamadou Khalidou Ba, professeur de français FLSH et Sidi Mohamed Ould Khattari, professeur de philosophe à la FLSH, Nouakchott, le 19/2/2018.

Entre le Savoir et le Culte

46. Ceux qui parlent le dialecte arabe *hassaniya* par opposition aux locuteurs des langues négro-africaines. Les filles négro-africaines arborent généralement soit les vêtements traditionnels africains ou les robes, jupes et pantalons modernes.
47. C'est pourquoi nous faisons référence à l'expression de « *veiling the people of the veil* » (Ould Mohamed Baba 2014 : 23).
48. Entretien avec Mokhtar Fall, Doyen de la faculté des sciences juridiques et économiques, Nouakchott, le 21/02/2018.
49. Notons que cette mosquée est considérée comme une réalisation de la délégation (*al-mandubiyya*). La parcelle de terrain sur laquelle elle a été érigée a été obtenue de haute lutte après que l'administration a voulu y construire une piscine. Une fois accordée, les délégués ont adressé une demande de financement de sa construction qui a été assurée par la Fondation de bienfaisance des Emirats Arabes Unis (Ould Mohamed Mahmoud 2003 : 24).
50. Les affinités de langue et de culture facilitent aux activistes du SNEM d'aborder les étudiants négro-africains.
51. Entretien avec Dia El Hadj, Secrétaire Général du SNEM, Nouakchott, le du 10/01/2018.
52. Entretien avec Mohamed Ould Fall Dida, Président du conseil estudiantin de l'UNEM, Nouakchott, le 5/02/2015.
53. Le pays du « million de poètes » est l'appellation octroyée à la Mauritanie au sein du monde arabe.
54. Entretien avec Mohamed al-Yadali Ould Yahafdhou, ancien délégué au congrès de l'UNEM en 2014, Nouakchott (le 10/11/2017). C'est aussi la ligne de défense du Mohamed Fall Ould Dida (entretien du 06/02/2018 à Nouakchott).
55. Entretien avec Ahmed Ould Abdawa, ex-leader de l'UGEM, Nouakchott, le 05/02/2018.
56. Entretien avec Mohamed Ould Fall Dida, Président du conseil estudiantin de l'UNEM, Nouakchott, le 5/02/2015.
57. Entretien avec Abdellahi Ould Abderrahmane, prédicateur et activiste dans la campagne *ma'a Allah nahya* à la FLSH, Nouakchott, le 29/03/2018.
58. Groupe constitué à l'origine par des salafistes qui organisa la grande mobilisation populaire pour revendiquer la peine de mort à Ould M'Kheitir.
59. Il est révélateur que l'ex SG du SNEM Mohamed Habib Kane dise « il n'y a pas de frontière entre nous et FLAM parce que c'est le même combat » (Entretien du 20/02/2018 à Nouakchott).
60. Il est intéressant à ce sujet de remarquer que les appellations de certains quartiers de la ville de Nouakchott reflètent l'historique des conflits dans le monde à commencer par Tell Za'tar pour arriver à al-Falluja en passant par Kosovo, et Kandahar
61. Entretien avec Yahya Ould Kebd, leader nassériste, Nouakchott, le 18/02/2018.
62. Entretien avec Yahya Ould Kebd, leader nassériste, Nouakchott, le 18/02/2018.
63. Entretien avec Ahmed Yaghra Ould Twayshighra, membre de l'Initiative pour la Résurgence du Mouvement Abolitionniste (IRA) Nouakchott, le 29/06/2018.
64. Entretien avec Mohamed Mahmoud Abu al-Ma'ali, spécialiste des mouvements djihadistes du Sahel et du Maghreb, Nouakchott, le 21/02/2018.

BIBLIOGRAPHIE

Al-Muritanyi, Hamid, 1974, *L'indépendance néo-coloniale : Mauritanie, combattre pour l'indépendance et le socialisme,* Paris : Six Continents.
Bonte, Pierre, 1989, L'«ordre» de la tradition. Évolution des hiérarchies statutaires dans la société maure contemporaine. In: *Revue du monde musulman et de la Méditerranée,* n° 54. Numéro thématique : « Mauritanie, entre arabité et africanité » sous la direction de Pierre Robert Baduel, pp. 118–29.
Chassey, Francis de, 1978, *Mauritanie, 1900–1975. De l'ordre colonial à l'ordre néo-colonial, entre Maghreb et Afrique Noire,* Paris : Anthropos.
Freire, Francisco, 2019, Weapons of the Weak, and of the Strong: Mauritanian Foreign Policy and the International Dimensions of Social Activism, *The Journal of North African Studies,* 24: 3, 490–505.
Marchesin, Philippe, 1992, *Tribu, ethnie et pouvoir en Mauritanie.* Paris, Karthala.
Ministère de l'enseignement supérieur et de la recherche scientifique. 2015. L'Annuaire statistique de l'Enseignement supérieur 2014/2015.
Ould Ahmed Salem, Zekeria, 2013, « Mauritanie : la stratégie d'un ex-futur maillon faible ». Dossier spécial sur « Le Sahel dans la crise malienne », Sciences Po, Centre de Recherches internationales. Disponible sur le lien http://www.sciencespo.fr/ceri/fr/content/dossiersduceri/mauritanie-la-strategie-dun-ex-futur-maillon-faible
Ould Ahmed Salem, Zekeria, 2012, « Les mutations paradoxales de l'islamisme en Mauritanie », *Cahiers d'études africaines,* 206–207.
Ould Ahmedou, M.S., 2001, La Mauritanie de 1930 à 1968 : mutations économiques et sociales, thèse de doctorat, Université d'Aix-Marseille I.
Ould Cheikh, Abdel Wedoud, 1985, Nomadisme, Islam et pouvoir politique dans la société maure précoloniale (XIe–XIXe), thèse de doctorat, Université Paris V.
OuldCheikh, Abdel Wedoud, 1995, « La Mauritanie : un pays qui descend ? », *Notre Librairie,* n° 120–21, pp. 22–35.
Ould Cheikhna, S.A., 2011, *Muritânya al-Mu'âsira : Shahâdâtwawathâiq.* (La Mauritanie contemporaine, témoignages et documents). Nouakchott : Dâr al-Fikr.
Ould Dida, M.F., 2014, « *Al-ittihâd al-watani li talaba-t muritanya : al-sîrawa al-masîra,* 2000–2014 » (l'Union nationale des étudiants mauritaniens : démarche et marche, 2000–2014), Brochure publiée par l'UNEM, Nouakchott.
Ould Ethmane, Abdel Nasser, 1987, L'opposition politique en Mauritanie : discours et mode d'action depuis 1980, mémoire de maîtrise, FSJE Université de Nouakchott.
Ould Mohamed Baba Moustapha, Elemine, 2014, « Negotiating Islamic Revival: Public Religiosity in Nouakchott City », *Islamic Africa,* Vol. 5, No. 1, pp.45–82.
Ould Mohamed Mahmoud, Y., 2003, *Târîkhwatatawwurât al-haraka al-tullâbiyya fî Muritânya* (Historique et évolution du mouvement estudiantin en Mauritanie), mémoire de maîtrise, ISERI, Nouakchott.
Ould Mohamed, Abdel Kader, 2001, *Mauritanie : chroniques de la rupture. Contribution aux débats de la transition,* Paris : L'Harmattan.
Sounkalo, J., 1995, « La situation linguistique en Mauritanie », *Notre Librairie,* n° 120–21, pp. 36–9.
Stewart, Charles H., 1973, *Islam and Social Order in Mauritania: A Case Study from the Nineteenth Century,* Oxford : Clarendon Press.

5.

«LES ÉTUDIANTS AUSSI SONT DES ENFANTS DE DIEU»: LA RELIGIOSITÉ À L'UNIVERSITÉ ABDOU MOUMOUNI DE NIAMEY

Abdoulaye Sounaye[1]

En critiquant ses camarades étudiants qu'il considère peu religieux, Mutune, un étudiant en troisième année de médecine, offre deux images fortes : « Nous, étudiants à l'Université Abdou Moumouni (UAM), nous sommes plus préoccupés par le ventre que par l'esprit ».[2] Dans le contexte local, le ventre et l'esprit sont généralement des images empreintes d'ambivalence. Le ventre renvoie au besoin naturel et essentiel de s'alimenter, mais aussi au manque de culture intellectuelle. D'ailleurs, pour défendre les marches de protestation des étudiants, on a souvent entendu dire qu'« ils ont faim », suggérant ainsi que le gouvernement devrait les comprendre et pardonner leurs écarts, même lorsque ceux-ci débouchent sur la destruction de biens publics ou privés.

Quant à la seconde image, c'est-à-dire l'esprit, elle rappelle le modèle qui fait de l'apprenant et de l'étudiant de l'UAM, en particulier, un être qui fait de la culture et de la formation intellectuelle une priorité. La nourriture intellectuelle serait donc suffisante pour le satisfaire et faire de lui un citoyen et un modèle social. En ce qui concerne ce dernier aspect en particulier, la référence à l'esprit peut renvoyer aux valeurs spirituelles et donc à la religion, comme c'est le cas ici. En effet, Mutune tient ces propos dans un contexte caractérisé par l'émergence d'un discours soutenu sur la religiosité dont les empreintes se perçoivent dans la recomposition des espaces de sociabilité du campus, mais aussi dans les habitudes et les comportements de la communauté universitaire (Sounaye 2018).

Depuis trois décennies, au militantisme matériel et social s'est ajouté un activisme religieux qui se traduit par la constitution de divers groupes religieux dont les activités sont devenues centrales à la vie de l'étudiant, et constituent une part importante de ce qu'on appellerait le curriculum social du campus (un concept sur lequel je reviendrai). Mais manifestement, cette visibilité accrue des pratiques et des espaces religieux ne satisfait pas Mutune. En réalité, son véritable propos est de relever ce qu'il considère être le peu d'intérêt pour la pratique religieuse de la part de ses camarades et le fait qu'« on a abandonné Dieu », comme il dira plus tard lors de notre conversation.

Tous ces discours et espaces concourent à inciter les étudiants à ne « pas oublier Dieu », à le craindre (*Tsoron Allah*, en hausa) et à « faire le choix rationnel »[3] Pour beaucoup, ce choix se résume à « suivre le chemin tracé par Dieu», et non pas celui suggéré par Kant, Aristote, Rousseau ou Marx. Comme l'affirmait éloquemment une autre étudiante, les « étudiants sont aussi des enfants et princes de Dieu », « qui acceptent que Jésus est mort pour eux » et qui voient ainsi dans la vie au campus une instance du « ministère de la louange et de l'adoration.»[4]

Peu perceptible il y a quelques années, ce type de discours n'est plus étranger à l'UAM. Il est même devenu dominant dans certains cercles. Porté par une génération d'étudiants qui perçoivent leur expérience universitaire sous l'angle de la responsabilité de pratiquer une bonne religiosité, ce discours est fondé sur la perception que « nous vivons dans un monde sans repères », qu'« il y a des mouvements religieux partout » et qu'«il faut discerner les uns des autres afin de choisir le bon.»[5] Ainsi, émerge-t-il une catégorie d'étudiants entrepreneurs religieux et agents d'un ordre nouveau, dont les formes de présence, les pratiques et les espaces conduisent à se demander si on est encore dans un cadre universitaire classique. Tel qu'on le connaissait encore il y a quelques années, le discours dominant au campus de l'UAM, comme je l'ai souligné, était laïc, marxiste-léniniste et profondément tourné vers des idéaux politiques et culturels comme l'unité africaine, l'anti-impérialisme, la révolution, le panafricanisme, etc. Par exemple, des figures révolutionnaires et africanistes comme Mao, Che Guevara, Sankara, Cheikh Anta Diop marquaient profondément les imaginaires politiques et culturels des étudiants, de leurs organisations, et de leur formation idéologique qui comprenait tout sauf la religion.

Comme le rappelle un dirigeant du syndicat des étudiants, Union des scolaires nigériens (USN) des années 1990, aujourd'hui haut cadre de l'État, la religiosité était plutôt approchée de façon négative[6] : les étudiants n'accordaient de l'importance à la religion que pour la combattre ; leurs convictions idéologiques les poussaient à soutenir que le discours dominant sur le campus devait être laïc ; que la religion détournait le peuple et les intellectuels des véritables problèmes de la société et de son émancipation; que l'institution universitaire elle-même était fondée sur des principes séculiers et scientifiques qui ne pouvaient cohabiter avec la religiosité ; qu'en tant que relais et en même temps produit d'une culture particulière, les étudiants (*yan boko*, en hausa) ne devaient pas se préoccuper de religion et religiosité, discours et qualité d'un monde immatériel et fictif. Bref, à bien des égards, leurs aspirations, les projets de société qu'ils imaginaient, la modernité qu'ils envisageaient se percevaient loin de toute influence religieuse.

Comme pour répondre à Mutune, l'étudiant de médecine que je citais plus haut, en janvier 2018 et tout au long de notre entretien, un étudiant de l'UAM ne se lassait de répéter, « La Bible est ma nourriture ».[7] Filana, un autre étudiant membre du Comité Da'wa (appel à l'islam) de la Faculté des lettres et des sciences humaines (FLSH) insistait sur le fait que « les étudiants aujourd'hui ont besoin de formation islamique afin qu'ils soient protégés contre la laïcité »[8] et qu'ils ne tombent pas dans les erreurs que leurs ainés ont commises.

Comment expliquer un tel développement ? Dans quelles conditions la religiosité a-t-elle pris pied dans l'espace et la pratique universitaires pour devenir un capital et un enjeu majeur du quotidien de l'étudiant ? Qu'en est-il de la vocation universelle de l'université, de ses valeurs et de ses produits ? Les étudiants auraient-ils subitement réalisé que la religion *est* la *solution* ?

Ce chapitre analyse la présence et la manifestation de plus en plus remarquable de la religiosité à l'UAM. Tout en reconnaissant le caractère divers et varié de ce phénomène, le chapitre porte prioritairement sur les initiatives islamiques, notamment celles de l'AEMN/UAM (Association des étudiants musulmans du Niger/ section Université Abdou Moumouni), une organisation qui est devenue le porte-flambeau et l'agent promoteur principal d'un islam « authentique et celui enseigné par le Prophète et ses compagnons. »[9] Pour la plupart des étudiants qui participent aux activités de cette organisation, elle leur offre un curriculum social qui accompagne ainsi leur curriculum académique, les préparant de façon plus complète, d'après eux, à une vie sociale responsable.

Comme on le verra dans la suite de l'analyse, le chapitre met en rapport l'activisme religieux avec la problématique générale du militantisme sur le campus. Il fait ainsi du religieux un élément à part entière du militantisme étudiant. Il attire l'attention sur le présupposé selon lequel pour comprendre l'émergence et les formes à travers lesquelles le campus devient un espace public religieux, il faut analyser la façon dont les organisations religieuses sur le campus interagissent avec l'organisation étudiante première, l'Union des étudiants nigériens de l'Université de Niamey (UENUN), en particulier. Mais il faut aussi s'attacher à comprendre les autres sociabilités[10] que les étudiants créent et promeuvent.[11] Dès lors, on verra que le militantisme syndical et corporatiste et l'activisme religieux sont des manifestations de l'imagination politique et sociale des étudiants. Les deux portent des visions de la société, mais aussi de l'étudiant, un individu qui se pose la question de son aptitude, de ses chances d'insertion, de ses conditions de vie et des façons de servir sa communauté. Les questions qui se posent dans ces deux formes d'action – syndicale et religieuse – se rejoignent et expriment des préoccupations communes et permanentes d'une catégorie sociale en formation, à la croisée des chemins, et donc en transition.

Dans le cas spécifique de la religiosité dans l'espace universitaire, il importe alors de s'interroger sur la manière dont les organisations religieuses ont acquis une telle place sur le campus et dans le quotidien des étudiants ? Comment la religion et la religiosité ont-elles acquis une telle valeur ? Répondre à cette question nécessite au moins un examen de l'histoire récente de l'institution universitaire elle-même et des sociabilités qui lui sont propres. Mais cela requiert surtout d'éviter de concevoir le campus comme un espace isolé ; au contraire, on doit le replacer dans son environnement social, économique et politique où il est l'objet d'influences extérieures multiples.

Ce chapitre propose donc une analyse des processus à travers lesquels, un espace socioculturel, mais aussi politique – qui n'était guère connu pour son rôle religieux, c'est-à-dire sa religiosité – est devenu progressivement le lieu d'émergence d'une nouvelle élite qui, contrairement à une génération auparavant, accorde aujourd'hui une très grande importance à la pratique religieuse. Manifestement, une restructuration est à l'œuvre à l'UAM, maintenant que la religiosité est devenue importante pour le curriculum social du campus et donc pour l'étudiant, futur leader social et dirigeant politique.

Ce qui est à l'œuvre est en relation directe avec la formation d'une élite au carrefour de traditions et valeurs souvent considérées comme occidentales – séculières et étrangères – et de valeurs religieuses, surtout islamiques – l'islam étant la religion dominante sur le campus universitaire et, au-delà, dans la société. Cette rencontre de sources de valeurs est en réalité le produit d'une longue histoire et d'un activisme qui a trouvé sur le campus des acteurs entreprenants et créatifs. Qu'un discours religieux apparaisse et même domine à l'UAM, cela n'est pas étonnant. L'environnement socioculturel dans lequel baigne cette institution est lui-même caractérisé par une confiance renouvelée dans les valeurs et pratiques religieuses, notamment celle d'un islam et d'un christianisme conquérants, portés vers la mobilisation des jeunes et la conversion des élites. Étant une fabrique d'élites et de l'avenir, on comprend alors que l'UAM attire l'intérêt et l'investissement d'acteurs religieux surtout réformateurs qui misent sur l'avenir.

Ainsi, l'UAM est une partie intégrante de la société nigérienne ; elle participe de ses rêves, débats et conflits. En cela, elle est aussi soumise aux forces idéologiques, culturelles et politiques qui dominent cette société. Or depuis une vingtaine d'années, le champ religieux s'est enrichi d'une multitude de discours. Il s'est diversifié et restructuré, grâce à des organisations et initiatives dont le but principal est de transformer la société, en lui offrant de nouvelles références morales et politiques inspirées de la religion. Pour un tel projet, l'étudiant et l'université sont des cibles privilégiées.

Tout comme dans le reste de la société (Masquelier 2009; Zakari 2009; Alidou 2005) au campus aussi, la religiosité est devenue une valeur centrale et un prisme à travers lequel les étudiants perçoivent et rendent compte de leur vie, de leurs aspirations et de leurs visions de la société. Grâce à des pratiques qui insistent sur l'impératif de cultiver la religiosité, ils ont progressivement transformé le campus en une arène de compétition entre des idéaux séculiers et des visions religieuses, d'une part, et d'autre part, entre des agendas religieux particuliers et concurrents. En mettant l'accent sur la religiosité, les universitaires ont ainsi ajouté un autre trait à l'expérience d'être étudiant et aux aspirations que porte cette élite en herbe.

Je rappelle ces aspects caractéristiques de l'UAM pour d'abord souligner le fait que l'institution, comme je l'ai déjà dit, n'est pas socialement isolée ; elle est en fait au cœur de la production des normes et valeurs de la société. Il faut rappeler qu'il y a quelques années encore, l'UAM était la seule institution d'enseignement supérieur du pays et accueillait à ce titre des étudiants de toutes les régions du pays. Vitrine donc de la société nigérienne, l'UAM l'était aussi du système éducatif nigérien. A beaucoup d'égards, elle l'est restée, jouant alors le rôle de structure de référence de l'enseignement supérieur du Niger.

Enfin – et c'est cela l'argument central de ce chapitre – le phénomène que j'analyse est la traduction d'une forte influence de la religiosité sur le curriculum social de l'UAM. La visibilité accrue du religieux et l'importance de la religion que nous remarquons depuis une vingtaine d'années et dans un environnement en principe laïc, renforce la thèse d'un curriculum social qui fait de la formation à l'UAM – et au-delà dans tout cadre universitaire – un processus fondé sur des impératifs académiques mais aussi sociopolitiques. Dans certains cas et à certaines périodes, le curriculum social semble d'ailleurs plus important que l'académique. Aujourd'hui, on pourrait le dire d'un certain nombre d'étudiants et de groupes à l'UAM.

Dans un premier temps, ce chapitre donne un bref aperçu sociohistorique et politique du contexte dans lequel évolue l'UAM. Il propose ensuite une analyse du « clubisme », un trait caractéristique des sociabilités présentes à l'UAM, un phénomène qui renforce la restructuration du monde étudiant et la création d'autres pôles d'activités et même de militantisme. Cette disposition infrastructurelle n'est pas que religieuse, mais elle permet de comprendre comment la religiosité peut prendre corps à l'UAM. Dans la troisième partie, j'analyse les espaces et pratiques, notamment la mosquée et la prière sur lesquelles se centre l'activisme islamique sur le campus.

UAM : UN CADRE EN PERPÉTUEL MOUVEMENT

La première mission de l'université est de transmettre un savoir et des savoir-faire qui feront du diplômé qui en sort un professionnel et un cadre. Telle est la perception dominante d'une institution qui a été et est encore au cœur de la vie sociopolitique au Niger et dans nombre de pays (Mamdani 2018; Holiday 2002; Lo 2016; Kenny 2007). Mais dans le sillage de cette formation on retrouve toujours un ensemble de pratiques et d'activités qui vont constituer le curriculum social. Celui-ci se définit comme l'ensemble des pratiques et activités non académiques qui donnent substance à l'expérience universitaire de l'étudiant, informe sa personnalité, sa carrière et très souvent, sa trajectoire sociale. Évidemment, de ce curriculum social l'étudiant n'obtient ni certification ni diplôme, mais seulement un savoir-faire socioculturel et une reconnaissance. Ceux-ci, dans la plupart des cas se traduisent en capital social et politique susceptible de propulser son bénéficiaire à des positions de responsabilité et de leadership pendant sa formation universitaire, mais surtout après celle-ci. Le concept de curriculum social sert donc à théoriser et conceptualiser cet aspect important de la carrière universitaire de l'étudiant et permet alors de reconnaitre le fait que le campus est plus qu'une aire de formation académique. Comme nous l'avons déjà noté, il est aussi un cadre de formation sociale et politique dont l'importance dépend, d'un individu à un autre, et d'un contexte historique à un autre. Si l'université est une institution dévouée à la science et, par conséquent, un cadre de production et de transmission de savoir, elle est davantage encore une fabrique de modèles sociaux et de styles intellectuels. Ceci peut expliquer, entre autres, le nombre de plus en plus croissant de jeunes qui veulent étudier à l'université, même si on reproche à ses formations de préparer très peu au marché du travail.[12]

En 1971, le Centre d'enseignement supérieur qui a servi d'embryon à l'UAM ne comptait pas plus d'une centaine d'étudiants. En 2017, l'UAM comptait près de 22 000 étudiants, des chiffres qui attestent de l'évolution d'une institution qui a été conçue comme un des moteurs de la formation des jeunes et des cadres de l'État.[13] Jusqu'à une période récente, elle était la seule université du pays. Mais depuis 2010, elle a dû partager le statut d'université publique avec trois autres (Maradi,

Tahoua et Zinder), et depuis 2015, le Niger a 8 universités publiques, une par région. Aujourd'hui, l'environnement universitaire se diversifie rapidement avec la création d'universités privées laïques, mais aussi confessionnelles, notamment islamiques.

En dehors de sa contribution dans la formation des cadres du pays, l'UAM s'est illustrée aussi dans l'histoire sociopolitique du Niger pour être un terreau du militantisme estudiantin incarné notamment par l'UENUN, l'organisation syndicale des étudiants dont la mission est la « défense des droits matériels et moraux des étudiants ». Alliant activisme et conscience historique, l'UENUN a été le fer de lance, mais également le cadre de formation idéologique et politique d'une génération d'acteurs syndicaux et politiques du Niger qui se sont autoproclamés au début du mouvement de libéralisation des années 1990, « forces vives de la nation», forces desquelles l'UENUN était une composante clé. [14] Elle était probablement l'organisation qui a payé le plus lourd tribut à la lutte démocratique avec la mort de trois de ses militants lors de la marche du 9 février 1990. Cet évènement sera décisif dans la mesure où il sera à la base de l'ouverture démocratique et du processus qui va conduire à la Conférence nationale de 1991. Ce statut d'organisation majeure dans la lutte pour la démocratisation, aux cotés de syndicats comme l'Union des syndicats des travailleurs du Niger (USTN) va s'illustrer d'ailleurs dans le nombre de ses représentants (plus de 100 et le plus élevé) audit forum. Beaucoup d'acteurs et leaders du syndicalisme estudiantin de cette époque sont aujourd'hui les tenants du pouvoir étatique et dirigeants d'organisations de la société civile. Historiquement, le mouvement étudiant a joué un rôle crucial dans le rejet des politiques néolibérales. Par exemple, l'ENUN et l'USN étaient farouchement opposées au Projet éducation III. Dans le contexte d'ajustement structurel, ce projet devait réformer le système éducatif nigérien en réduisant de façon drastique les subventions à l'enseignement supérieur et en donnant la priorité à l'éducation de base.

Arène et tremplin pour une carrière politique

Depuis ce mouvement des « forces vives de la nation » qui a conduit au pluralisme politique et la reconnaissance de droits et libertés civiques, l'UENUN, et donc l'UAM, est perçu comme la gardienne des « acquis démocratiques » et un des responsables moraux du bien-être de la jeunesse et de la société nigérienne. Cette image, l'organisation estudiantine la doit au rôle historique qu'elle a joué dans la lutte pour la démocratisation du pays (Idrissa 2003; Smirnova 2015). Avec trois étudiants tués lors des manifestations du 9 février 1990, elle est l'organisation syndicale qui a probablement payé le plus lourd tribut dans le processus qui a conduit à la Conférence Nationale (1991), au pluralisme politique et aux élections générales qui en ont découlé à partir de 1992.

Pour cette raison, beaucoup de leaders syndicaux étudiants de l'époque continuent encore à penser que sans la marche des étudiants du 9 février 1990, le mouvement vers la Conférence nationale ne se serait pas déclenché et l'expérience de démocratisation du Niger aurait certainement eu un destin différent. Aux yeux de la plupart des acteurs politiques et de la société civile, l'UENUN garde une grande légitimité et un crédit qui font d'elle une force sociale clé dans la vie politique au Niger. Cela n'est pas étonnant parce que l'essentiel de l'élite dirigeante y a fait ses premières armes de militantisme. Les partis politiques au pouvoir aujourd'hui, leurs opposants et les acteurs de la société civile, à l'image de l'organisation altermondialiste Alternative espaces citoyens, sont essentiellement des produits du curriculum social de l'UAM. [15]

L'UAM reste dominée par un militantisme anti-régime et souvent progressiste. Son curriculum social est informé par un champ dynamique de forces qui s'affrontent et d'organisations qui se créent et recréent, servant ainsi de tremplin à des trajectoires individuelles et carrières sociales, politiques, parfois des plus remarquables. Mais comme on le constate dans la sous-région, ce trait n'est pas propre à l'UAM. Pour l'illustrer, on pourrait citer des exemples comme celui de la Côte d'Ivoire avec Blé Goudé et Guillaume Soro, du Burkina et du Sénégal avec feu Salif Diallo[16], Salla Tall ou encore Bazoum Mohamed qui sont tous des militants de mouvements estudiantins ayant émergé au campus et dont la carrière a marqué ou marque encore la vie publique de leurs pays. Il n'est donc pas besoin de chercher loin pour se rendre à l'évidence du rôle que joue le curriculum social du campus dans la formation idéologique et politique des étudiants. Toutefois, il importe aussi de noter que si le campus est un laboratoire d'idées et d'idéologies, il est aussi un espace de luttes souvent motivées par les conditions matérielles de vie, notamment la bourse.

La bourse : Un enjeu clé au centre de la vie universitaire

Un des facteurs qui influencent les discours, attitudes et pratiques militantes du campus UAM est la bourse, c'est-à-dire l'allocation mensuelle offerte par l'État afin d'aider l'étudiant à réussir ses études. Depuis les années 1990, elle est le centre névralgique des politiques de financement et de gestion de l'enseignement supérieur et un facteur déterminant de la vie universitaire. Aujourd'hui encore, son retard et non-paiement, par exemple, sont souvent sources d'instabilité et de grèves des étudiants. A ce titre, la bourse est aussi l'ancrage principal des revendications estudiantines centrées sur l « amélioration des conditions de vie et d'étude des étudiants, » formule consacrée de la rhétorique syndicale des étudiants. Comme on le trouve aussi sur plusieurs campus africains, notamment francophones, la bourse a aussi informé les luttes étudiantes et la vie universitaire dans son ensemble. Malgré les politiques d'ajustement structurel (PAS) des années 1990 qui ont réduit de façon drastique les soutiens financiers au secteur de l'enseignement supérieur, la bourse reste encore un régulateur de la vie au campus.

A l'époque le régime de bourse a créé des catégories d'étudiants : les boursiers pleins, qui bénéficiaient de la bourse entière (35 000 FCFA/mois), les demi-boursiers (17 500 FCFA/mois) et les non-boursiers qui devaient compter sur leurs propres moyens pour continuer leurs études.[17] Beaucoup d'étudiants n'avaient d'autre choix que de « clandoter »[18] dans des chambres où ils se retrouvaient parfois deux fois plus que le nombre autorisé. Des chambres initialement prévues pour 2 ou 4 étudiants en accueillaient 4 ou 6. Parce que seuls les boursiers avaient droit à la chambre au campus, les clandos étaient dans la plupart des cas des non-boursiers, des parents, amis ou camarades de lycée et de fac qui squattaient. Avec la réduction des œuvres universitaires, « clandoter » était devenu dans la plupart des chambres d'étudiant la norme.

Si les politiques d'ajustement des années 1990 et leur corollaire de restriction budgétaire sont la cause principale de la dégradation des conditions de vie sur le campus, des politiques qui ont plutôt relégué l'enseignement supérieur à un rang secondaire et non-prioritaire, il faut ajouter que le régime de bourse et les critères d'attribution de celle-ci ont aussi aggravé, non seulement les conditions de vie, mais aussi celles d'études. Pendant longtemps seuls les boursiers avaient droit au logement. Ils étaient également prioritaires en matière d'inscription. Avoir une bourse donnait droit à un statut spécial. D'ailleurs, jusqu'à la fin des années 1980, elle garantissait un emploi dans la fonction publique nigérienne. Les étudiants boursiers étaient généralement programmés pour des ministères particuliers et étaient donc recrutés immédiatement après leurs études. La crise de trésorerie de la fin des années 1980 et du début des années 1990 a conduit l'État à la suppression de cette programmation, réduisant les chances d'insertion professionnelle des diplômés de l'UAM, et dans le même temps, aggravant leur insécurité sociale. Cela fut le début de manifestations répétées et de crises universitaires récurrentes qui ont contribué à renforcer le militantisme syndical et la politisation de cette institution. L'instabilité du calendrier des enseignements, les phénomènes de chevauchement d'années académiques et même une année blanche en 1989–1990, ont rendu impossibles les « années normales », la plupart des cycles universitaires nécessitant dans la réalité au moins une année supplémentaire.

En matière de gouvernance, comme c'est souvent le cas, les coupes budgétaires portent d'abord sur les charges sociales. Les différents facteurs ci-dessus mentionnés, couplés à la massification des effectifs d'étudiants et la rareté des ressources affectées à l'UAM, vont conduire à une réduction voire suppression des investissements sociaux à l'UAM. Comme tous les travailleurs du secteur public, les enseignants de l'UAM vont aussi accuser des arriérés de salaires. Un nouveau régime de bourse voit le jour. Celui-ci produit de nouveaux rapports non seulement entre les étudiants, mais également entre les étudiants et l'État, bailleur de fonds exclusif de la bourse. Pour ce dernier, il faut croire que la bourse, instrument de promotion de l'enseignement supérieur dans les années 1970 et moyen principal de financement de la formation des cadres du pays, est devenue aujourd'hui tantôt une épine dont le gouvernement voudrait bien se débarrasser, tantôt un moyen de pression et de manipulation d'une jeunesse estudiantine indocile. Du fait de ses implications sociales et académiques, la bourse est devenue l'élément central de l'organisation de la vie sociale, mais aussi académique du campus. Il n'est donc pas surprenant qu'elle soit le motif premier des revendications et des agitations des étudiants.

Aujourd'hui, même les syndicalistes prient...

Dans l'imaginaire populaire, ce qui distinguait un *boko* (l'étudiant et le scolarisé)[19] en effet, c'était son 'évolution, ses privilèges et sa supériorité dans un contexte culturel et politique où la centralisation de l'État et le pouvoir de celui-ci à réguler et influencer la vie sociale permettait au *boko* de gravir les échelons et acquérir le statut d'élite. *Boko* offrait alors la promesse d'une modernité de l'État et donc de la société. Ainsi, on appelait les étudiants « les enfants de la République », une métaphore qui renvoie à leur statut de privilégiés et d'« enfants *trop* gâtés de l'État ». Jusqu'à une période récente, *boko* n'avait pas besoin de religion encore moins d'affirmer ou de revendiquer une quelconque religiosité pour acquérir son statut. Au contraire, et dans une certaine mesure, il s'y opposait même parce que la condition de *boko* était de ne pas se laisser déterminer par sa religion, s'il se préoccupait encore d'en avoir une.

Aujourd'hui, comme le note avec insistance Mutune, « on est dans un autre contexte ; même les syndicalistes prient ! » (Mutune 2017) Ce constant évolution des pratiques religieuses sur le campus attire l'attention sur l'émergence d'un activisme religieux qui est, certes, un phénomène nouveau au campus, mais déjà bien établi. Lorsque nous comparons cet activisme à celui syndical dans un environnement de foisonnement d'idées, d'aspirations et de rêves, on est frappé par la présence de ses acteurs, des espaces que ces derniers ont su créer sur le campus et leur influence sur la vie universitaire. Par exemple, un acteur comme l'AEMN/UAM revendique la responsabilité de former moralement et protéger les étudiants contre les risques d'une laïcité et d'un mode de vie estudiantin qui rime souvent avec libertinage et débauche. Cela fait de l'expérience d'être étudiant une des plus dangereuses, mais en même temps, des plus formatrices. On retrouve souvent cette idée de formation dans les discours des organisations religieuses de l'UAM dont le souci est de servir l'étudiant et de « l'aider à remplir sa mission d'être étudiant. »[20]

Celle-ci est d'apprendre, c'est-à-dire de réussir sur le plan académique, mais elle consiste aussi à prendre en charge la reproduction d'un modèle intellectuel et social : l'étudiant qui assume sa mission d'être intellectuel et dirigeant, mais aussi un bon croyant. La religiosité doit être un élément central de sa vie au campus, et plus tard, de sa réussite sociale. Au cours d'un séminaire à la FLSH, un autre étudiant me fait la même observation que celle de Mutune : « maintenant même les syndicalistes prient».

Apparue au milieu des années 2000, cette catégorie de syndicalistes qui prient n'est pas exclusive au campus ; elle est aussi apparue dans d'autres contextes au-delà de l'université. Cette évolution constitue une rupture par rapport à deux décennies auparavant, quand le syndicaliste était plutôt à l'opposé du religieux, les deux ne se rencontrant presque jamais. Si les syndicalistes prient, c'est aussi parce que l'AEMN/UAM a acquis une influence si importante qu'aucun candidat aux instances syndicales des étudiants ne voudrait avoir cette structure religieuse estudiantine contre soi. Au contraire, si on ne cherche pas encore systématiquement sa caution, on fait du lobbying auprès de ses dirigeants et membres influents.

Ce développement dans le cas de l'UAM n'est rien d'autre que la manifestation d'une conjonction entre le pouvoir d'influence de l'UENUN, structure purement syndicale par définition, et l'AEMN/UAM, organisation à but religieux. Une telle évolution a un impact certain sur le rapport entre les différentes structures, et certainement sur les formes de militantisme qui peuvent coexister sur le campus de l'UAM.

En définitive, comme on le constate dans d'autres contextes de la région, cette coexistence et l'intérêt des étudiants pour la religiosité transforment le campus en un espace public religieux avec ses dynamiques propres, mais également sous l'influence de celles qui sont déjà à l'œuvre dans la société (Camara & Bodian 2016; Lebeau 1997; Adama 2007; Zeghal 2006). Du point de vue des sociabilités, par exemple, et comme la partie qui suit le montre, l'étudiant de l'UAM est aujourd'hui très porté au regroupement et à l'association. Si la bourse structure la vie des étudiants et les mobilise à cet effet, comme je l'ai soutenu, d'autres objets et formes de sociabilité contribuent aussi à structurer la vie au campus. En fait, la vie estudiantine est aussi celle d'un associationnisme tout azimut du fait de l'âge de cette catégorie sociale et de ses besoins d'organisation et d'action sociale. Elle prouve son *agencéité* – c'est-à-dire sa capacité à définir des objectifs et à agir de manière cohérente pour les atteindre – en s'inscrivant dans un militantisme transformateur de son environnement académique, mais aussi de ses conditions de vie. A la recherche d'un cadre et d'un mode de devenir (*social becoming*, cf. (Sztompka 1991; Christiansen, Utas & Vigh 2006), l'étudiant est porté à s'essayer à divers modes d'action individuelle et collective, et à créer des espaces sociaux. Dans ce chapitre, l'accent est porté sur les aspects religieux ; mais il n'en reste pas moins que l'un des premiers espaces de sociabilité et de socialisation de l'étudiant reste le club.

LE CLUBISME : MODE DE PRÉSENCE ET MARQUE DISTINCTIVE DE LA VIE AU CAMPUS

Par rapport à deux décennies auparavant, la culture et les sociabilités religieuses qui caractérisent la vie estudiantine à l'UAM ont profondément changé. C'est bien ce que ce chapitre essaie de démontrer à travers l'analyse de l'apparition d'un militantisme religieux qui impose progressivement un militantisme bicéphale au campus de l'UAM. Malgré cette réalité, parfois difficile à gérer pour les autorités rectorales et académiques, une des caractéristiques majeures commune aux deux déclinaisons du militantisme à l'UAM est ce que je nommerai le « clubisme ».

Je le définis ici comme la tendance à la création de clubs de toute sorte (discipline académique, bâtiment du campus, région d'origine des étudiants, etc.), traduisant un grand désir d'appartenance (*belonging*) à un groupe. Les clubs sont en effet des lieux de promotion d'idées, de valeurs et de normes qui sont censées aider l'étudiant dans sa vie de tous les jours. Ils représentent souvent la première infrastructure sociale et académique qui permet aux nouveaux étudiants de s'insérer dans un espace qui leur est étranger et incompréhensible, et dont les règles de fonctionnement ne sont pas toujours évidentes. A ce titre, les clubs orientent l'étudiant et l'aide à se familiariser avec les conditions de vie universitaire et facilitent, par conséquent, son apprentissage académique. Ils peuvent être aussi des espaces de protection et de défense, dans un environnement où le conformisme est envahissant, du moins pour ceux qui ne voient pas ces initiatives d'un bon œil. Un nouvel étudiant a alors besoin de ces structures de transition pour comprendre la vie sur le campus, mais aussi pour s'y prendre dans la gestion de sa carrière académique.

En effet, beaucoup d'étudiants disent n'avoir compris leurs obligations et les stratégies de réussite qu'en s'intégrant à un groupe ou un club. En fait, leur véritable intégration dans la communauté universitaire ne s'est réalisée qu'à travers ces espaces. Acquérant donc l'habitus universitaire, ils se sentent progressivement membres à part entière du campus, et ainsi s'engagent aussi à prendre des responsabilités au sein de ces mêmes structures. On apprend ainsi à être étudiant, mais aussi citoyen dans ces clubs.

Les structures étudiantes sont variées sur le campus de l'UAM. Trois se distinguent du point de vue de leur visibilité et activités. D'abord celles qui sont purement corporatistes (UENUN, délégations des facultés, délégation des départements, par exemple) et qui défendent les intérêts des étudiants. Ces structures sont, la plupart du temps, les instances où les marches ou grèves des étudiants sont décidées. Elles sont les interlocutrices principales des étudiants dans leurs rapports à l'administration rectorale (UENUN), décanale (délégation de la faculté), départementale (délégation du département) et surtout gouvernementale (UENUN). Parmi celles-ci, seule l'UENUN a la prérogative de négocier la bourse et tout ce qui touche à « l'amélioration des conditions matérielles et morales des étudiants », formule consacrée qui recouvre une panoplie de services allant de la gestion des chambres à la restauration en passant par l'infirmerie et le transport. Dans ce cas particulier, leur interlocuteur est aussi bien le gouvernement que la Direction des œuvres universitaires, l'administration qui a à sa charge des services sociaux au campus. L'UENUN est aussi l'interface entre les étudiants et les organisations de la société civile.

Avec cette multitude d'organisations, des compétitions et rivalités voient le jour. Celles-ci peuvent à leur tour conduire à des conflits entre les composantes de l'université. En février 2018, l'UENUN s'est retrouvée en conflit avec le Syndicat des enseignants et chercheurs (SNECS), suite à une altercation entre le service d'ordre de l'UENUN et un enseignant-chercheur, un incident qui a conduit à la suspension des activités académiques et à l'exclusion de cinq étudiants[21].

Les « Ambassades » représentent la deuxième catégorie de structures étudiantes. Elles regroupent les ressortissants de la même région géographique ou entité administrative (par exemple, la région de Maradi ou celle de Tillabéry). Elles ne sont pas portées vers des revendications corporatistes, mais œuvrent pour une meilleure intégration des étudiants en servant de point focal et de cadre de solidarité entre les étudiants de la même région. En dehors des activités culturelles qu'elles initient, elles sont aussi impliquées dans l'organisation du transport des étudiants dans les régions du pays pendant les vacances de fin d'année notamment. A cette occasion, elles servent de relais entre les étudiants de la même région d'une part, et la Direction des œuvres universitaires et l'UENUN, d'autre part. Comme on peut l'imaginer, le nombre d'Ambassades varie en fonction du nombre des ressortissants de la même région et de leur dynamisme.

Les clubs de département servent d'abord des objectifs académiques. Comme leur nom l'indique, ils opèrent au niveau des départements. Par exemple, à la FLSH, on en dénombre 8 (dont un par département). Chacun a une salle mise à sa disposition par le décanat. Celle-ci accueille le bureau du club, son fonds documentaire (quelques dizaines de livres dans la plupart des cas), mais aussi les réunions et les rencontres informelles entre étudiants pour préparer des exposés ou des présentations. Le club s'adresse à tous les étudiants du département, mais est généralement dirigé par ceux qui sont en 3ème année de Licence ou Master. La Journée de l'étudiant est l'une des principales activités de la plupart des clubs des étudiants. A cette occasion, débats et conférences sont organisés avec le soutien des enseignants du département. Le voyage d'études, notamment dans les pays de la sous-région, et les rencontres sportives figurent en bonne place dans les activités des clubs.

Le clubisme est certainement lié au désir des étudiants de se retrouver dans des milieux plus familiers, plus proches de leurs préoccupations académiques et où ils peuvent examiner et résoudre des problèmes qui leur sont propres. Certains étudiants voient d'ailleurs dans ces structures des alternatives aux organisations syndicales, notamment l'UENUN et les délégations des facultés qu'ils disent accorder peu d'importance à l'académique. Ainsi les structures syndicales sont accusées de privilégier leur positionnement dans des luttes de clans et de factions, si on ne leur reproche pas d'être manipulées par des partis politiques et donc trop politisées[22]. Les luttes internes aux structures syndicales prenant le pas sur les « véritables intérêts généraux » des étudiants, comme le soutient Idrissa[23], l'UENUN a, par exemple, de plus en plus de mal à mobiliser.[24] A l'opposé, « les clubs mobilisent plus efficacement, même s'ils ne sont pas reconnus comme structures générales ».[25] Cet argument est suffisant pour beaucoup d'étudiants pour accorder plus d'intérêt aux clubs qui sont devenus les principales organisations socio-académiques du campus.

Mais les clubs ne sont pas qu'académiques ou laïques, à proprement parler. On observe aussi des clubs qui ont tendance à promouvoir des activités religieuses. Ainsi, le Thabit[26], par exemple, prône une éducation islamique des étudiants à travers l'apprentissage du Coran.

Ces développements infrastructurels du campus illustrent un phénomène sociologique auquel une anthropologie de la religion, en particulier dans ces milieux, devrait davantage prêter attention. Pourquoi les promoteurs de la religiosité sur le campus accordent-ils aussi priorité à ces espaces ? La réponse se trouve non pas dans les nouvelles cultures de la religion que ces acteurs popularisent, mais dans le fait que ces espaces sont devenus centraux au curriculum social du campus de l'UAM. L'histoire de ce phénomène est, en effet, inextricablement liée à l'histoire du militantisme étudiant et religieux, mais aussi aux transformations sociales et politiques de ces vingt dernières années. Dans le contexte de Niamey où se trouve l'UAM, on se rend compte que ces transformations sont liées aussi à la multiplication des associations religieuses dont l'ingénierie sociale produit des cultures religieuses particulières.

On comprend donc mieux le changement du campus universitaire en le rapportant aux transformations en œuvre dans la société de façon générale, et en en lisant aux logiques de cette créativité des étudiants et des acteurs religieux. Sous cet angle, le statut de la religion et les modes d'expression de la religiosité, surtout en milieux musulmans, ont eu un impact transformateur sur la vie sociale (Sounaye 2016 ; Masquelier 2009, 2010, 1999 ; Alidou 2005). En fait, la religiosité prouve sa valeur encore plus grande dans l'intimité des interactions sociales, des modes de construction des identités de groupes, des sociabilités qui soutiennent celles-ci et de la personnalité même de l'individu.

A l'UAM, ce phénomène a donné naissance à une catégorie particulière d'étudiants militants et entrepreneurs (les Chers frères) dont les initiatives sont communautaires, mais aussi personnelles. On crée un espace social de militantisme, mais en même temps, on se forme comme futur leader. C'est en effet dans ces espaces d'apprentissage que les étudiants sont supposés acquérir les qualités et les attributs qui leur permettront plus tard d'animer et de gérer des structures à l'échelle nationale. Comme déjà observé, les trajectoires et parcours de vie de nombreux acteurs publics confirment cette logique. Par exemple, deux membres de la société civile islamique du Niger illustrent ce phénomène. Boureima Daouda, promoteur d'un salafisme élitiste et ancien étudiant de l'UAM. Même après ses études, il y a gardé une très grande influence avec ses cours d'arabe, de lecture du Coran, ses conférences et surtout son imamat. Depuis plus d'une vingtaine d'années, il dirige la prière de vendredi à la grande mosquée du campus, celle dont le contrôle est devenu depuis quelques années un enjeu majeur pour les courants musulmans. Un autre diplômé de la Faculté des sciences de l'UAM est un des acteurs qui ont contribué à l'implantation et la consolidation du mouvement Izala à Zinder, ville qui était au départ décrite comme l'une des plus hostiles au dit mouvement. Tous les deux opèrent avec une conscience d'être au service de l'islam et de sa promotion auprès de catégories sociales ciblées, principalement les étudiants, les fonctionnaires et les élèves. Comme on le remarque, ce que partagent ces catégories, c'est le système dans lequel elles sont formées : *boko*.

GROUPES, ESPACES ET PRATIQUES

L'activisme qui sous-tend la formation a ouvert la voie à la constitution d'espaces, la promotion d'acteurs et l'introduction de pratiques propres au campus de l'UAM. Mais de cet activisme est née aussi une compétition entre les groupes, notamment pour le contrôle des espaces religieux.

Un pluralisme dominé par l'AEMN/UAM

Sur le campus de l'UAM, les groupes chrétiens – le Foyer Berlier[27], le CPC (Campus pour Christ) et le GBU (Groupe biblique universitaire) – n'ont pas à proprement parler d'espace à eux. Une fois par semaine, ils ont accès à des salles de classe pour leurs réunions et prières, mais aucun espace propre ne leur est affecté. Ainsi, bien que les affiches invitant à leurs activités soient visibles, ces organisations restent presque invisibles par rapport à l'AEMN/UAM. En général, les organisations chrétiennes se replient sur les églises des quartiers qui jouxtent l'UAM (Karadjé, Lamordé et Nogaré, en particulier) où elles espèrent garder le pont avec le reste de la communauté des environs. Une autre raison de cette géographie est que les églises et centres chrétiens jouent un rôle social, servant d'espace de socialisation notamment pour des étudiants chrétiens tchadiens, togolais ou ivoiriens.

Ces organisations sont dominées par trois groupes : le Foyer Berlier, les Assemblées de Dieu et la Chapelle des vainqueurs[28], probablement celles qui ont réussi à mobiliser leurs étudiants pour une présence sur le campus. En dehors des séances de prière hebdomadaires, CPC et GBU ont aussi développé des activités comme la soirée de Noël (17 décembre) et les sorties d'évangélisation dont l'objet est de porter la parole aux étudiants. « La Bible nous a demandé d'évangéliser », rappelle Waane, un étudiant de 2ème année de Lettres modernes, avant d'ajouter : « on nous détourne de la réalité très souvent ; et il faut que ta vie reflète ce que la Bible dit ». Cet effort, ils veulent d'abord le porter sur les étudiants – leurs camarades – et avec lesquels ils se sentent liés par un destin, « parce que les jeunes ont partout le même problème : l'alcool, le sexe, et la perdition morale ».[29] Ce discours qui apparait sous diverses formes et parfois indépendamment de la tradition religieuse et du groupe[30], traduit simplement la communauté d'une condition sociale d'un ensemble divers de sujets. Il atteste aussi de l'importance d'une socialisation qui accorde de plus en plus de considération à la religiosité, loin d'une tradition laïque jadis dominante dans l'espace estudiantin.

Les groupes et formes d'expression de la religiosité sont variés, mais avec une prééminence de l'AEMN/UAM qui est l'organisation religieuse la plus active sur le campus. Signe du statut de cette organisation, elle gère la grande mosquée Almoustapha, la librairie Al Furqane, l'ancienne mosquée et un certain nombre de salles qui accueillent ses réunions et autres activités d'étude et de formation. En outre, ses membres sont le plus souvent gestionnaires des mosquées à travers les comités de gestion des mosquées ou les comités da'wa, organes chargés de faire la promotion de l'islam auprès des étudiants. Chaque faculté a son comité da'wa, composé d'étudiants des deux sexes et responsables de l'animation religieuse de celle-ci. Dans un environnement de compétitions diverses, le rôle de cet organe est devenu crucial pour l'AEMN/UAM. Conférences, prêches, projections de films, lecture et apprentissage du Coran constituent la substance de leurs activités. En définitive, ces espaces et organes constituent des instruments clés du militantisme religieux étudiant.

La mosquée : des enjeux d'infrastructure, mais aussi de comportement moral

La mosquée est l'infrastructure principale des activités des comités da'wa de l'UAM. Elle leur sert de lieu de réunion, de salle de conférences, de lecture et débats. Elle accueille également des activités de formation, notamment d'apprentissage du Coran et de l'arabe. Grâce à certaines organisations non-gouvernementales financées par des agences de pays arabes (notamment l'Agence des musulmans d'Afrique – AMA), chaque faculté de l'UAM a aujourd'hui sa mosquée en matériaux définitifs. Dans certains cas, la faculté en a même deux, une pour les hommes et une autre pour les femmes.

Avec la construction de mosquées exclusivement réservées aux femmes, l'activisme religieux est entré dans une phase nouvelle. D'abord, parce que jusqu'à récemment encore, les femmes ne priaient presque jamais en public. Quand elles le faisaient, c'était dans les chambres, dans un coin de la bibliothèque ou dans les bureaux des secrétaires qui sont en général des femmes. Pour la plupart, les étudiantes faisaient leurs prières une fois le cours terminé et qu'elles se retrouvaient à la maison ou dans leurs chambres au campus. Le discours et l'impératif de ne pas rater l'heure de la prière et la disponibilité d'un espace propre aux femmes a conduit à ce changement qui rend encore plus visible l'acte religieux féminin sur le campus. Je noterai aussi le fait qu'en retour et de façon dialectique, ce discours a été à l'origine de quêtes de ressources pour financer la construction des espaces de prière pour femme. Cela est important à souligner parce que la religiosité de la femme a été souvent au cœur du débat sur la moralité de la société. Or, durant les deux dernières décennies, arguant des risques de la mixité, les acteurs religieux au campus comme au sein de la société nigérienne en général, ont mis un accent particulier sur la construction d'espaces exclusivement féminins. Des exemples foisonnent dans les centres urbains, mais surtout à Niamey, l'environnement urbain au sein duquel s'inscrit l'UAM et où la question de la classe mixte (hommes et femmes ou garçons et filles) reste encore controversée. Avec l'émergence d'actrices religieuses sur le campus, on peut déduire qu'une sphère strictement féminine s'y constitue ; mais bien plus, cette sphère s'autonomise des acteurs hommes.

Que la mosquée soit genrée est simplement le résultat d'un activisme religieux qui est aussi le fait d'étudiantes. Les « Chères-sœurs », comme on les appelle, ont contribué de façon significative à populariser un discours plutôt anti-Soufi, moderniste et Salafi au niveau de la gente féminine du campus. Pour les étudiantes aussi, la mosquée est devenue un lieu de rassemblement pour des prêches, des séances de lecture du Coran et d'apprentissage de l'arabe. Selon Filana, la mosquée des femmes de la FLSH a joué un rôle crucial dans son éveil islamique, sa pratique quotidienne et dans celle de beaucoup de ses « camarades qui n'ont découvert véritablement l'islam qu'au campus.»[31] La mosquée « permet de ne pas rater l'heure de la prière,» une préoccupation majeure chez cette étudiante de « famille musulmane qui ne savait pas se discipliner pour prier régulièrement. » L'éveil qu'elle a connu et la religiosité qu'elle exprime aujourd'hui, elle les attribue aux activités de l'AEMN/UAM et aux efforts de socialisation et de promotion de l'islam que cette organisation mène en milieu étudiant. Devenue « plus consciente des enjeux de la pratique de la religion, » comme elle le note, elle a surtout été soutenue par les Chères-sœurs : « en venant étudier à l'UAM, je ne pensais pas que l'on pouvait prier à l'heure. J'avais entendu beaucoup d'histoires de mes ainées qui avaient étudié ici. Elles disaient que les filles ne priaient pas à la fac. Je connaissais un peu cette réalité parce qu'au collège et au lycée, nous aussi on ne priait pas à l'école. On ne pouvait même pas penser à une mosquée pour femmes. On attendait toujours d'être à la maison pour rattraper les prières qu'on avait ratées.» Selon cette nouvelle conscience de la prière, celle-ci ne peut attendre ; elle vient avant toute chose.

Pratiques et portée de la prière

La prière est très présente dans la vie des étudiants. Son importance se perçoit à travers l'affluence aux heures de la prière dans les mosquées pour les musulmans, dans sa pratique à l'air libre pour les chrétiens, mais aussi dans le discours sur la signification de celle-ci. « La prière établit et renforce ta foi », « la prière nous protège contre le mal et la sorcellerie », « nous sommes tous des enfants de Dieu et nous avons besoin de protection ; la prière nous la donne ». Certains étudiants invoquent même son pouvoir dans la réussite académique. Un étudiant membre d'une église des assemblées de Dieu affirme : « chaque jour je prie. Je peux prier à n'importe quel moment... Avant l'examen, je prie. Je demande à Dieu de prendre le contrôle...donne-moi l'intelligence de répondre aux questions et fais en sorte que le correcteur soit juste. Guide-le et soit avec lui. »[32] Si la prière, comme on le voit ici, est un acte qui peut intervenir à tout instant et en toute circonstance, il importe de noter sa permanence dans la vie de l'étudiant. Acte de religiosité, elle est également un moyen à travers lequel l'étudiant structure sa journée, en particulier en milieu musulman.

Élément indicateur de l'identité religieuse[33], et comme la citation précédente le montre, la prière est devenue très importante dans la vie estudiantine, de l'individu comme du groupe[34]. Elle est en effet le moment pendant lequel presque tout s'arrête. Un collègue me faisait remarquer il y a quelques années que « maintenant, les étudiants n'attendent même pas que tu leur donnes la pause. Dès qu'il est 16 heures [l'heure de la prière d'Asr, la troisième prière de la journée], tu les vois sortir. » Il ajoute : « Évidemment, je suis obligé d'arrêter le cours. Cela ne sert à rien de continuer puisque la majorité des étudiants te lâche.»[35] Ainsi, dans la pratique, ce moment de pause s'est imposé à l'emploi du temps, montrant l'influence des pratiques religieuses sur la gestion du temps et le calendrier des activités académiques. Même chez les étudiantes, cela est devenu la règle, comme je l'ai noté plus haut.

Ce changement est très marqué surtout à la Faculté des lettres et des sciences humaines où j'ai personnellement observé le développement d'un tel phénomène à travers plusieurs générations d'étudiants depuis une quinzaine d'années. Évidemment, chaque génération a cultivé des intérêts, pratiques intellectuels et sociaux, les uns plus marqués que les autres. Chaque génération a ses spécificités, mais la constante qui se dégageait jusqu'à récemment encore, est que la prière était loin d'être caractéristique de la religiosité de l'étudiant. La prière n'était pas une pratique publique et même lorsque l'étudiant lui accordait de l'importance, comme les propos des étudiantes notés plus haut le montrent, elle était confinée à la sphère privée, à la chambre, et dérangeait rarement l'emploi du temps de l'étudiant.

Cette situation, il faut le noter, n'est pas propre à l'étudiant ; elle est aussi observable auprès des autres communautés universitaires, notamment les enseignants et le staff administratif et technique dont les membres ont été à l'origine de la construction des mosquées, en en négociant le financement parfois.

Ces intérêts et activisme autour de la prière et le développement infrastructurel du campus témoignent certainement du fait que la religiosité de l'étudiant est devenue une préoccupation de premier plan pour les étudiants eux-mêmes, leurs structures, mais aussi dans une certaine mesure, pour les autorités universitaires. Les étudiants ne sont pas seulement des réceptacles d'idées, mais ils sont aussi perçus comme des acteurs dont « la vie et la formation doivent être guidées par des valeurs spirituelles. »[36] Pour beaucoup, cela explique la profusion d'initiatives musulmanes autant que chrétiennes sur le campus.

Pour prendre l'exemple de l'islam, l'AEMN/UAM a initié – en plus de ses activités régulières de formation et de prédication – ce qu'elle appelle la spiritualité de la semaine dont l'objet est de guider l'étudiant dans sa pratique quotidienne. Il lui est même donné des exercices qu'il doit faire afin de renforcer sa spiritualité. Selon le mode d'emploi, il pourra lui-même s'auto-évaluer et voir les progrès qu'il a accomplis.

Le même intérêt pour la spiritualité de l'étudiant a conduit le SAFI (Séminaire annuel de formation islamique tenu le 27 mars 2017) à en faire son thème général. Essentiellement critique d'une « vie intellectuelle sans spiritualité », cette rencontre a appelé les étudiants à écarter l'idée « qu'ils ne peuvent vivre une vie spirituelle tout en étant bien ancrés dans les études. Ils croient qu'ils ne peuvent pas se consacrer entièrement à leur vie spirituelle parce qu'ils ont des responsabilités terrestres à assumer.»[37] L'idée derrière cet appel est celle d'une réconciliation entre une carrière académique pleinement réussie et une vie religieuse pleinement vécue. Contrairement au modèle de l'étudiant d'il y a quelques décennies encore, étudiant chez qui religion et académie se présentaient comme des dimensions exclusives de la vie, le modèle qu'on rencontre aujourd'hui est celui d'un étudiant dont le curriculum social aiderait à marier spiritualité et études.

Formation islamique

L'un des concepts clés de l'activisme religieux à l'UAM, la formation islamique recouvre un ensemble d'activités qui va de l'apprentissage du Coran aux 'exercices de spiritualité'. Elle se passe pour l'essentiel dans les locaux de l'AEMN à côté de la Cité principale à Niamey, dans les mosquées et parfois dans les salles de cours. Elle inclut aussi des conférences et des débats qui sont organisés à la suite d'exposés ou de visionnements de films. Elle n'est jamais gratuite bien que ses tarifs soient abordables, selon la plupart des étudiants. Généralement continue, elle peut être aussi ponctuelle, trimestrielle ou ad hoc, organisée à l'occasion de la visite d'un leader musulman sur le campus. Ben Halima[38], figure Salafi spécialiste de captage de djinns et très populaire dans le monde francophone est bien connu à l'UAM où il anime régulièrement des conférences sur la spiritualité du musulman, Satan et les esprits malveillants. Dans une vidéo postée sur Youtube, par exemple, on le voit tenir un discours critique sur la mixité des chambres d'étudiants et la présence d'un bar dans le voisinage immédiat du campus. Comme celles de Tariq Ramadan, une autre figure populaire en milieu étudiant, les visites de Ben Halima donnent lieu à des mobilisations exceptionnelles de la part des étudiants et contribuent beaucoup à la formation.

En règle générale, la formation est dirigée par les leaders de l'AEMN/UAM illustrant un phénomène de formation par ses pairs très en vogue chez les étudiants, mais déjà très pratiquée dans les modes de transmission de savoirs au sein de la société. Ceux qui sont avancés dans leurs études islamiques et montrent des qualités de leadership reçoivent alors la confiance de l'organisation pour former leurs camarades et ainsi leur ouvrir aussi la chance de prendre le relais. Toutefois, comme on peut aussi le constater, la formation n'est pas uniquement intellectuelle. Elle est spirituelle comme les affiches et les pratiques qui la composent le montrent. Mais elle est surtout un cadre d'acquisition de savoir-faire et de socialisation. Dans une adresse lors d'une conférence de formation à l'endroit les étudiants nouvellement admis, le formateur met en garde :

> « Vous êtes ici [UAM] simplement pour prendre conscience de vos responsabilités. Et je vous le dis tout de suite : vous ne pouvez pas avoir une vie de mécréance que beaucoup de vos aînés ont cultivée. Vous devez apprendre à être de bons musulmans. Ne commettez pas les erreurs de vos aînés, je vous préviens. » [39]

Cette manière de s'adresser aux étudiants les particularise et les valorise par rapport aux générations précédentes, les louant pour leur intérêt pour la religion, contrairement à leurs ainés. En réalité, il faut dire que c'est la conception même de l'université qui a changé dans ce contexte dominé par la religiosité. En effet, connu comme le « temple du savoir », l'université fait aussi l'expérience d'une mutation conceptuelle qui fait d'elle un « temple de religiosité », pour au moins une partie de la communauté qu'elle accueille. Selon cette perspective, l'université comme lieu de formation est incomplète si elle n'offre pas de formation religieuse. Elle n'est pas qu'un cadre déterminé par un curriculum académique et purement intellectuel. Elle devient une institution qui devrait servir et en même temps produire un modèle complet et suffisant pour la société. Selon Filana, cela est d'autant plus important que les étudiants sont appelés à devenir des dirigeants et leaders dans leurs communautés respectives. Des étudiants qui n'auraient donc pas de formation religieuse ou qui rejetteraient la religion, seraient un risque pour la société, sa sécurité morale et son avenir. Comme on peut le supposer à partir des éléments que j'ai mentionnés jusqu'ici, ce discours prend diverses formes à l'UAM, insistant sur le fait que l'étudiant et son institution devraient être doublement éclairants : ils doivent cultiver la science et la connaissance des phénomènes, mais ils doivent aussi œuvrer à ce que cette culture soit combinée à celle de la religion.

Cette perception de l'université et des conditions dans lesquelles elle ferait œuvre utile indiquent bien l'impératif de formation que poursuit le curriculum social. Sans être officiel, il semble que ce curriculum est devenu, dans certains cercles, et reste pour la plupart sans contestation véritable. Les réactions qui peuvent être prises comme des formes de contestation en réalité ne touchent pas au principe de la culture de la religiosité, mais plutôt à une forme particulière de religiosité. Que la prière mobilise les étudiants et empiète sur l'horaire est un fait aujourd'hui accepté et normalisé. Ce qui est contesté, c'est par exemple lorsqu'un groupe religieux minoritaire et subalterne cherche à acquérir plus d'espace et de visibilité. Ceci, on le constate aussi bien dans les organisations musulmanes que chrétiennes du campus.

En fait, pour l'agenda de l'AEMN/UAM de faire de l'étudiant un sujet religieux conscient de sa responsabilité, la formation est un moment important. Elle offre l'occasion de jeter les bases d'une religiosité savante, un concept idéologique majeur qui détermine les activités de l'AEMN/UAM au niveau central, mais également au niveau des comités da'wa qui sont chargés de faire la promotion du comportement musulman au niveau local. Action de proximité, peut-on dire, la formation des comités da'wa est généralement limitée à la faculté ou encore à un genre exclusif. Par exemple, nombreuses sont les activités de formation qui ciblent les étudiantes. Comment faire la da'wa et appeler les sœurs à l'islam ? Les convaincre de porter le hijab ? D'être des femmes vertueuses ? D'être une bonne épouse et une bonne mère ? Comment s'occuper de son mari ? Être une bonne sœur ? Éviter les tentations de la sexualité immorale ? Toutes ces interrogations sont récurrentes dans les séances de formation et rappellent que la formation dont il s'agit ici ne porte pas uniquement sur des arguments théologiques et débats théoriques ; elle est aussi centrée sur la vie pratique, individuelle et privée (sexualité, vertu de la femme, de la mère et de l'épouse). Elle se charge ainsi de préparer les étudiants non pas à des responsabilités qu'ils projettent d'assumer et donc leur carrière de leaders de demain, mais aussi aux actes banals quotidiens d'aujourd'hui, bref, à la domesticité de tous les jours.

Contrôle de l'espace et de l'infrastructure : Zawiya et AEMN/UAM

Un examen attentif de la problématique de l'activisme religieux sur le campus de l'UAM ne saurait occulter les oppositions, compétitions et contestations internes aux groupes musulmans et chrétiens. Toutefois, les plus perceptibles et significatives sont entre groupes musulmans. Jusqu'à récemment encore, l'organisation AEMN/UAM était la seule à avoir une présence formelle sur le campus. Mais depuis quatre ans, une

Zawiya de la Tijaniyya est apparue pour rompre avec la monotonie de la voix de l'islam. En se structurant, elle conteste l'hégémonie de l'AEMN/UAM. Ce pluralisme est encore à ses débuts, les acteurs, discours et initiatives de l'AEMN/UAM restant toujours dominants. L'AEMN/UAM est une organisation ouvertement « contre les pratiques qui ne sont pas conformes à la Sunna du Prophète Muhammad». Dans le contexte nigérien et même de la sous-région, cette formule est généralement celle d'un anti-soufisme dirigé contre les disciples des Tariqa Tidjaniyya et Qadiriyya, les autres groupes musulmans de plus en plus visibles sur le campus. La Zawiya a pu instituer un Maouloud qui était à sa cinquième édition en 2017. Objet de tensions entre l'AEMN/UAM et les leaders de la Zawiya, le Maouloud est controversé, tout comme d'ailleurs la *wazifa*[40], que la Zawiya voudrait bien organiser dans la grande mosquée, mais en vain.

Dans ce contexte, la compétition et les rivalités autour des lieux comme la grande mosquée Almoustapha prend forme. Elle est contrôlée par l'AEMN/UAM et, à ce titre, n'est ouverte ni à la *wazifa* ni au Maouloud. Selon Kailou, un des organisateurs du Maouloud, l'AEMN/UAM feint d'ignorer leurs requêtes « parce qu'ils ne veulent pas que nous pratiquions ces choses-là ici. Ils disent que le Zikr et le Maouloud divisent les musulmans et sont des *bid'a* [innovations blâmables]. Ils nous rejettent. Nous avons alors décidé d'avoir notre propre endroit pour la prière, mais aussi pour le Maouloud. »

En effet, un groupe d'étudiants, se réclamant en majorité de la confrérie Tidjaniyya Niassène de Kiota (ville située à 150 km de Niamey) a érigé un lieu de prière et de rencontre sous un arbre à moins de 200 mètres de la grande Mosquée Almoustapha. Soutenue par cette confrérie, la tenue régulière du Maouloud montre bien que la Zawiya s'organise, revendique et acquiert une présence. Leur mosquée est encore de fortune, mais elle pourrait bien bénéficier d'un mécénat et ainsi renforcer leur présence et accroître leur visibilité.

Au-delà des tensions et des rivalités, ce qui transparait clairement à travers l'influence de l'AEMN/UAM et l'émergence de la Zawiya, c'est la manifestation d'agents extérieurs au campus. En effet, si elles sont le résultat des initiatives de l'AEMN/UAM et des étudiants devenus entrepreneurs religieux, les évolutions actuelles doivent beaucoup aux soutiens extérieurs.

Les étudiants étant devenus des « enfants de Dieu » pour qui la religiosité est devenue importante et même un impératif, ils sont par conséquent disponibles et ouverts à d'autres formes de religiosité et de prière. En contestant ainsi le statu quo et surtout l'hégémonie de l'AEMN/UAM qui s'exprime souvent par le rejet de pratiques dites non-conformes à la Sunna du Prophète Muhammad, un élément de discours qui renvoie généralement aux pratiques de la Tidjanniya, la Zawiya entend imposer un pluralisme, notamment islamique. Elle ne semble pas porter d'agenda hégémoniste, mais plutôt celui d'une pluralité qui ferait que les enfants de Dieu soient aussi des sujets divers. Cette lutte pour la reconnaissance d'autres courants, l'AEMN/UAM étant dominée par un salafisme moderne, pourrait-on dire, apparait comme un processus à l'inverse de ce qui s'est passé dans la plupart des communautés musulmanes au Niger. Au début des années 1990, c'est bien les discours Salafi à travers le mouvement Izala qui cherchaient à se frayer un chemin et un espace dans un champ de l'islam organisé essentiellement dominé par les groupes et organisations de la Tidjaniyya.

Ce renversement, ces trajectoires contrastées et leurs généalogies plurielles sont importants à relever lorsque nous approchons l'université comme un nouvel espace de culture et de promotion de religiosité. Cela devrait donc nous permettre d'analyser le campus comme un terrain qui a ses propres réalités tout en étant en lien direct avec le reste de la société. Une telle considération nous permet de porter un regard nouveau, non seulement sur les formes de religiosité qu'on retrouve aujourd'hui au Niger, mais aussi sur leur histoire. Un narratif assez populaire voudrait que les trajectoires de l'islam commencent par la domination Tidjaniyya et débouche sur une contestation Salafi et antisoufi. Une telle *histoire* devrait alors être repensée. Ceci, comme les contributions de ce volume le montrent, est d'intérêt pour l'analyse des phénomènes religieux sur les campus universitaires.

CONCLUSION

Encore aujourd'hui, l'UAM porte la réputation d'être un noyau de contestation et de protestation. Son campus est décrit comme le cadre d'un militantisme syndical qui a toujours voulu défendre une certaine idée de l'enseignement supérieur, une fabrique intellectuelle, mais surtout une philosophie sociale qui envisage une éducation nationale gratuite et accessible à tous. Ce discours prend sa source dans une conception de l'enseignement supérieur fondé sur un républicanisme emprunté à la France, puissance coloniale et initiatrice du système éducatif nigérien dans son ensemble. Instrument de développement et d'indépendance, l'université devrait donc servir l'État et le peuple. Elle était donc une institution centrale en particulier du point de vue de la formation des cadres de l'État et des intellectuels, catégorie sociale nécessaire voire indispensable pour des entités politiques en formation. Dans ce contexte, elle apparaissait donc comme une fabrique d'aspirations non seulement politiques, mais aussi sociales et culturelles. On comprend alors que l'UAM soit, à l'image des institutions similaires de la région, un lieu de luttes, de contestation et de protestation.

Historiquement, cette protestation a souvent pris l'allure d'une lutte idéologique en vue d'une véritable indépendance politique et économique dont l'objectif premier était d'instaurer une justice sociale. Le discours dominant dans ce contexte était marxiste-léniniste et mettait en avant une lutte de classes dont l'objectif était de démocratiser l'État et le système éducatif qui en était la clé. Accéder à l'enseignement supérieur représentait donc une promesse de mobilité sociale ; une porte d'entrée dans un fonctionnariat de l'État, statut dont rêvait la plupart des étudiants et leurs parents. Institution nationale, l'université devait former aussi les enfants des pauvres, des paysans, des ruraux parce qu'eux aussi sont des enfants de la république, du moins, selon ce discours de revendication et de contestation. Tourné vers une justice sociale qui s'exprimerait d'abord dans l'égalité des chances de « tous les enfants du Niger » à accéder à la fabrique de l'élite, le discours des étudiants se caractérisait par son élan gauchiste et son opposition aux régimes militaires (1974–1987 et 1987–1990) qu'il ne réduisait à rien moins qu'un ordre arbitraire.

Cette rhétorique égalitariste et de justice sociale insistait sur la « lutte pour l'amélioration des conditions de vie des étudiants » et s'est ajoutée un agenda de « libéralisation de la vie publique » à partir de 1990. En effet, contre l'autoritarisme militaire installé par le régime militaire de Kountché, les étudiants de l'UAM ont aussi joué un grand rôle dans le mouvement de réforme politique qui allait conduire à la transition démocratique des années 90. Mais au même moment, alors que le Niger prenait le tournant de la démocratisation, donnant plus de liberté aux discours et acteurs religieux, l'UAM a vu émerger une dynamique religieuse, manifestation d'un processus global dans la société nigérienne. Le militantisme estudiantin voyait naître dans ses propres enceintes un militantisme concurrent qui est probablement aujourd'hui l'un des discours les plus mobilisateurs dans la communauté universitaire. Dans son habit islamique et même Salafiste, ce discours a pris la forme d'un agent formateur d'une conscience religieuse qui rejette aujourd'hui l'un des premiers présupposés de l'institution universitaire elle-même : la laïcité.

Les pages présentées ici ne sont qu'une fenêtre sur un phénomène qui est devenu l'une des forces motrices de la vie universitaire. J'ai voulu théoriser ce phénomène en recourant au concept de curriculum social pour montrer son importance et le poids que les trajectoires et expériences non-académiques, mais tout autant universitaires, a sur la formation de l'étudiant. Il serait intéressant d'analyser en quoi ces phénomènes d'émergence, de promotion et de célébration de la religiosité affectent les rapports universitaires dans leur ensemble ; par exemple, entre enseignants et étudiants, entre étudiants et étudiantes, au sein des genres eux-mêmes, et enfin avec l'administration. Ainsi, il n'y a donc pas que des étudiants sur le campus de l'UAM. Il serait alors très enrichissant pour une telle problématique de la religiosité d'étudier le phénomène à partir du corps enseignant. Cela est d'autant plus pertinent que des membres de ce corps d'une part, connaissent eux-aussi ce qu'on pourrait appeler des conversions remarquables, et d'autre part, se trouvent à l'origine de la construction des mosquées.

Plus encore, on pourrait envisager, dans le même ordre, d'idées d'analyser les interactions entre les différents groupes religieux qui opèrent sur le campus, notamment les chrétiens et les musulmans. Tout ceci indique que le militantisme religieux a du succès auprès des universitaires, des modèles sociaux importants dans le contexte nigérien et ouest-africain. Évidemment, ces aspects que je viens de mentionner vont au-delà des limites de ce chapitre bien que, même du côté des initiatives chrétiennes que nous avons observées, l'idée d'un curriculum social est bien en place et détermine pour beaucoup le discours de changement et de transformation. Probablement, une telle préoccupation sied mieux à une discussion entière, ce que nous prévoyons d'ailleurs dans le cadre d'un autre papier sur la problématique de la religiosité sur le campus.

En fait, comme la partie sur le clubisme le montre, il faudra replacer la popularité des initiatives religieuses dans un processus global grâce auquel les étudiants sont devenus plus entreprenants. Acteurs sociaux et confrontés à des transformations profondes au sein de la société, ils s'essayent à l'entreprenariat religieux qui est devenu sur le campus une des modalités d'être étudiant au cœur de son temps. La fougue de vivre son temps et de vouloir changer sa société qui est d'une grande acuité sur les campus se traduit aujourd'hui sous la forme d'un engament religieux.

Confrontés également aux incertitudes d'une carrière académique sans troubles, ils renforcent le curriculum social du campus, enrichissant et solidifiant ainsi leur expérience et acquérant des qualités et savoir-faire susceptibles de leur assurer place et statut dans la société. Ce calcul social, si on peut l'appeler ainsi, motive certainement des initiatives et des acteurs que nous avons observés à l'UAM.

Cependant, et en analysant plus profondément l'appel insistant à la pratique religieuse, on se rend compte que pour certains, le succès et la réussite visés ne sont pas que d'ici-bas ; ils sont aussi de l'au-delà. Ils ne sont pas qu'historiques, mais aussi eschatologiques : on s'« accroche à la Bible » et au Coran dans l'espoir de s'assurer le paradis. Or, à regarder les derniers développements dans lesquels les religions, notamment islamique et chrétienne se sont retrouvées, on voit bien que ces dimensions eschatologiques transforment et font adopter des attitudes et des comportements non seulement réformateurs, mais aussi révolutionnaires. En fait, pour emprunter le langage imagé de nos interlocuteurs, il faut bien croire que « les étudiants aussi sont des enfants de Dieu » et que « Allah [est] l'ami le plus proche, le vrai »[41] de l'étudiant de l'UAM.

NOTES

1. Enquêtes de terrain effectuées avec la participation d'Abdoulbaki Djibo, Assistant de recherche au LASDEL.
2. Entretien avec Mutune, étudiant en 3ème année de médecine, Niamey, 2017.
3. Entretien avec Asindama, étudiant en 3ème année de philosophie, UAM, 22 janvier 2016.
4. Entretien avec Waane, étudiant Master Linguistique, UAM, 22 novembre 2017.
5. Entretien avec Aro, étudiant en 2ème année de géographie, UAM, 7 novembre 2017.
6. Entretien avec Yaou, fonctionnaire au Ministère de la jeunesse, Niamey, 7 janvier 2019.
7. Entretien avec Nima, étudiant 3ème année, Lettres modernes, UAM, 17 février 2018.
8. Entretien avec Filana, membre du Comité Da'wa de la FLSH, UAM, 13 juin 2018.
9. Entretien avec Filana, membre du Comité Da'wa de la FLSH, UAM, 12 janvier 2016.
10. La sociabilité est définie comme la manière dont les étudiants s'organisent en groupes, non seulement pour des raisons académiques, mais aussi sociales ou religieuses. De ce point de vue, la sociabilité répond toujours à un besoin et est une stratégie de vie en société.
11. L'Union des étudiants nigériens à l'Université de Niamey est la principale force de l'Union des scolaires nigériens (USN), l'organisation syndicale nationale des scolaires et étudiants.
12. Adil. 2017. Entretien avec Adil, étudiant en 3ème année de philosophie, UAM, 11 novembre, 2017.
13. Entretien WhatsApp avec Hassan, service de la scolarité, UAM, 22 mars 2018.
14. On pourrait évoquer aussi le rôle de l'UAM dans la formation des cadres de pays comme le Burkina Faso, le Tchad et même les Comores, dont les ressortissants constituaient la communauté estudiantine étrangère la plus importante vers la fin des années 90.
15. Voir https://www.alternativeniger.net/, consultée janvier 4, 2019.
16. Après une carrière de militant à l'Université de Dakar, feu Salif Diallo était pendant longtemps un des proches collaborateurs de Blaise Compaoré, président du Burkina Faso. Après la révolution de 2014 et les élections qui s'en sont suivies, il occupa le poste de Président de l'Assemblée nationale jusqu'à sa mort en 2017.
17. Il faut ajouter que depuis 2006, le régime de bourse ne reconnaît que deux catégories : les boursiers (35 000 FCFA/mois) et les bénéficiaires de l'aide sociale (150 000 FCFA/an).

18. C'est-à-dire héberger de façon clandestine pour échapper au frais d'hébergement ou se les partager.
19. *Dan boko*, en hausa et *lakollizey*, en zarma, les deux langues majoritaires du Niger.
20. Entretien avec Wani, membre du Comité Da'wa de la Faculté de médecine, Campus UAM, 13 juin 2016.
21. Nigerdiaspora.net (21 février 2018). « Niger : grève illimitée des enseignants de l'Université de Niamey ». Consulté le 09/02/2019 : https://nigerdiaspora.net/index.php/education-niger/3260-niger-greve-illimitee-des-enseignants-de-l-universite-de-niamey.
22. En effet, certaines de leurs marches, surtout ces trois dernières années sont perçues comme des prises de position en faveur de l'opposition politique. En 2015, par exemple, suite à une marche violente de l'UENUN, le gouvernement avait en déduit que les étudiants étaient soutenus par le parti d'opposition Lumana dont le président faisait face à la justice dans une affaire d trafic d'enfants.
23. Entretien avec Idrissa, étudiant en agronomie, campus, 16 Mai 2016.
24. Entretien avec Namu, étudiant 2ème année de droit, UAM, 2018.
25. Entretien avec Labize, étudiant en 2ème année de psychologie, UAM, 10 juin 2017.
26. Zaid Ibn Thabit était l'un des compagnons du prophète Muhammad dont il était le scribe selon certaines sources.
27. Église catholique au Niger : « Les étudiants relancent officiellement leurs activités au Foyer Berlier de Niamey ». Consulté le 09/02/2019 : http://eglisecatholiqueauniger.org/archives/index.php?option=com_content&view=article&id=179:les-etudiants-relancent-officiellement-leurs-activites-au-foyer-berlier-de-niamey&catid=13:actualites&Itemid=52
28. L'Église Vie Abondante de la rive gauche est également bien représentée au campus.
29. Entretien avec Waane, étudiant de 2ème année de Lettres Modernes, Niamey, 17 mars 2017.
30. J'ai entendu maintes fois ce discours auprès de mes collègues de l'UAM sur campus, mais aussi au-delà du campus.
31. Entretien avec Filana, membre du Comité Da'wa de la FLSH, UAM, 12 janvier 2016. Filana ajoute qu'avant d'adhérer au groupe d'apprentissage du Coran de leur mosquée, certaines de ses « camarades ne savaient même pas réciter proprement la Fatiha », la première sourate du Coran et la plus élémentaire dans la pratique de la prière musulmane.
32. Entretien avec Amayo, étudiante membre du Groupe biblique, UAM, 18 avril 2016.
33. Un collègue me racontait que ses étudiants qui ne le voyaient pas aller avec eux à la prière de 16 heures ont pris un jour leur courage pour lui demander sa religion.
34. Pour certains étudiants, se faire voir à la mosquée est aujourd'hui un aspect important de leur interaction. On s'imagine dans le même contexte les perceptions négatives de ceux qui, étudiants comme enseignants, ne vont pas à la prière.
35. Entretien avec Masani, enseignant-chercheur en agronomie, Niamey, 22 Janvier 2016.
36. Entretien avec Ibero, étudiante en Master de sociologie, UAM, Mai 2015.

37. Entretien avec Ibero, étudiante en Master de sociologie, UAM, Mai 2015.
38. Voir https://www.youtube.com/watch?v=AaBLcWdNWSA, consultée le 27 décembre, 2018.
39. Entretien avec Bashir, diplômé de l'Université Abdou Moumouni (UAM), 13 Novembre 2014.
40. Une prière propre aux groupes Tidjaniyya.
41. Seydou Zakou, in *Le Messager*, spécial Safi, numéro 40, mars 2017. p. 3. Nb : Journal mensuel *Le Messager*, un nom symbolique et en même temps évocateur de la mission du prophète Muhammad, mais aussi de la mission de *da'wa* de l'organisation.

BIBLIOGRAPHIE

Adama, Hamadou, 2007, « Islamic Associations in Cameroon: Between the State and the Umma » In *Islam and Muslim Politics in Africa*, Benjamin Soares et René Otayek, New York: Palgrave Macmillan, pp. 227–42.

Alidou, Ousseina, 2005, *Engaging Modernity: Muslim Women and the Politics of Agency in Postcolonial Niger*, Madison, Wisconsin: University of Wisconsin Press.

Camara, El Hadji Malick Sy & Mamadou Bodian, 2016, « Islam in the Academic Sphere in Senegal: The Case of Cheikh Anta Diop University in Dakar (UCAD) », *Contemporary Islam* 10 (3): 379-98.

Christiansen, Catrine, Mats Utas & Henrik E. Vigh, eds., 2006, *Navigating Youth, Generating Adulthood: Social Becoming in an African Context*, Uppsala: Nordic Africa Institute.

Holiday, Anthony, 2002, « The Idea of an African University » *Theoria: A Journal of Social and Political Theory*, no. 100: 82–94. http://www.jstor.org/stable/41802686.

Kenny, Joseph, 2007, *The Idea of an African University: The Nigerian Experience*, Washington, D.C: Council for Research in Values & Philosophy.

Lebeau, Yann, 1997, *Etudiants et campus du Nigeria: Recomposition du champ universitaire et sociabilités étudiantes*, Paris: Karthala.

Lo, Mbaye, 2016, « Islam and the Idea of the 'African University': An Analytical Framework » In *Muslim Institutions of Higher Education in Postcolonial Africa*, edited by Mbaye Lo and Muhammed Haron, New York: Palgrave Macmillan US, pp. 13–39.

Mamdani, Mahmood, 2018, « The African University », *London Review of Books*, July 19, 2018, https://www.lrb.co.uk/v40/n14/mahmood-mamdani/the-african-university.

Masquelier, Adeline, 1999, « Debating Muslims, Disputed Practices: Struggles for the Realization of an Alternative Moral Order in Niger » In *Civil Society and the Political Imagination in Africa*, L. Comaroff and J. Comaroff, Chicago: Chicago University Press, pp. 219–50.

Masquelier, Adeline, 2009, *Women and Islamic Revival in a West African Town*. First Edition. Bloomington: Indiana University Press.

Masquelier, Adeline, 2010, « Securing Futures: Youth, Generation, and Muslim Identities in Niger » In *Being Young and Muslim*, Herrera, Linda; Bayat, Asef, Oxford: Oxford University Press, pp. 225–39.

Smirnova, Tatiana, 2015, *L'action publique saisie par des mouvements étudiants et scolaires : L'enseignement supérieur, la vie politique et l'expérience militante au Niger (1960–2010)*. Paris, EHESS. http://www.theses.fr/2015EHES0679.

Sounaye, Abdoulaye, 2016, *Islam et Modernité : Contribution à l'analyse de la ré-islamisation au Niger*, Paris : L'Harmattan.

Sounaye, Abdoulaye, 2018, « Salafi Youth on Campus in Niamey, Niger: Moral Motives, Political Ends » In *What Politics: Youth and Political Engagement in Africa*, eds., Elina Oinas, Henri Onodera and Leena Suurpää, Leiden: Brill, pp. 209–29.

Sztompka, Piotr, 1991, *Society in Action: The Theory of Social Becoming*. First edition, Chicago: University of Chicago Press.

Zakari, Maïkorema, 2009, *L'islam dans l'espace nigérien : Tome 2, De 1960 aux années 2000*. Paris: L'Harmattan.

Zeghal, Malika, 2006, « Les réformes de l'Université d'al-Azhar en Égypte : une entreprise de sécularisation ? » In *Le choc colonial et l'islam*, Pierre-Jean Luizard, Paris: La Découverte, pp. 533–46.

6.

DES IDÉOLOGIES RÉVOLUTIONNAIRES À L'ACTIVISME RELIGIEUX : LE MOUVEMENT ESTUDIANTIN À L'UNIVERSITÉ CHEIKH ANTA DIOP DE DAKAR

Mamadou Bodian

La montée en puissance du phénomène religieux au Sénégal depuis la fin des années 1970 a entraîné un changement remarquable du paysage de l'Université Cheikh Anta Diop de Dakar (UCAD). De plus en plus, la jeunesse estudiantine se tourne vers le militantisme religieux qui tend à supplanter les idéologies de gauche et les différentes variantes du communisme qui structuraient cet espace bien avant l'inauguration officielle de cette université en 1959. Dans le contexte de l'époque marqué par l'hégémonie du parti unique du Président Léopold Sédar Senghor, les étudiants étaient enclins à s'aligner du côté des partis de gauche qui avaient fait des syndicats des étudiants et des enseignants des instruments pour contourner l'espace du jeu politique contrôlé par la classe dirigeante. Compte tenu de l'identité traditionnellement laïque et révolutionnaire de l'UCAD, l'affirmation progressive du religieux est apparue comme une des mutations les plus spectaculaires que cet espace universitaire a connu. La question qui mérite alors d'être posée est pourquoi et comment la religion a pu occuper une place aussi importante dans cette sphère académique aujourd'hui ?

Il faut dire que la tendance actuelle à l'affirmation du religieux dans la sphère universitaire est le reflet d'une transformation graduelle de l'espace publique sénégalais qui fait une place de plus en plus importante à la religion. Dans la mesure où il y a un va-et-vient constant entre l'université – lieu de production et de reproduction des idées et des élites – et la société en tant qu'espace de mobilisation de ces idées et des ressources humaines, ce double mouvement a fini par créer une dynamique à travers laquelle l'espace social et l'espace universitaire s'alimentent et s'influencent mutuellement. Ainsi, l'effervescence religieuse au sein de l'UCAD doit être comprise comme, à la fois, le reflet des transformations sociales internes à l'université, mais surtout comme l'expression localisée des changements qui affectent le champ religieux et la société sénégalaise en général.

Ce chapitre met en exergue les différentes formes d'expression du religieux à l'UCAD, la plus ancienne et la plus grande université du Sénégal. Il s'articule autour de trois parties. La première offre un tableau panoramique du contexte national sénégalais en insistant sur les configurations du champ religieux et ses rapports avec les espaces politique, public et social. En particulier, elle montre comment le contexte de démocratisation a permis aux acteurs religieux de reconstruire de nouveaux itinéraires à partir d'une réappropriation des règles du jeu démocratique pour s'affirmer dans l'espace public et influencer le débat politique et public. La deuxième partie s'intéresse à l'environnement universitaire. D'une part, elle fournit une cartographie des acteurs qui y évoluent et des espaces qu'ils occupent. D'autre part, elle porte un regard ethnographique sur les pratiques religieuses. La troisième partie revient sur un certain nombre de questions associées à l'affirmation du religieux dans l'espace universitaire et ses implications sur la société sénégalaise de façon globale. Il s'agit en particulier du renouvellement, des élites, de l'équation du vivre-ensemble et, enfin, du radicalisme ou de l'extrémisme violent associé avec la montée du phénomène religieux à l'université.

LE CONTEXTE POLITIQUE ET RELIGIEUX DU SÉNÉGAL

Le Sénégal a longtemps été considéré comme une remarquable « success story » politique en Afrique de l'Ouest (Cruise O'Brien 1978 :173), mais la trajectoire politique du pays ne peut être pleinement appréhendée que dans son rapport avec la religion – l'islam en particulier. L'histoire du système politique sénégalais, depuis la période coloniale, est celle d'une alliance au sommet entre les élites étatiques et certains leaders de confréries soufis qui sont la marque de l'islam au Sénégal. Historiquement, les autorités de ces confréries, communément appelés marabouts, ont contribué à la stabilité du système politique en faisant office d'intermédiaires entre les populations et l'autorité étatique (Copans 1980 ; Villalón 2009 : 44). Les différents régimes politiques qui sont succédés depuis l'indépendance du pays en 1960 ont maintenu cette alliance déjà existante entre « le marabout et le prince » (Coulon 1981), en la recyclant de diverses manières (Guèye & Seck 2015). Ainsi, depuis l'époque coloniale, le Sénégal a pu garder sa réputation de pays à majorité musulmane, mais où les institutions étatiques sont marquées du sceau de la laïcité. Les élites (francophones et laïques en particulier) qui ont dirigé le pays depuis les indépendances ont maintenu cette configuration quasiment intacte. Toutefois, les évolutions sociopolitiques marquant la fin des années 1970 et l'affirmation progressive du phénomène religieux ont provoqué l'affaiblissement graduel de l'argument laïc.

Le libéralisme politique et l'intrusion progressive du religieux dans le débat public

Dans sa progression vers la démocratie, le Sénégal est passé d'un régime de parti unique (1960-1974) à un système multipartite limité (1974-1981) avant d'instaurer le multipartisme intégral (1981 à nos jours). Tout au long des années 1980, les institutions et les pratiques démocratiques avaient commencé à prendre corps. Cependant, le processus fut jalonné de vagues de contestations postélectorales et des réformes qui ont favorisé la libéralisation progressive du jeu politique et de l'espace public.[1] En acceptant de faire des concessions et mettre en œuvre des réformes institutionnelles au cours de la décennie 1990, le régime de Diouf avait déclenché une dynamique qui mit en orbite le Sénégal comme une démocratie qui allait connaître, quelques années plus tard, deux transitions politiques pacifiques – respectivement en 2000 et 2012 – à la suite à d'élections compétitives (Bodian 2016).

Mais au-delà de l'adoption des institutions démocratiques (notamment le multipartisme, les partis politique et la mise en place de la société civile) et les batailles politiques pour rendre ces institutions fonctionnelles et durables, d'autres questions liées à la signification de la démocratie dans une société à majorité musulmane allaient apparaître. Peut-être, celle qui va le plus durablement structurer le débat politique est la problématique de la laïcité et les questions connexes. Comme indiqué plus haut, les institutions qui ont émané des différentes réformes au Sénégal depuis 1960 sont profondément influencées par le principe de la laïcité inspiré des textes de loi français. En France, cette laïcité s'était initialement traduite par la séparation entre la religion et l'État, et en particulier l'exclusion de la première de l'exercice de tout pouvoir politique ou administratif, y compris l'organisation de l'enseignement public (Maury 1996). Toutefois, dans les anciennes colonies françaises comme le Sénégal où la laïcité rencontre l'islam, sa mise en application a produit des schémas acclimatés aux réalités évolutives du pays. Ainsi, si à l'époque coloniale la collusion entre autorités politiques et chef religieux musulmans a donné naissance à une « laïcité de compromis »[2], aujourd'hui – avec l'ouverture démocratique et l'engagement subséquent des acteurs religieux dans l'espace public et politique – c'est le caractère laïc de l'État et des institutions publiques héritées de la colonisation qui sont remises en cause (Villalón 2013).

Ces nouvelles évolutions sont particulièrement bouleversantes pour le statu quo puisque les élites et intellectuels francophones – du pouvoir comme de l'opposition – qui étaient à l'avant-garde des réformes démocratique au cours des années 1990 étaient presque tous acquises à la vision laïque du monde. Évidemment, la réaction des élites religieuses et arabophones qui cherchaient à sortir de leur marginalisation traditionnelle était de s'opposer souvent à ce qu'ils considéraient comme un agenda laïc sous le couvert de la lutte pour la démocratie. Ainsi, en vertu de leur capacité à articuler les demandes des citoyens avec leur offre religieuse qui se voulait une alternative au statu quo, les acteurs religieux semblent constituer ce que Villalón (1995 : 12) appelle une « société civile religieuse ». Leur mobilisation mettait en lumière, non seulement la façon dont les réformes dites démocratique sont discutées dans des sociétés qui ont un électorat majoritairement acquis à la religion, mais surtout la manière dont les motivations religieuses peuvent influencer – directement ou indirectement – le débat sur certaines politiques publiques. Au Sénégal, il est apparu que l'éclosion des libertés associatives dans les années 1990 a ouvert une brèche qui a permis à beaucoup d'acteurs religieux, surtout musulmans, de reconstruire de nouveaux itinéraires à partir d'une réappropriation des règles du jeu démocratique (Bodian & Camara 2015). Ces derniers, après avoir tergiversé au départ sur la compatibilité entre islam et démocratie, ont très vite abandonné cette opposition initiale. Ils avaient compris qu'ils pouvaient s'appuyer sur les populations qui semblaient acquises à leur discours pour influencer le débat public sur un certaines questions autour desquelles se confrontent toujours les visions laïque et religieuse (islamique) de l'ordre politique et public.

Depuis l'alternance politique de 2000, consécutive à l'arrivée d'Abdoulaye Wade au pouvoir, les confrontations s'étaient cristallisées autour de trois réformes principales. La première polémique est apparue en 2001 lorsque le terme « laïcité » n'a pas figuré dans le premier projet de nouvelle constitution (N'Diaye 2016 : 167). Il a fallu une vive réaction publique, portée notamment par les intellectuels francophones et autres défenseurs de la laïcité (avec l'aide des médias) pour que le terme soit réintroduit dans le projet final de constitution soumis à référendum. Une deuxième controverse entre le « camp laïc » et le « camp religieux » est relative à la réforme du statut de la femme agitée en 2002 par le Comité islamique pour la réforme du code de la famille au Sénégal (CIRCOFS). Cette structure avait proposé l'abrogation de la loi de 1973 sur le code de la famille « laïque » afin d'établir une nouvelle inspirée de la loi islamique. Évidemment, cette proposition de réforme n'a pas rencontré l'adhésion du Président Abdoulaye Wade qui l'a tout simplement ignoré, malgré les pressions des religieux (Brossier 2004). Un troisième domaine où s'entrechoquent la vision laïque et celle religieuses du monde concerne la réforme de l'éducation officielle laïque. Contrairement aux deux premières, cette dernière réforme s'est matérialisée en 2004 avec l'introduction de l'enseignement arabo-islamique dans le système éducatif public (Villalón & Bodian 2012). Certes, ces débats sur la laïcité dans une société majoritairement religieuse sont rendus possibles grâce à l'ouverture démocratique. Toutefois, ils ont évolué au rythme de la fragmentation de l'autorité confrérique qui a commencé à la fin des années 1970 et l'affirmation de nouveaux acteurs religieux dans toutes les sphères de la société.

Les reconfigurations du champ religieux et la diversification de l'offre religieuse

Le Sénégal est un pays à majorité musulmane où plus de 90 % de la population se réclament de l'islam. Il existe une communauté chrétienne qui, en dépit de son infériorité numérique (environ 5 %), se caractérise par la force de son organisation. Toutefois, la domination singulière du système confrérique hiérarchique, depuis la période coloniale, détermine les contours et l'évolution de l'espace religieux. Pourtant, les transformations politico-économiques marquant les trois premières décennies après les indépendances ont ouvert la porte à l'éclosion d'une offre religieuse plurielle et diversifiée qui allait altérer la structure classique de l'islam au Sénégal. En effet, la crise économique des années 1970, la fin de l'État-providence accompagnée des plans d'ajustement structurel en 1984 et la dévaluation du FCFA en 1994 ont engendré une diminution des possibilités financière de l'État. L'essoufflement subséquent du modèle clientéliste sur lequel se fondaient les rapports traditionnels entre les gouvernants et la classe maraboutique a coïncidé avec l'émergence de la génération des fils et arrières petits-fils des fondateurs des confréries qui sont venus gonfler le nombre déjà important des religieux. Il s'installa alors une rude concurrence entre les jeunes marabouts qui, dans leurs logiques d'adaptation au nouveau contexte, ont emprunté plusieurs trajectoires. Si certains avaient pris le chemin de la migration ou investi la sphère privée pour devenir de grands entrepreneurs économiques ou religieux, d'autres en revanche ont vu dans l'engagement politique un moyen de se repositionner pour négocier des positions de pouvoir avec la classe politique traditionnelle.[3]

Parallèlement à la tendance confrérique, le courant réformiste a commencé à gagner en importance dans les villes et les milieux scolaires. Constituée essentiellement d'organisations qui se réclament de la « Salafiya »,[4] cette mouvance plutôt ouverte au public lettré (en arabe comme en français) prônait globalement le retour au Coran et à la *Sunna* (les enseignements et pratiques du Prophète Mohammad) et dénonçait toutes les pratiques que ses partisans considéraient comme contraires à l'orthodoxie islamique. Toutefois, si la référence à la doctrine

« Salafiste » relie toutes ces organisations, la pratique montre qu'elles ne forment pas une entité homogène qui a des objectifs clairs et des stratégies bien planifiées dans le temps. L'impossibilité pour elles de s'unir a, inévitablement, conduit à leur émiettement en plusieurs groupes concurrents. C'est pourquoi les multiples tentatives d'unification des associations islamiques réformistes se sont soldées par des échecs. Une cartographie de ces organisations permet de remarquer, par exemple, qu'une association comme Al Falah – une des plus anciennes créée en 1974 – est principalement orientée vers la promotion de l'éducation islamique et de la piété, même si certains de ses adhérents ont, par moment, taquiné la politique. En revanche, d'autres organisations réformistes, comme la Jama'atou-Ibadou Rahmane créée à la fin des années 1970 et le Rassemblement islamique sénégalais (RIS/Al-Wahda) fondé en 2009, ont un agenda politique et social orienté, non pas principalement vers la conquête du pouvoir, mais plutôt dans l'optique d'influencer les politiques publiques dans un sens qui renforce leur agenda islamique.

Par ailleurs, au-delà des querelles doctrinales entre les organisations confrériques et réformistes, elles ont les mêmes positions sur des questions relatives à la lutte pour une conception plus inclusive de la laïcité, la dénonciation de l'homosexualité, l'introduction de l'enseignement arabo-islamique dans le système éducatif officiel, le combat pour le peuple Palestinien, etc. Ces questions constituent aujourd'hui la matrice d'action qui unit la plupart des acteurs et organisations religieuses qui cherchent à sortir de leur marginalisation et se positionner comme une force de proposition et une alternative politique et sociale. Ces configurations semblent témoigner de la fluidité du champ religieux islamique au Sénégal qui ne saurait se réduire à l'opposition classique entre les confréries d'un côté et les tendances réformistes de l'autre. Il est vrai que le contexte actuel de lutte contre la radicalisation et l'extrémisme violent a donné naissance à un nouveau discours au sein des confréries, avec notamment la propension bien fondée de la nouvelle génération de chefs religieux à rejeter toute forme de radicalisme religieux et à inviter les Sénégalais à un recentrage autour du soufisme comme seul rempart contre l'extrémisme religieux. Mais la création en 2016 du « Cadre unitaire de l'islam » – qui se veut un espace de dialogue et de synergies entre tendances confrériques et réformistes autour de préoccupations partagées – la méfiance mutuelle et les incompréhensions sont en train d´être transcendées.[5] Toutes ces dynamiques se jouent aussi, dans une certaine mesure, dans l'espace universitaire qui est un lieu d'expression et de reproduction des transformations en cours dans la société.

PANORAMA D'UN PAYSAGE UNIVERSITAIRE EN MOSAÏQUE

L'Université de Dakar est la plus vieille université francophone d'Afrique l'Ouest. Ses origines remontent en 1918 avec la création de l'École de médecine de Dakar par l'administration coloniale française. Officiellement inaugurée le 9 décembre 1959 comme la 18e université publique française et rattachée à l'Université de Bordeaux (Chimoun 2008 : 78), elle a pris le nom de « Université Cheikh Anta Diop de Dakar » (UCAD) le 30 mars 1987. L'UCAD est restée la seule université publique au Sénégal jusqu'à la création, en janvier 1990, de l'Université Gaston Berger (UGB) suivis de plusieurs autres universités publiques à partir de 2007.[6]

L'UCAD est un laboratoire politique et social qui a joué un rôle important dans la formation des élites africaines postcoloniales et sénégalaise en particulier. Jusqu'en octobre 1970, elle a gardé sa vocation panafricaniste (Chimoun 2008) et recevait aussi bien des étudiants sénégalais que ceux des ex-colonies d'Afrique occidentale française (AOF) et d'Afrique équatoriale française (AEF). Cette université doit aussi sa réputation au fait qu'il a servi d'espace d'organisation de la gauche clandestine dans son projet de remise en question de l'hégémonie de la classe dirigeante (Diop 1992 : 434). Aujourd'hui, elle est le lieu d'émergence d'un nouveau type d'élites francophones acquises à la religion ; un profil qui tranche d'avec celui des premières élites francophones de gauche qui étaient les principaux animateurs des organisations estudiantines. Cette mutation au sein de l'UCAD est d'autant plus remarquable qu'elle soulève des questions sur l'actualité et la portée des textes encadrant les organisations estudiantines dans cet espace universitaire. Par exemple, l'article 6 du décret n°68–860 du 24 juillet 1968 relatif aux associations d'étudiants de l'enseignement supérieur insistaient sur leurs caractères apolitiques et laïcs en stipulant que :

> « L'Union générale des étudiants de l'Université ne peut être constituée, que sous forme de fédération d'associations corporatives de facultés ou d'écoles légalement constituées [...] Elle a pour objet exclusif la défense des intérêts matériels et moraux des étudiants auprès des autorités universitaires et gouvernementales. Elle interdit toute activité contraire à sa vocation apolitique ainsi que toute prise de position en matière religieuse. » [7]

Évidemment, le principe d'un mouvement étudiant apolitique et areligieux n'a jamais prévalu à l'Université Cheikh Anta Diop de Dakar. Les animateurs du mouvement étudiant y ont toujours projeté les idéaux qui dominent leurs manières de penser et d'agir. En tant que force sociale, ce mouvement étudiant est constitué de plusieurs pôles : revendicatif, sportif et culturel, et religieux. Au cours des trois premières décennies après les indépendances, le pôle revendicatif incarné par les organisations syndicales en était le principal foyer d'animation.⁸ Dans la mesure où les dirigeants de ces syndicats d'étudiants étaient enclins à s'impliquer dans les luttes idéologiques et politiques, le campus universitaire était connu pour sa tradition de rejet de toute expression du religieux (Ndiaye 2007 : 118). Mais aujourd'hui, les lignes de démarcation entre les pôles sont brouillées. Les idéologies révolutionnaires et laïques se disputent l'espace universitaire avec les organisations religieuses dont l'influence ne cesse de grandir au rythme de l'accroissement de la population de l'UCAD et de la précarité des conditions de vie des étudiants.

L'Université Cheikh Anta Diop de Dakar comptait 1 316 étudiants à son inauguration en 1959. Depuis, les effectifs n'ont cessé de grimper de manière exponentielle. Par exemple, entre 2002 et 2011, ces effectifs sont passés de 28 585 à 68 777, soit une croissance de plus de 100 % en près de dix ans.⁹ Aujourd'hui, l'UCAD compte plus de 85 000 d'étudiants venant des treize régions du Sénégal et de certains pays africains. Depuis les années 1980, la gestion des effectifs est devenue une équation insoluble pour les autorités publiques qui font face aux grèves cycliques des étudiants qui, chaque année, brandissent les mêmes revendications. Sur le plan social, ces derniers réclament l'amélioration de la qualité des repas, leur prise en charge médicale par les services du Centre des œuvres universitaire de Dakar (COUD), la réduction des prix du loyer des chambres et des tickets (Sy 2011). Sur le plan pédagogique, les étudiants protestent pour la construction de nouveaux amphithéâtres puisque, chaque année, des milliers de bacheliers débarquent alors que les infrastructures d'accueil ne suivent pas. La création de nouvelles universités depuis 2007 n'a pas permis de désengorger l'UCAD. Par ailleurs, le faible taux d'encadrement et la fuite répétée des cerveaux, les échecs qui avoisinent les 80 % dans certains cycles ne sont pas les moindres maux de l'université.¹⁰

Ces difficultés ont fini par provoquer les frustrations et la désillusion profonde de ceux qui, au terme de leurs études, n'ont qu'une formation générale, et se retrouvant comme des exclus potentiels du marché de l'emploi. Il n'est donc pas étonnant si les étudiants se rabattent sur des formes de solidarité qui leur permettent de pallier à leurs conditions de vie précaires et leur besoin d'identité. Ainsi, les associations religieuses, régionales et culturelles se sont multipliées sur le campus au fil des ans. Mais c'est surtout les organisations religieuses qui se positionnent le plus comme des réceptacles sociaux et psychologiques des étudiants. Leur présence et leur visibilité sont telles qu'elles semblent supplanter les syndicats des étudiants révolutionnaires des premières décennies après les indépendances, et corporatistes des années 1980.

Les acteurs du mouvement étudiant à l'UCAD

L'UCAD a évolué d'un espace monopolisé par un mouvement estudiantin de gauche dont les revendications idéologiques étaient essentiellement orientées contre le colonialisme et le néocolonialisme (de la période coloniale au milieu des années 1970), à un espace dominé par des syndicats d'étudiant dont la vocation corporatiste s'était construite autour du rejet des politiques (néo)libérale des années 1980. De plus en plus, la revendication identitaire (religieuse en particulier) s'impose comme la catégorie la plus spectaculaire. Cette dernière avait commencé à prendre corps à la fin des années 1970, sous l'influence cumulée du renouveau mouride, de l'influence des évolutions politiques dans les pays arabo-musulmans qui ont révélé le potentiel révolutionnaire de l'islam, et de l'ouverture démocratique marquant la fin des années 1980. Aujourd'hui, les syndicats d'étudiants contrôlent certes les instances de représentations des étudiants qui ont toujours une tendance corporatiste, mais l'espace universitaire est monopolisé par les organisations religieuses qui sont devenues très visibles à travers leurs activités, aussi bien sur le campus social que celui pédagogique. De plus en plus, les acteurs religieux cherchent à contrôler les syndicats d'étudiants qui font office d'interface entre les étudiants et les autorités publiques (universitaires et politiques). Pour mieux appréhender l'importance du phénomène religieux sur le campus de l'UCAD, il convient de faire un détour par les acteurs estudiantins qui y évoluent, les espaces qu'ils occupent et leurs pratiques.

Les organisations syndicales estudiantines : entre grandeur et décadence

Les organisations syndicales sont les premières formes de charpentes qui structuraient la vie des étudiants dans l'espace universitaire. Leur naissance dans les années 1930 s'est manifestée d'abord sous la forme d'une opposition à l'ordre colonial. En métropole, les étudiants regroupés autour de la Fédération des étudiants d'Afrique noire en France (FEANF) en étaient les principaux animateurs (Traoré 1984 ; Dieng 2003). Mais dans les colonies françaises d'Afrique noire, l'Université de Dakar fut l'espace emblématique de contestation du colonialisme classique et, après les indépendances, de la lutte contre la propension néocolonialiste des élites politiques locales. L'Association générale des étudiants de Dakar (AGED), créée en 1950 et devenue l'Union générale des étudiants d'Afrique occidentale (UGEAO) en 1957, fut l'un des premiers réceptacles des doléances estudiantines au cours des premières années qui ont suivi l'indépendance du Sénégal (Diop 1992 : 442 ; Thioub 1992).

A la différence de l'AGED dont l'ampleur et le champ d'action étaient limités, l'UGEAO se caractérisait aussi bien par « la largesse de sa base de recrutement que par la consistance de son discours internationaliste, anticolonialiste et anti-impérialiste » (Diop 1992 : 442). Dans la mesure où le pôle revendicatif du mouvement estudiantin avait une démarche qui contrariait les intérêts politiques de la classe dirigeante de l'époque, Léopold Sédar Senghor – le premier président du Sénégal – avait constamment fait recours à la répression et au contrôle idéologique pour étouffer dans l'œuf toute velléité de contestation de son régime. Dans ce contexte, l'engagement politico-syndical de la direction de l'UGEAO a conduit à la dissolution de cette organisation en novembre 1964. Même si une année plus tard, en février 1965, l'Union générale des étudiants sénégalais (UGES) fut créée, celle-ci eut une existence éphémère puisqu'elle sera dissoute à son tour au profit des organisations estudiantines parrainées par le régime en place (Diop 1992 : 442 ; Bathily, Diouf & Mbodj 1992). Il s'agissait en l'occurrence de la Fédération nationale des étudiants de l'Union progressiste sénégalaise (FNE/UPS), l'Union nationale des étudiants sénégalais (UNES) et la Fédérations des étudiants libres de Dakar (FELD).

Dans la mesure où la vie politique au Sénégal était contrôlée par un parti-État qui, de 1966 jusqu'en 1974, avait confiné l'opposition politique dans la clandestinité, le destin du mouvement étudiant et celui des partis de gauche s'étaient croisés autour de la contestation du pouvoir en place et de son assujettissement aux intérêts des puissances impériales. En vérité, ce front contre le pouvoir était animé par les partis de gauche qui, pour échapper aux espaces contrôlés par le régime relativement autoritaire de Senghor, avaient fait des syndicats de travailleurs, d'enseignants et d'étudiants ses principaux canaux d'expression. Ainsi, en se rangeant du côté des forces nationalistes et en participant activement à leur projet anti-hégémonique, le pôle revendicatif du mouvement étudiant a « constamment bénéficié du soutien de l'intelligentsia de gauche » (Diop 1992 : 435). Cet appui lui a permis de se repositionner dans l'espace universitaire à partir de 1966, en créant respectivement l'Union des étudiants de Dakar (UED) et l'Union démocratique des étudiants sénégalais (UDES) (Bianchini 2016 : 95). Ces deux syndicats ont non seulement mis fin à la domination des structures estudiantines affiliées au régime, ils étaient aussi devenus les catalyseurs des premières grandes luttes idéologiques et politique du mouvement étudiant dans la période postcoloniale, avant leur dissolution en février 1971. Malgré tout, les contestations estudiantines allaient reprendre de plus belle à la fin des années 1960. Articulés cette fois-ci autour de la résistance contre le modèle éducatif assimilationniste hérité de la colonisation, elles rencontrèrent les efforts de la gauche de perturber l'hégémonie de Senghor dans un contexte où le malaise économique avait mis à rude épreuve la petite bourgeoisie urbaine (Diop 1992 : 437). La grève qui éclata en mai 1968 était sans précédent puisqu'elle mêlait les revendications politiques et corporatistes.[11] Elle inaugurait aussi le début d'un processus de décolonisation culturelle qui avait du mal à prendre corps jusqu'alors (Bianchini 1988 : 202), mais surtout une époque marquée par la réorientation des luttes syndicales estudiantines qui cessent progressivement d'être idéologiques pour devenir davantage corporatistes.

Ce « repli corporatiste » témoigne d'un processus de dépolitisation du mouvement étudiant (Bianchini 2004 : 224) ; dynamique précipitée par la libéralisation politique consécutive à la transition du Sénégal d'un système de parti unique (de 1960 à 1974), à respectivement un multipartisme limité (de 1974 à 1981) et puis au multipartisme intégral dans les années 1980. Cette ouverture politique marquait la fin de la clandestinité des partis de l'opposition. Naguère unis dans la contestation du régime de Senghor, ces derniers devaient désormais rivaliser à la conquête des suffrages par la voie démocratique. Des clivages idéologiques commencèrent alors à se révéler au sein de la gauche. Dans le milieu universitaire, ils prenaient la forme d'une bataille entre ces partis pour le contrôle des syndicats des étudiants (Diop 1992). Par exemple, l'Union nationale patriotique des étudiants du Sénégal (UNAPES) fut créée en mars 1979 sous l'influence du parti politique And-Jëf/Mouvement révolutionnaire pour la démocratie nouvelle (AJ/MRDN) qui se réclamait du maoïsme. Moins d'une semaine avant la tenue de la première assemblée générale constitutive de l'UNAPES, prévue le 23 mars 1980, une autre structure – l'Union nationale démocratique des étudiants du Sénégal (UNDES) – fut créée par des étudiants et dissidents proches du Parti africain de l'indépendance (PAI), un parti de gauche communiste alors dans la clandestinité (Bianchini 2016 : 96). Ces mutations et antagonismes ont accéléré la transition du mouvement étudiant dont l'orientation devenait corporatiste, mêlant rejet des politiques néolibérales et revendication démocratique dans un contexte de transition politique.

Dès son accession au pouvoir en 1981, le Président Abdou Diouf était coincé entre l'application des mesures d'ajustement structurel imposées par la Banque mondiale et l'endiguement du potentiel déstabilisateur des syndicats des enseignants et des étudiants qui s'opposaient aux politiques néolibérales.[12] Les États généraux de l'éducation et de la formation (EGEF) furent alors envisagés comme une formule inclusive de sortie de crise et une Commission nationale de la réforme de l'éducation et de la formation (CNREF) fut mise en place pour formuler des propositions de réforme (Sylla 1992 : 387-91)[13]. Toutefois, les conclusions que cette Commission avait soumises en août 1984 sont restées lettre morte en raison des contraintes budgétaires. Ainsi, occupées à redresser économiquement le pays, les autorités étatiques devaient aussi faire face aux aspirations du peuple à une alternance politique. Dans l'expression de leurs revendications contre les politiques néolibérales des institutions financières internationales, les syndicats d'étudiants – en particulier la Coordination des étudiants de Dakar (CED), créée en 1987 – avaient tendance à rejoindre le front politique structuré autour de la conquête du pouvoir. Dans le contexte des élections troublées de 1988, les agitations des étudiants avaient obligé le gouvernement à décréter une année blanche (Seck 2005 : 200).

Tout au long de la décennie 1990, des solutions furent envisagées pour redynamiser l'enseignement supérieur. En 1992, une Concertation nationale sur l'enseignement supérieur (CNES) réunissant les autorités étatiques et les acteurs du système éducatif avait permis de formuler des propositions de réformes. Mais l'érosion de la volonté des autorités publiques d'appliquer les réformes était manifeste, surtout que leurs rapports avec les bailleurs de fonds étaient malaisés. La suspension de l'aide budgétaire par ces bailleurs avait contraint le régime d'Abdou Diouf d'appliquer un « Plan d'urgence » économique en 1993 (Diop 2006 : 107). Dans ce contexte de réduction drastique des ressources publiques, la dévaluation du franc CFA en janvier 1994 avait mis le front social en ébullition. Dans l'espace universitaire, les soulèvements des étudiants – sous la direction de la Coordination des étudiants de Dakar (CED) – débouchèrent sur l'invalidation de l'année académique 1993-1994 et l'évacuation de la cité universitaire en août 1994.[14] Désormais privée de sa base traditionnelle, la CED avait désespérément tenté de se réorganiser lors de la rentrée suivante en octobre 1994 avant d'être dissoute quelques mois plus tard. Certes le contexte se prêtait à l'application du Projet d'amélioration de l'enseignement supérieur (PAES) que la Banque mondiale avait mis en place en 1996 pour accompagner le Sénégal dans la mise en œuvre des réformes préconisées par la CNES. Mais ce projet n'avait pas trouvé un écho favorable auprès des universités. A partir de 1997, les enseignants déclenchent une grève pour une augmentation de leur indemnité de logement. Dans la foulée, le mouvement étudiant allait refaire surface et se réorganiser autour d'un Comité de gestion de la crise (CGC) regroupant les responsables des Amicales des cinq facultés (Bianchini 2004 : 226).

Vers la fin des années 1990, au moment où la popularité du régime déclinait, l'espoir associé au « *sopi* » (changement) incarné par l'opposant Abdoulaye Wade et son Parti démocratique sénégalais (PDS) grandissait. A l'approche de l'élection présidentielle de 2000, le mouvement étudiant avait commencé à renaître de ses cendres avec la reconstitution de l'Union des étudiants de Dakar (UED). Ses animateurs réclamaient la réalisation des promesses d'ordre sociales et pédagogiques que le régime du Président Diouf avait faites aux étudiants l'année précédente. En mars 2000, les étudiants se radicalisèrent et exigèrent désormais « l'alternance politique » comme condition non-négociable de la reprise des cours. Cette alternance eut lieu, mais les problèmes des étudiants furent ajournés au lieu d'être résolus. En janvier et février 2001, un an après son arrivée au pouvoir, Abdoulaye Wade faisait alors face à un violent mouvement de grève qui déboucha sur la mort de l'étudiant Balla Gaye.[15] Face à la pression estudiantine, le gouvernement décida de rompre avec les recommandations formulées par la Banque mondiale en 1994, qui insistaient, entre autres, sur la limitation du nombre d'étudiants admis à l'université. Par ailleurs, des mesures comme la généralisation de l'aide (qui s'élevait à 60 000 FCFA par an) à tous les étudiants ont permis de tempérer les ardeurs contestataires d'un syndicat estudiantin en reconstitution. Mais cette apparente revitalisation d'un pôle revendicatif s'est vite émoussée puisqu'à la fin de l'année universitaire 2001, certaines figures qui avaient dirigé cette grève avaient obtenu des bourses pour l'étranger. D'autres qui étaient des militants actifs du PDS furent nommé à des postes stratégiques dans les sphères du pouvoir. Parmi les plus connus figuraient Yankhoba Diattara (proche d'Idrissa Seck à l'époque directeur de cabinet de Wade), Modou Diagne Fada (devenu porte-parole du PDS et ministre à plusieurs reprises pendant les années du régime de Wade : de la jeunesse en 2000, de l'environnement et de l'hygiène publique et protection de la nature en 2002, et de la santé et de la prévention en 2009), et Aliou Sow (qui avait quitté le PS pour le PDS en 1999 et nommé ministre de la jeunesse en 2002 à l'âge de 28 ans).

Depuis, le pôle revendicatif estudiantin est devenu l'ombre de lui-même, surtout après l'éclatement de l'Union générale des étudiants de Dakar (UGED) en 2004 sur fond de querelles de leadership (Diop 2010).[16] Les multiples tentatives de le restaurer n'ont pas abouti à des résultats concluants. Ainsi, la fragmentation de ce qui devrait être une structure centrale forte, capable de poser les problèmes des étudiants de façon méthodique et efficace, a conduit inévitablement à des revendications sectorielles portées par des associations corporatives de facultés ou d'écoles. Ces dernières abandonnent les revendications générales au profit de revendications propres à leurs facultés respectives. Par ailleurs, les leaders des organisations syndicales – eux même faisant de plus en plus face à la précarité qui prévaut sur le campus et la rigueur du marché de l'emploi au Sénégal – avaient tendance à utiliser les syndicats des étudiants comme un sésame pour l'obtention de « bourses d'études ou de responsabilités politico-administratives » dans le gouvernement

(Zeilig 2004 : 53–54). Cette logique alimentaire n'a pas fondamentalement changé aujourd'hui. Interrogé sur les raisons qui motivent son engagement syndical, un délégué des étudiants de la Faculté de lettres et sciences humaines (FLSH) soutient qu'il le fait pour défendre la cause des étudiants. Toutefois, il ajoute :

> « Vous savez, le milieu syndical est un milieu très complexe. On vous dit même de ne pas faire confiance à votre ami. C'est comme un jeu de cartes : chacun essaie de dribbler l'autre pour son propre compte. Il y a un intérêt commun, mais chacun essaie aussi de tirer son intérêt propre. Il y a un enjeu en termes de positionnement, d'accès à l'information sur les opportunités, d'acquisition de biens matériels, c'est-à-dire des choses que tu reçois. Il n'y a que des intérêts à l'intérieur et si tu n'es pas au cœur de la prise de décision, il y a problème. Si tu es une personne qui veut la facilité – c'est-à-dire qui veut tisser des relations avec les autorités, avoir une chambre – tu viens intégrer les mouvements estudiantins ».[17]

C'est dans ce contexte de fragmentation du pôle revendicatif du mouvement étudiant et de paupérisation des étudiants – y compris les leaders syndicaux exposés à la corruption et la cooptation politique – que les organisations religieuses ont cherché à s'imposer comme une alternative.

Les organisations religieuses : de la marginalisation à l'affirmation sans complexe

L'environnement religieux à l'Université Cheikh Anta Diop de Dakar (UCAD) forme un tableau apparemment homogène. Cependant, un examen de près laisse apparaître une mosaïque complexe d'organisations dont les orientations doctrinaires et les trajectoires sont différentes. Il n'existe pas de données statistiques sur le nombre d'organisations religieuses sur le campus, encore moins sur l'effectif de leurs membres. Toutefois, l'observation et les entretiens conduits avec certains de leurs membres révèlent l'existence de plusieurs « microcosmes religieux » dont chacun se singularise par ses acteurs, ses pratiques et ses modes d'occupation de l'espace universitaire. Dans la mesure où le champ religieux à l'UCAD reflète la structure du champ religieux sénégalais en général, les associations religieuses au campus peuvent être classées dans les deux grandes religions : l'islam et le christianisme. Historiquement, les organisations d'obédience chrétienne et musulmane ont existé sur le campus de l'UCAD en même temps que les organisations estudiantines de gauche. Mais leur présence était éclipsée par la domination des secondes qui structuraient l'espace universitaire au cours des trois premières décennies après les indépendances. Dans la mesure où cet espace est resté laïc, le culte était observé à l'extérieur du campus (Sow 2018 : 40). Cependant, les organisations religieuses n'étaient pas pour autant inactives. Leur dynamisme était notable au sein des structures estudiantines, notamment chrétiennes qui avaient une certaine visibilité à l'époque.

Il faut souligner que le travail des Pères dominicains qui s'occupaient du milieu scolaire et universitaire depuis leur arrivée à Dakar 1954 et la fondation de la maison Saint-Dominique en 1957 ont permis le développement de la Jeunesse étudiante catholique (JEC). Celle-ci s'était bonifiée de la tenue du Congrès international de la JEC en 1958 (Benoist 2008 : 402). Dans la même foulée, l'Union des étudiants catholiques de Dakar (l'UECD) fut créée à l'Université de Dakar en 1958. Elle devint Communauté catholique des étudiants de Dakar (CCED) en 1967–1968 après avoir adopté de nouveaux statuts pour faire adhérer diverses structures comme la JEC/Universitaire (JEC/U). Toutes ces organisations ont évolué sous la coupole de l'Église Saint-Dominique située en face de l'Université de Dakar et qui a toujours entretenu des liens très étroits avec l'UCAD. D'ailleurs, cette Église a été au cœur de la crise scolaire et estudiantine de mai 68 au Sénégal. Elle avait particulièrement pris fait et cause pour les étudiants non-sénégalais (et chrétiens en particulier) qui étaient menacés d'expulsion du Sénégal en raison de leur solidarité envers le mouvement de grève (Guèye 2017). L'accueil de ces derniers à la Fraternité – après l'assaut du campus universitaire par les forces de l'ordre – avait provoqué une tension ouverte entre le Président Senghor et ses coreligionnaires de l'Église Saint-Dominique. Contrairement aux religieux musulmans qui, par la voix des chefs confrériques, avaient témoigné un soutien affirmé au Président catholique à travers des déclarations officielles de soutien, les Frères Dominicains ne s'étaient pas contenté d'être au chevet des étudiants suite à la fermeture de la cité universitaire. Ils avaient prononcé une homélie qui s'élevait contre la dureté de la répression du mouvement de grève par le régime. Une telle prise de position avait suscité l'ire du président Senghor qui ordonna tout simplement la fermeture, pendant une certaine période, de la mission dominicaine (Guèye 2017 : 176–7 ; Blum 2012 : 171).

Tout au long des années 1970, les étudiants catholiques étaient restés actifs et avaient marqué leur présence sur le campus, dans le contexte d'effervescence religieux de la fin des années 1980. Le processus de leur réorganisation fut amorcé en 1987 lorsque la Communauté catholique des étudiants de Dakar (CCED) a changé de dénomination pour devenir la Coordination des étudiants catholiques de Dakar (CECD), faisant office d'organe fédérateur sis à la Paroisse Saint-Dominique. Depuis, plusieurs associations affiliées à la CECD ont vu le jour. Il s'agit en particulier de l'Amicale des étudiants catholiques du campus (AECC), l'Amicale des normaliens catholiques du campus (ANOC), le Groupement des étudiantes catholiques de la cité Aline Sitoé (GECCAS), la Communauté des étudiants vétérinaires catholiques (voir Tamba 2005).[18] Ces structures venaient s'ajouter à d'autres comme la Jeunesse estudiantine catholique/universitaire (JEC/U) qui existait depuis la veille des indépendances.

Du côté des organisations d'obédience islamique (aussi bien confrériques que réformistes), on observait une présence un peu timide dans l'espace universitaire avant les indépendances, mais assez remarquable à la fin des années 1970. Parmi celles qui s'étaient le plus distinguées, il y avait « l'Association musulmane des étudiants d'Afrique noire (AMEAN) ou l'Association musulmane des étudiants africains (AMEA), créée en 1953 à Dakar pour défendre les intérêts des étudiants musulmans et s'opposer au parti pris du régime colonial en faveur de la religion chrétienne et de ses adeptes » (Boahen 1993 : 14). A l'image des animateurs de la FEANF qui puisaient dans les idéaux de gauche pour dénoncer la violence des colons et la ségrégation raciale pratiquée jusque dans les églises par les missionnaires catholiques, les acteurs des organisations estudiantines musulmanes inscrivaient aussi leurs actions dans une perspective inspiré de l'islam et dénonciatrice de la culture aliénante du colonisateur. Après les indépendances – en particulier vers la fin de la décennie 1970 – les mouvements estudiantins de gauche qui tenaient le haut du pavé avaient commencé à perdre du terrain au profit des structures estudiantines religieuses. Deux facteurs importants ont milité en faveur de la percée de l'islam à l'UCAD.

Le premier est relatif au contexte religieux international symbolisé par la montée de l'islam politique et/ou militant dans les pays arabes. Il s'agit, en particulier, des politiques de modernisation en Turquie menée par le régime de Mustapha Kemal dans les années 1930, les changements sociaux en Égypte consécutifs à la percée des structures comme les Frères musulmans à la fin des années 1940 et dont les idées réformistes furent répandues dans plusieurs autres pays africains par les anciens étudiants de l'Université Al-Azhar au Caire et, ultérieurement, la révolution islamique iranienne de 1979 qui a suscité « une prise de conscience du potentiel révolutionnaire de l'islam comme système politique et idéologique » (Bianchini 2004 : 20). Ces évolutions dans les pays arabes ont contribué, dans une certaine mesure, au renouveau de l'islam dans les pays africains à majorité musulmans (voir Boahen 1993).

Au Sénégal, toutefois, dans la mesure où l'islam est resté fondamentalement confrérique, les acteurs et organisations qui se réclamaient de la mouvance réformiste étaient plus réceptifs au modèle de l'islam politique qui se développait dans les pays arabo-musulmans. En effet, ces acteurs dits réformistes sont restés rattachés à l'islam sunnites et d'inspiration plus ou moins wahhabite. Cet arrimage s'explique en partie par le fait qu'en Afrique de l'Ouest et au Sénégal en particulier, le boom pétrolier des années 1970 dans les monarchies pétrolières du Golfe a encouragé un flux massif de capitaux en provenance des pays arabes et diverses formes d'appuis de la Banque islamique de développement (BID), la Banque arabe pour le développement économique de l'Afrique (BADEA) et de l'Organisation de la conférence islamique (OCI). Toutes ces institutions visaient à promouvoir la langue arabe et la culture islamique, dont l'éducation arabo-islamique était un vecteur important (Otayek 1986). Ainsi, si l'islam réformiste a pu gagner en visibilité et pénétrer certaines couches de la société sénégalaise, c'est en partie grâce aux actions et financements des États pétroliers arabes et des organisations caritatives musulmanes sunnites qui se sont investi dans la construction d'écoles, de centres islamiques et de mosquées depuis les années 1970 (Kaag 2017).

Le deuxième facteur qui a favorisé l'affirmation du phénomène religieux à l'UCAD est le renouveau au sein de la confrérie mouride qui s'amorça bien avant ou en parallèle des évolutions dans le monde arabe, et qui a été précipité par le contexte économique de l'époque. Du début des années 1970 à la fin des années 1990, le Sénégal a traversé une situation économique difficile. Les chocs pétroliers et la sécheresse au début des années 1970 doublés des crises de l'arachide et des phosphates au cours de la même période, ont engendré une baisse importante des recettes d'exportation et de profonds déséquilibres intérieurs et extérieurs (voir Diouf 2002 : 58–9). Cette crise économique a entraîné des transformations profondes au sein de la confrérie mouride qui faisait face aux difficultés affectant le monde rural. En effet, les complications économiques associées à la déchéance progressive du secteur agricole avaient poussé certains religieux qui avaient fondé leur influence sur la culture de l'arachide à explorer de nouvelles trajectoires économiques et sociales. En particulier, la reconversion de ceux que Copans (1980) qualifie de « marabouts de l'arachide » en « marabouts de l'émigration » (Tall 2009 : 147) s'est manifestée sous forme d'expansion de « la mentalité confrérique » mouride en dehors des milieux ruraux où elle avait initialement pris corps (Diagne 1992 : 290). Autrement dit, si traditionnellement les principaux adeptes de cette confrérie furent des paysans, la doctrine mouride allait très vite déborder la sphère rurale pour investir les centres urbains (Bava 2004). Ainsi, dans leur recherche d'emplois et de nouvelles opportunités économiques, les ruraux ont vulgarisé l'idéologie mouride dans les villes grâce à des formes de solidarités sociales au sein des *Dahira*[19] et dans le secteur informel urbain (Diop 1981 ; Diagne 1992 : 290). Cette expansion de la confrérie mouride allait se poursuivre dans certaines sphères comme l'université et susciter l'adhésion d'une bonne partie de l'intelligentsia francophone en son sein (Diop & Diouf 1990 : 80–81). Ce fut alors le début de la présence et l'expression remarquée de la religion au sein du campus universitaire symbolisé par la création du Dahira des étudiants mouride (DEM) en 1975.

Créé sous le khalifat de Cheikh Abdoul Ahad Mbacké, ce Dahira a connu plusieurs évolutions qui lui ont permis de devenir une structures religieuses estudiantines des plus dynamiques et influentes à l'UCAD (Dramé 2011). Lors de l'assemblée générale de 1983, le DEM dont la direction était composée majoritairement de non-étudiants réprécisa ses orientations en recentrant son action sur le campus universitaire (Gomez-Perez 1998 : 151). Le 19 janvier 1992, le DEM devient le Hizbou Tarkyya, prônant ainsi le « culte de l'excellence » et visant à « assurer une victoire culturelle au mouridisme » (Dramé 2011 : 108). Il existe plusieurs autres groupes d'étudiants de création plus ou moins récente et qui sont structurellement affiliés à la confrérie mouride. Les plus connus sont le Dahira Madjmahoun Noreyni, les étudiants Thiantacounes ou disciples du marabout Cheikh Béthio Thioune et les Baye Fall.[20] Toutefois, le militantisme religieux estudiantin n'est pas une particularité des étudiants mourides. Dans le mouvement de la libéralisation de l'espace public au début des années 1980, d'autres organisations d'obédience confrérique allaient faire leur apparition. C'est le cas notamment du Dahira des étudiants tidianes (DET) créé en 1980 et affilié à la branche Sy de la tidianyya (Gomez-Perez 1998 : 151–2) et le Dahira des étudiants talibés de Baye Niass (DETBN) créé en 1982 et lié à la branche Niassène de cette confrérie. En 1981, les étudiants Layene créèrent eux aussi l'Amicale des élèves et étudiants Layenes (AEEL).

Vers la fin des années 1980, des groupes se réclamant de la mouvance réformiste apparaissent et deviennent visibles depuis la construction d'une mosquée sur le campus social de l'UCAD en 1986. Gérée exclusivement par l'Association des étudiants musulmans de l'Université de Dakar (AEMUD), cette mosquée est devenue le symbole de l'islam non-confrérique à l'UCAD. Au cours des années 1990, d'autres groupements appartenant à la mouvance réformiste ont vu le jour. Il s'agit, en l'occurrence, de l'Association des élèves et étudiants musulmans du Sénégal (AEEMS) créée en 1993. Ayant initialement évolué sous le parrainage de la Jama'atou Ibadou Rahmane (JIR, une des organisations réformistes les plus influentes), l'AEEMS a vite investi les milieux scolaires et universitaires (Ba 2008 : 79–80). En 2002, elle rompt avec la JIR qui créa la même année son aile estudiantine formelle – le Mouvement des étudiants et élèves Jamaatou Ibadou Rahmane (MEE/JIR), devenu Jeunesse unie pour la spiritualité, le travail et l'éthique (JUSTE) en 2013.

De plus en plus, comme nous le verrons dans les sections qui suivent, les organisations religieuses (musulmanes et chrétiennes) acquièrent une certaine respectabilité en fédérant les étudiants proches de leurs idées dans un terreau universitaire relativement favorable à l'éclosion du religieux. En effet, les étudiants – confrontés à la précarité sociale et pédagogique et ne pouvant pas identifier les repères multiples (personnes, circuits d'information, services, etc.) dont ils ont besoin pour apporter des réponses à toutes les difficultés auxquelles ils font face – se tournent vers les organisations communautaires pour trouver un confort social et psychologue (Diop, B. 2010 : 48). Ces organisations jouent un rôle social et d'intégration à travers les dons de ticket de restaurant, les systèmes de tutorat, et les activités culturelles/cultuelles. Dans la mesure où elles contribuent à l'animation des différents campus, ces structures religieuses ont gagné en importance et visibilité au moment où les syndicats d'étudiants sont fragmentés et ont cessé de jouer leurs rôles d'interface entre les étudiants (dont ils sont sensés défendre les intérêts) et les autorités universitaires et étatiques.

Cartographie des espaces et ethnographie des pratiques religieuses à l'UCAD

La religion se « routinise » et devient omniprésente dans l'espace universitaire, enveloppant toutes les dimensions de la vie privée et publique des étudiants. Ce constat général est encore plus prégnant chez les étudiants musulmans qui manifestent des degrés variables de religiosité. Il est possible de distinguer deux catégories d'étudiants suivant leur niveau d'attachement aux prescriptions religieuses. La première est constituée de ceux qui ont embrassé des formes de religiosité détendues, loin de toute exigence théologique ou doctrinale. Ils admettent que se réclamer de l'islam, c'est avant tout observer les cinq prières prescrites par leur religion. Toutefois, ils ont pleinement embrassé aussi bien la culture juvénile ambiante que le style vestimentaire et les goûts musicaux typiques d'une jeunesse sécularisée et mondialisée. La deuxième catégorie est constituée des étudiants dont les manières de penser et d'agir (individuelle et collective) se veulent plus respectueuses des règles religieuses établies. Fidèles aux codes de conduite orthodoxes, ils sont généralement membres d'organisations religieuses qui exercent sur eux un certain contrôle religieux et/ou social. Ces organisations se sont multipliées au fil des ans au point de morceler le campus universitaire en plusieurs lieux de culte propres à différents groupements religieux.

La territorialisation de l'espace universitaire

A la différence des organisations d'obédience chrétiennes (catholique) dont la majorité sont affiliées à la Coordination des étudiants Catholiques de Dakar (CECD) sise à la Paroisse Saint-Dominique en face de l'UCAD, les organisations religieuses musulmanes sont caractérisées par leur éclatement qui transparait dans la façon dont elles occupent l'espace universitaire. Sur le campus social masculin, la mosquée universitaire est devenue le fief des étudiants de la mouvance réformiste communément appelé Ibadou Rahmane. Le hall du pavillon A et la devanture du pavillon D[21] abritent les récitals de *Khasaïde*[22] des adeptes mourides qui forment plusieurs groupes reflétant l'éclatement de l'autorité au sein de cette confrérie. Le rez-de-chaussée du pavillon B accueillait, jusqu'à une date récente, les Thiantacounes de Cheikh Béthio Thioune. De leur côté, les Baye Fall ont fait de l'espace vert situé devant la Direction du centre des œuvres universitaire (COUD) leur prieuré et l'on peut même voir l'effigie de leur guide gravé sur le baobab des lieux. Quant au rez-de-chaussée du pavillon D, il abrite les *Wazifa*[23] des étudiants Tidianes. Le campus social féminin (la cité Aline Sitoé Diatta) n'échappe pas à l'influence du religieux. Depuis quelques années, il vit au rythme des chants religieux des associations confrériques et des conférences religieuses, à l'image du campus social des hommes. Il abrite aussi une salle dénommée « Salle Coran » gérée par l'Association des élèves et étudiants musulmans du Sénégal (AEEMS). Des dizaines d'étudiantes y sont formées chaque année à la vie morale et religieuse.

Sur le campus pédagogique, de nombreux espaces sont également aménagés pour servir de lieux de prières. C'est le cas, par exemple, de la devanture de la bibliothèque universitaire (BU), la devanture du café de la Faculté des lettres et sciences humaines (FLSH), le hall de la Faculté des sciences et techniques (FST), la devanture de la Faculté des sciences économiques et de gestion (FASEG) et l'entrée Est de la Faculté des sciences juridiques et politiques (FSJP). Cette expansion des lieux de culte s'observe aussi au sein des écoles et instituts rattachés à l'UCAD. C'est le cas, par exemple, de l'École supérieure polytechnique (ESP) et de la Faculté des sciences et technologies de l'éducation et de la formation (FASTEF) – ancienne École normale supérieure (ENS) – qui abritent chacune une mosquée dûment construite et d'autres lieux de prière informels. L'observance des cinq prières quotidiennes (individuellement ou collectivement) est tellement répandue que les autorités universitaires sont obligées d'aménager des endroits pour la purification avant ce rite. Cette tolérance de la religiosité des étudiants est observée jusque dans les amphithéâtres puisque certains enseignants sont eux-mêmes des (anciens) produits du mouvement religieux ou se sont habitué à cohabiter avec les pratiques religieuses devenues banales dans l'espace universitaire. Toutefois, les rapports entre certains professeurs et les étudiants sont parfois heurtés. Un étudiant mouride se confie en disant que :

« Dès fois, nous avons des problèmes avec certains professeurs à cause de notre habillement. Cela m'est arrivé l'année dernière. J'étais habillé comme ça (il montre son large boubou blanc de style *baylat,* un habit typique des adeptes des mouride du Hizbou Tarkyya) et je portais aussi un *makhtu*[24] et un chapelet. Le professeur s'est approché de moi et m'a dit : 'enlève ça (il faisait allusion au *makhtu*)'. Je l'ai enlevé. Quelques instants après, il est revenu parce que j'avais toujours mon chapelet sur mon poignet. Il m'a dit : 'Je ne t'avais pas demandé d'enlever ceci ?'. Il m'a demandé ma carte d'étudiants que je lui ai remis ».

L'expression plurielle des identités religieuses et des activités

Il existe des modes variables d'expression des identités religieuses dans l'espace universitaire. Une des formes les plus manifestes, surtout au niveau individuel, est le port vestimentaire et/ou des objets physiques. Certains étudiants affiliés aux confréries, par exemple, portent fièrement en médaillon la photo de leur guide spirituel. Du côté des étudiants de la mouvance réformiste ou « *Ibadou* », les marques ostentatoires de piété sont devenues imposantes et visibles à travers le voile islamique, les barbes longues, etc. Il est intéressant aussi de remarquer que les étudiant ont tendance à user à foison un jargon et des référents religieux (versets coraniques, de hadiths, et des récits illustratifs de guides religieux) dans leurs discussions. Quant à l'expression collective des identités religieuse, elle se manifeste essentiellement à travers les différentes activités des associations religieuses. Celles-ci vont des rituels (prières quotidiennes et celle du vendredi, les cours de Coran, les récitals de *Khasaïde*, les *Guddi adjuma*[25], etc.) aux activités de formation (weekend islamique, camps de vacance, séminaire de formation etc.) en passant par la prédication et les activités de grande mobilisation (conférences publiques, *Thiant*[26], semaine culturelle, etc.).

D'une manière générale, les activités de prédication portent sur des sujets aussi bien théologiques/religieux que profanes. Il en est de même des conférences publiques qui servent de plateforme permettant aux organisations religieuses de promouvoir leur orientation doctrinale ou vendre l'image d'un leader religieux charismatique. Par exemple, en janvier 2017, le Dahira des étudiants talibés de Baye Niass (DETBN/UCAD) avait organisé une conférence sur le thème « Rôle diplomatique de Cheikh Ibrahima Niass (RA) dans le contexte géopolitique mondial du 20ème siècle et l'impact de ses actions dans l'expansion de l'islam dans le monde ». En avril 2018, les sections de l'UCAD et de l'Université de Bambey de l'AEEMS avaient organisé une journée culturelle autour du thème « La peine de mort ». Cette conférence a servi de prétexte pour ses initiateurs d'apporter une réponse religieuse à un débat éminemment séculier.

Un regard sur ces formes plurielle d'expression du religieux permet d'appréhender comment les étudiants reconstruisent matériellement et symboliquement les expériences subjectives du croire, qui nourrissent leur identité collective et consolident le projet culturel ou doctrinal de leurs groupes d'appartenance. Dans leur quête de sens, les étudiants éprouvent une soif profonde de spiritualité et sont constamment à la recherche d'un compromis entre leur identité individuelle et leur identité collective. Interrogé sur les raisons qui motivent son adhésion à une organisation religieuse, un membre d'une *Dahira* mouride affirme :

> « Ces confréries font partie de nous. Nous devons observer un équilibre entre la vie d'*ici-bas* et celle de l'*au-delà*. C'est pourquoi nous devons bien nous concentrer sur nos études parce que c'est ce qui fera notre monde ici. Toutefois, nous devons davantage considérer nos *Dahira* parce qu'ils nous permettent de pratiquer notre religion afin de préparer notre vie future dans l'*au-delà*. C'est pourquoi nous y tenons particulièrement ».[27]

Il faut noter que certaines activités des organisations religieuses estudiantines ont parfois une portée éminemment sociale et d'utilité publique. Une *Dahira* comme Touba assistance médicale (TAM), créée en 2001 par des étudiants de l'Université Cheikh Anta Diop de Dakar (UCAD) et de l'École nationale de développement sanitaire et sociale (ENDSS), est connu pour l'organisation de campagne médicale lors des grandes manifestations de la confrérie mouride. Selon ses membres, ces activités sont généralement financées avec l'argent provenant de la vente de cartes membres, des cotisations mensuelles, et les quêtes à l'occasion des grandes activités.[28] Ces sources de revenus sont les plus communément citées par les acteurs des organisations religieuses interviewés qui n'ont fait cas d'aucune source occulte de financement. D'ailleurs, certaines associations ont investi le commerce de produits (livres, habits, ordinateurs, etc.) ou encore les services comme un créneau alternatifs de revenus. Par exemple, une association comme l'AEEMS avait créé décembre 2002 la Mutuelle d'épargne et de crédit de l'Association des élèves et étudiants musulmans (MECAEEMS) devenue Mutuelle d'épargne et de crédit islamique du Sénégal (MECIS)[29].

L'organisation de ces différentes activités semble témoigner de la capacité organisationnelle de certaines associations religieuses estudiantines dont la structuration interne répond aux standards modernes.[30] Par contre, d'autres organisations – les Dahiras d'étudiants en particulier – ont tendance à répliquer le modèle hiérarchique qui attribue, *de facto*, le leadership de leurs structures aux descendants des fondateurs des confréries. Toutefois, indépendamment de leur degré d'ouverture ou de conservatisme, toutes ces structures religieuses sont caractérisées par la prédominance des hommes dans les positions dirigeantes. Il existe, certes, des variations entre elles en termes de responsabilisation des femmes – l'AEEMS étant de ce point de vue une des rares exceptions où les femmes sont promues à des postes-clés – mais, en général, les femmes restent cantonnées dans les positions de responsable des commissions féminines. Certaines structures ne disposent même de telles commissions, comme le souligne un étudiants membre d'une *Dahira* : « *Il n'y a pas de commission féminine, mais il existe une* « *dieuwrigne* »[31] *pour les femmes. Il s'agit simplement d'un titre honorifique, car elle n'assure aucune responsabilité au sein du* Dahira ».[32] Cette masculinisation de l'espace et des structures et organisations estudiantines renvoie à des rapports de genre complexes en œuvre dans la société sénégalaise ; rapports tacitement régulés par des normes à la fois religieuses et socioculturelles.

Il est possible de conclure que toutes ces formes d'expression du religieux témoignent de la recomposition de l'environnement universitaire. De plus en plus, la conquête des instances dirigeantes des étudiants n'est plus l'apanage des syndicalistes classiques. Ces derniers se disputent désormais avec les acteurs des organisations identitaires (notamment religieuses, régionales et communautaires) qui cherchent à contrôler ces instances pour imposer un nouveau leadership et capter les opportunités sociales et matérielles. Le fait qu'en 2000, l'Association des élèves et étudiants musulmans du Sénégal (AEEMS) s'est organisée pour avoir un de ses membres (Mamadou Dieng connu sous le sobriquet « Dieng Ibadou ») comme président de l'Amicale des étudiants de la Faculté des lettres et sciences humaines est de ce point de vue intéressant pour deux raisons. D'abord, il témoigne d'un souci de moraliser les instances dirigeantes des étudiants en tentant de gérer la chose publique estudiantine aux mieux pour tous. Ensuite, elle ouvre le chapitre des alliances pour le contrôle des syndicats d'étudiants par lesquelles les organisations religieuses et communautaires positionnent leurs membres et se mobilisent pour les élire comme délégués des étudiants. Ainsi, les élections de renouvellement des syndicats d'étudiants sont-elles des moments de tensions entre les différentes forces politiques, religieuses et sociales estudiantines aspirant à leur contrôle. Avec la suppression de certaines amicales de facultés depuis 2008, à cause des épisodes de violence qui émaillent les élections de renouvellement de ces instances dirigeantes des étudiants, le pôle revendicatif du mouvement étudiant continue à s'affaiblir. Au même moment, les organisations religieuses et communautaires s'imposent comme les seuls cadres d'épanouissement social et culturel des étudiants. Tous ces développements posent des enjeux sociétaux qui dépassent le cadre restreint de l'université.

CONCLUSION

L'affirmation du religieux à l'Université Cheikh Anta Diop de Dakar (UCAD) est le résultat de la faiblesse progressive du pôle revendicatif du mouvement qui a abandonné les luttes idéologiques à la fin des années 1970 au profit d'une option corporatiste. Aujourd'hui, les organisations religieuses dominent l'espace public universitaire en termes de présence et de visibilité. De plus en plus, leurs membres cherchent à exercer un contrôle sur les syndicats des étudiants. Dans la mesure où l'université continue de jouer un rôle déterminant dans la production d'une élite intellectuellement formée et socialement apte à diriger la société, l'influence de la religion sur les étudiants renseigne sur le profil des acteurs qui vont conduire les destinées du pays. Elle soulève aussi d'autres problématiques qui sont révélatrices du lien étroit entre l'université – lieu de production et de reproduction des idées et des élites – et la société en tant qu'espace de mobilisation de ces idées et ressources humaines.

Le renouvellement des élites

Traditionnellement, la question des élites au sein de la société sénégalaise est appréhendée sous un angle dichotomique qui oppose une « élite francophone laïque » – produit type du système éducatif officiel – et une « contre-élite » éduquée dans les institutions arabo-islamique. Dans le contexte actuel d'affirmation du religieux au Sénégal et à l'université en particulier, une nouvelle catégorie d'élite « musulmane et francophone » émerge. Formée dans les universités francophones comme l'UCAD, elle tend à outrepasser la rivalité entre francophones laïques et arabophones religieux, même si elle partage avec l'« élite musulmane arabophone » le projet de valorisation de la langue arabe et le recours à l'islam comme alternative politique, économique et sociale. Cet effort de synthèse fut initialement incarné par les initiateurs du Centre d'étude et de recherche islam et développement (CERID). Cette association regroupe une partie de l'intelligentsia formée à l'école occidentale, mais dont l'ambition est de concilier le progrès avec la défense des valeurs islamiques (Fall 1993 : 200). Cette catégorie d'élite « musulmane et francophone » grossit et est aujourd'hui présente dans tous les secteurs de la vie active y compris l'administration publique. Une de ses figures les plus emblématiques est Ousmane Sonko, leader du parti Patriotes du Sénégal pour le travail, l'éthique et la fraternité (PASTEF) qui est arrivé troisième lors de l'élection présidentielle de février 2019 avec 16 % des suffrages. Cet ancien membre de la section de l'AEEMS de l'Université Gaston Berger de Saint-Louis devenu inspecteur des Impôt et domaines puis parlementaire en 2017 s'est vite illustré par ses critiques très informées des pratiques de corruption du régime en place.[33] Il faut préciser que l'élite « musulmane et francophone », bien que très critiques de l'État et de la classe politique traditionnelle, ne cherchent pas à s'exprimer en dehors des canaux institutionnels existants. Au contraire, dans l'expression de leurs droits civiques et politiques, elle a tendance à s'approprier les règles du jeu démocratique pour valider leur projet de société centré sur l'éthique et questionner la probité des élites occidentalisées et laïques qui dirigent le Sénégal depuis les indépendances.

L'équation du vivre ensemble

Les générations d'étudiants qui se sont succédées à l'UCAD ont construit leurs premières expériences sur son campus où la communauté estudiantine vit presque en autarcie. Les étudiants y étudient, y mangent et y dorment. La vie quotidienne des étudiants est imbriquée dans la fabrique de l'institution universitaire qui opère aussi comme une communauté plus large composée des étudiants, des enseignants-chercheurs et du personnel administratif et technique. Depuis le milieu des années 1990, le principe des libertés académiques et des franchises universitaires est érigé comme le fondement qui protège la communauté universitaire contre les ingérences extérieures et aide à construire un espace de démocratie et de tolérance. Toutefois, la segmentation identitaire et la multiplicité des identités culturelles exclusives pourrait engendrer l'intolérance et hypothéquer le principe du vivre ensemble. En effet, les étudiants ont tendance à se cacher derrière les frontières confessionnelles ou doctrinales qui les isolent des autres membres de la communauté universitaire et estudiantine. Même si les rapports entre les différents groupes, notamment religieux, ne sont pas toujours conflictuels, il n'en demeure pas moins que des problèmes surviennent souvent. Par exemple, en 1999, un différend a opposé les étudiants tidianes et l'Association des étudiants musulmans de l'Université de Dakar (AEMUD) au sujet de la gestion de la mosquée de l'UCAD. À côté de ces malentendus, il existe d'autres qui minent le dialogue entre individus appartenant à différentes associations.[34] La situation pourrait se compliquer davantage si les mécanismes de gouvernance du pluralisme dans l'espace universitaire ne sont pas renforcés.

En 2014, le directeur du Centre des œuvres universitaires de Dakar (COUD) avait pris la décision de rétablir l'ordre sur le campus en réglementant les activités religieuses. Par exemple, « les autorités du COUD avaient ordonné la démolition d'un village Baye Fall qui était érigé du côté opposé de la direction du COUD ».[35] Ces mesures réglementaires furent contestées par des étudiants qui avaient créé le Collectif des Dahiras des étudiants (CODE), accusant le directeur du Centre de violer les libertés religieuses. Mais les autorités avaient maintenu ces mesures qui s'appliquaient à toutes les organisations religieuses, sans exception.[36] Sur cette question, le responsable du service social du COUD racontait comment il a refusé de donner une suite favorable à une requête des étudiants chrétiens qui avaient demandé l'autorisation de construire une chapelle dans l'enceinte du campus social. En lieu et place, il a mis à leur disposition la salle de lecture du « Pavillon M » que ces étudiants chrétiens ne peuvent utiliser que pour leurs prières. Certes, ces mesures réglementaires restent toujours en vigueur, mais leur observance n'est pas toujours de mise puisqu'il existe encore des espaces occupés par les différents groupes religieux, principalement d'obédience islamique. Il faut noter que depuis 2011, un certain nombre d'initiatives ont été prises par les organisations religieuses elles-mêmes pour désamorcer les tensions et créer un climat plus propice au dialogue entre leurs membres au sein du campus.[37]

La menace du radicalisme et de l'extrémisme violent

L'université est un terreau fertile à l'éclosion de toutes sortes de tendances religieuses. Jusqu'à une période récente, il n'y a jamais eu d'épisodes ou de menaces de violence impliquant les membres des organisations religieuses estudiantines. Tous les cas de suspicions d'extrémisme violent sont le fait d'individus coupés de toute liaison structurelle avec ces organisations, à quelques exceptions près. En 2005, un groupe appelé *Takfir wal hijr* était créé par un petit groupe d'étudiants nationaux qui seraient endoctrinés dans les foyers religieux en Mauritanie. La violence de leur discours sur la pratique non-orthodoxe de l'islam et sur la population sénégalaise qui, selon eux, est *Kaafir* (mécréants) avait fait craindre un basculement vers l'usage de la violence physique idéologiquement motivée. Toutefois, les développements antérieurs ont démontré que le radicalisme violent a peu de chance de prospérer au Sénégal. Ceux qui prônent ce type de discours radical sont systématiquement mis en quarantaine par la majorité des Sénégalais qui se reconnaissent dans les confréries, mais aussi par les organisations islamiques leaders. Les *takfiristes* qui avaient infiltré l'Association des étudiants musulmans de l'université de Dakar (AEMUD), l'organisation qui contrôle la mosquée de l'UCAD, furent vite débusqués et exclus de l'association.

Toutefois, les cas de jeunes sénégalais – parmi lesquels des étudiants – qui rejoignent des groupes djihadistes se multiplient, suscitant des craintes quant à la possibilité pour l'université d'être un foyer de recrutement des organisations terroristes.[38] L'inquiétude s'est repandue en 2015 à la suite de la circulation d'un message Facebook rendant hommage aux djihadistes sénégalais qui seraient morts au combat aux côtés de groupes islamistes en Libye. En 2017, la liste des suspects s'allongea après que les services de renseignement sénégalais aient révélé que certains d'entre eux avaient combattu aux côtés du Boko Haram nigerian, tandis que d'autres étaient partis se battre pour les djihadistes en Libye et au Mali. Mais, le nombre d'étudiants parmi eux s'élève seulement à quatre (sur les 85 000 d'étudiants que compte l'UCAD). Il est apparu aussi que les plus exposés aux réseaux islamistes internationaux sont généralement ceux-là qui sont déconnectés de leur société qu'ils considèrent comme impie. Mais ce constat ne dissipe pas pour autant les craintes, surtout qu'en juin 2018, 31 personnes (dont 3 femmes) ont été jugées au cours de ce qui semble être le premier et le plus important procès lié à l'activité terroriste impliquant des Sénégalais.[39]

NOTES

1. L'instauration du multipartisme intégral en avril 1981 a permis à l'opposition jusqu'alors dominée par les partis de gauche de sortir de la clandestinité pour participer aux jougs électoraux. L'effet tangible de cette évolution a été une fragmentation des partis d'opposition dont le nombre est passé rapidement de quatre en 1978 à quinze en 1983 (voir Hesseling 1985 : 290). Le système de partis qui émergea de ces développements était composé de petites formations politiques qui transcendèrent certes les barrières religieuses et ethniques, mais se situaient dans une gamme d'idéologies allant de la gauche vers la droite (Diop 1992 : 489–90). Dans ce contexte de morcellement de l'opposition, le président Abdou Diouf qui avait bénéficié de la consigne de vote du Khalife des mourides de l'époque, Serigne Abdoul Ahad Mbacké, était sorti victorieux lors des élections contestées de 1983 puis 1988 qui avaient toutes débouché sur des manifestations violentes de rue.
2. La séparation entre la sphère religieuse et la sphère politique a été tacitement admise de commun accord entre l'administration coloniale et les chefs des confréries. Ainsi, les religieux facilitaient le travail administratif des colons qui à leur tour contribuaient à renforcer la légitimité populaire des religieux.
3. Aujourd'hui, le champ confrérique est riche de plusieurs organisations religieuses dont les fondateurs sont restés attachés à leurs origines soufies mais exercent en même temps des pressions en faveur de changements au sein des confréries et revendiquent une nouvelle légitimité religieuse et politique qu'ils essaient de faire valoir dans les milieux urbains et dans les espaces universitaires. Il s'agit, entre autres, de la Dahiratoul Moustarchidine wal Moustarchidatine de Moustapha Sy, de l'ex Mouvement mondial pour l'unicité de Dieu (MMUD) de Modou Kara Mbacké, du groupe des Thiantacounes de Cheikh Béthio Thioune.
4. Ce terme est utilisé pour qualifier toutes les organisations qui se réclament de la sunna du Prophète Mohamed (PSL) et rejettent toutes formes d'innovation.
5. Placé sous l'autorité des khalifes généraux et responsables d'associations islamiques, ce cadre regroupe les comités scientifiques des confréries (Mouridiyya, Tijaniyya, Khadriyya, Layene), les associations islamiques

comme le Rassemblement islamique du Sénégal (RIS), la Communauté Ahloul Bayt des Chiites, l'Association des 1111 imams de la Casamance, des membres de la société civile, avec l'appui des institutions académiques comme le Laboratoire d'analyse des sociétés et pouvoirs Afrique et diaspora (LASPAD/UGB/Saint-Louis) et l'École doctorale étude sur l'homme et les sociétés (ETHOS/UCAD/Dakar).

6. Il s'agit de l'Université Alioune Diop de Bambey, l'Université de Thiès, l'Université Assane Seck Ziguinchor qui sont fonctionnelles depuis 2017. En 2013, l'Université virtuelle du Sénégal fut créée. Deux autres universités – l'Université du Sine Saloum El Hadji Ibrahima Niass et Université Amadou Mahtar Mbow – sont en construction.
7. Textes relatifs à l'Université Cheikh Anta Diop, septembre 1995.
8. Des convergences entre les diverses composantes du mouvement étudiant n'étaient pas la règle, mais plutôt une exception qui se produisait généralement au cours des grands moments de luttes estudiantines. C'est le cas de la grève de mai 1968 qui a débordé la sphère scolaire et universitaire pour impliquer les syndicats de travailleurs et d'autres forces sociales et politiques, celle de 1993–1994 qui était une réaction à l'application des politiques d'ajustement structurel et la grève de 2001 au lentement de l'alternance politique.
9. Université Cheikh Anta Diop, « Plan stratégique 2011–2016 », p.33. Consulté le 12 janvier 2018 : https://www.ucad.sn/docs/ucad_plan_strategique_2011_2016.pdf
10. Pour plus d'information sur les échecs académique à l'Université Cheikh Anta Diop, voir le « Plan stratégique 2011–2016 », p. 4.
11. Mai 68 fut l'un des événements les plus marquants qu'ont connu l'université sénégalaise et le mouvement étudiant. À l'UCAD, les événements ont commencé par des revendications corporatives au mois de mars de la même année. Il s'agissait pour les étudiants de lutter contre le fractionnement des bourses et de leur limitation à 10 mois.
12. Voir Banque mondiale (1992) « Revitalisation de l'enseignement supérieur au Sénégal : les enjeux de la réforme », Washington.
13. Commission nationale de réforme de l'éducation et de la formation (CNREF) mise en place pour formuler des recommandations permettant de résoudre la crise du secteur éducatif.
14. Cette réforme comprenait la réduction du budget alloué à l'enseignement supérieur, l'institution de conditions drastiques pour l'accès au service médical, la privatisation des restaurants universitaires et l'instauration d'un examen d'entrée à l'université.
15. AllAfrica (2001), « Sénégal : mort de l'étudiant Balla Gaye : l'auxiliaire de police Thiendella Ndiaye arrêté ». Consultée le 12 janvier 2018 : https://fr.allafrica.com/stories/200111120658.html
16. L'auteur de ce chapitre fut un membre de la Commission sociale de l'UGED et vice-président de l'Amicale des étudiants de la Faculté des lettres et sciences humaines (FLSH) en 2004.
17. Moukhtar Bâ, étudiant à la Faculté des sciences juridiques et politiques, délégué syndical (Renaissance), UCAD, 7 mars 2018.
18. Il existe d'autres associations qui regroupent les chrétiens d'une même faculté. Il s'agit en l'occurrence de Saint-Yves (Faculté de droit), Saint-Thomas-d'Aquin (Faculté des sciences économiques et de gestion) et Saint Joseph (Faculté des sciences et techniques).

19. Le Dahira est une association regroupant les adeptes d'une même confrérie religieuse. On parle ainsi de Dahira Mouride, Tidiane, Niassène, etc.
20. Ce sont les disciples de Cheikh Ibrahima Fall, lui-même disciple célèbre de Cheikh Amadou Bamba, le fondateur de la confrérie mouride.
21. Les pavillons sont les dortoirs des étudiants.
22. Un *Khasaïde* est un poème religieux mouride dont la paternité est attribuée au fondateur de cette confrérie soufie, Cheikh Ahmadou Bamba.
23. *Wazifa* est la pratique soufie qui consiste à réciter et à méditer sur les Noms divins et attributs de Dieu.
24. Le *makhtu* est un petit sac en cuir que les disciples du Hizbou Tarkyya portent sur leurs cous et dans lequel ils gardent des objets d'utilité première (Coran, chapelets, recueils de *Khasaïde* ou poème religieux mouride, cure-dents et autres accessoires). Le *makhtu* représente un élément esthétique d'identification du mouride qui lui attribue parfois un sens mystique.
25. Les prières nocturnes qui ont lieu la nuit du jeudi au vendredi.
26. Cérémonies hebdomadaires (chants religieux en particulier) que les talibés ou les fidèles du marabout Cheikh Béthio Thioune organisent en l'honneur de leur guide spirituel.
27. Amadou Aw Diop, étudiant en première année au département de Géographie, membre dahira mouride, UCAD, 23 mars 2018.
28. Les organisations confrériques et mourides, en particulier, ont institué deux types de cotisations. Le premier correspond aux « cotisation sass » qui sont des contributions financières imposées aux affidés d'un marabout ou d'un dahira et qui sont destinées soit au khalife général de la confrérie ou aux financements des activités d'un dahira. Le second type correspond aux « cotisations *barkélou* » qui sont une participation financière ouverte aux bonnes volontés qui participent au financement des grandes activités et grands projets de la confrérie, en espérant recevoir la bénédiction du khalife général ou d'un marabout.
29. La mutuelle ne pratique pas de taux d'intérêt. Elle applique des instruments islamiques et fonctionne selon le principe de coparticipation par lequel le bénéficiaire du crédit apporte sa force de travail tandis que la mutuelle contribue en mobilisant son capital et son expertise. Le partage se fait au prorata des bénéfices selon des termes préalablement fixés.
30. La plupart des organisations religieuses ont des instances suprêmes (congrès ou assemblée générale, selon le cas) qui se réunissent de manière ordinaire ou extraordinaire et un Bureau exécutif chargé de mener la vie de l'association et d'exécuter les affaires courantes. Par exemple, une organisation comme le Dahira des étudiants talibés de Baye Niass (DETBN) est composée d'une assemblée générale (AG), qui élit le bureau exécutif (BE). Ce bureau est composé du secrétaire général, du secrétaire administratif et son adjoint, du secrétaire financier et son adjoint, du secrétaire à l'organisation et ses adjoints, du secrétaire chargé des affaires sociales, du secrétaire aux affaires extérieures. Le bureau comprend aussi le secrétaire chargé des affaires culturelles et ses trois adjoints ainsi que les deux commissaires aux comptes.
31. Terme wolof désignant les responsables moraux de Dahira.
32. Entretien avec un étudiant du département de sociologie et membre du Dahira « Touba socio », UCAD Dakar, février 2018.
33. Voir Guillaume Thibault (2019) Gaz et pétrole au Sénégal: l'opposant Ousmane Sonko « charge Macky Sall ». Consultée le 10 juin 2019 http://

www.rfi.fr/emission/20190607-senegal-dossier-gaz-petrole-opposant-ousmane-sonko-charge-macky-sall
34. En 2004, par exemple, une querelle entre deux voisins de chambre – un « Ibadou Rahmane » et un talibé mouride – a provoqué des batailles rangées entre groupuscules des deux communautés. Une photo du khalife général des mourides accrochée au mur de la chambre et déchirée par le voisin « Ibadou » serait à l'origine de ces anicroches.
35. Interview avec K. Diagne, responsable du service social du COUD, UCAD, janvier 2018.
36. K. Diagne raconte qu'un jour, il avait remarqué que les gens de l'AEMD avaient déposé du sable pour démarrer un projet d'extension de la mosquée de l'université. En tant que responsable du Service social du COUD, il les avait sommé d'arrêter les travaux jusqu'à ce qu'ils introduisent une autorisation auprès des autorités compétentes et une justification de l'origine des fonds destinés de ce projet d'extension de la mosquée. Ces derniers auraient obtempéré en soumettant à la direction du COUD un dossier que les gérants de la mosquée ont monté avec l'aide d'un cabinet d'expert.
37. Par exemple, l'AEEMS et l'association Présence chrétienne organisent périodiquement des activités conjointes. En 2011, les trois principales organisations réformistes de l'UCAD ont mis en place un Comité d'action qui sert de cadre au dialogue et à la coopération entre elles. Certes, les disputes doctrinales font parfois rage entre les étudiants membres des organisations confrériques et ceux des associations réformistes. Mais, leurs relations publiques sont empreintes de cordialité (« maslaha »). Par ailleurs, il existe une forte concurrence entre les différents groupes confrériques, mais il existe également de nombreuses manifestations de respect entre eux. Par exemple, chaque Dahira envoie des représentants assister aux grands événements concurrents d'autres Dahiras. D'autres activités, telles que « la journée de l'étudiant », sont organisées et rassemblent toutes les associations islamiques évoluant à l'UCAD.
38. *Jeune Afrique* (27 janvier 2016) Terrorisme : ces Sénégalais qui ont rejoint l'État islamique en Libye, https://www.jeuneafrique.com/297480/politique/terrorisme-ces-senegalais-qui-ont-rejoint-letat-islamique/
39. Les enquêtes menant au procès avaient débuté en juillet 2015, mais la procédure a commencé le 9 avril à Dakar. Au total, 29 suspects étaient poursuivis pour actes de terrorisme par menaces d'attentats, association de malfaiteurs, financement du terrorisme, et blanchiment de capitaux. Parmi les accusés se trouvaient Makhtar Diokhané (décrit comme le chef de la cellule terroriste qui prévoyait d'établir des bases djihadistes dans le sud du Sénégal, dans le but de mener des opérations terroristes) et le controversé Imam Alioune Ndao, accusé d'être le coordinateur du groupe. Le 19 juillet, Diokhané a été condamné à 20 ans de travaux forcés, et 14 suspects (dont Imam Alioune Ndao) ont été acquittés.

BIBLIOGRAPHIE

Ba, Selly, 2008, « L'implication des femmes dans les projets de société islamique : le cas des militantes de l'Association des élèves et étudiants musulmans du Sénégal (A.E.E.M.S) ». Mémoire de maitrise, Département de sociologie, Université Cheikh Anta Diop de Dakar.

Bathily, Abdoulaye, 1992, *Mai 68 à Dakar,* Paris : Éditions Chaka.
Bathily, Abdoulaye, Mamadou Diouf, & Mohammed Mbodj, 1992, « Le mouvement étudiant sénégalais, des origines à 1989 ». In d'Almeida-Topor, Hélène, Odile Georg, Catherine Coquery-Vidrovitch, eds., *Les Jeunes en Afrique. La politique et la ville,* T. 2, Paris : L'Harmattan.
Bava, Sophie, 2004, « Le dahira urbain, lieu de pouvoir du mouridisme ». In *Les Annales de la recherche urbaine,* n° 96. *Urbanité et liens religieux,* pp. 135–43.
Bianchini, Pascal, 1988, « Crises et réformes du système d'enseignement sénégalais (1968–1986) : contribution à une sociologie politique de l'éducation en Afrique noire », Bordeaux, IEP, Thèse de 3ème cycle, 2 tomes.
Bianchini, Pascal, 2004, *École et politique en Afrique noire : Sociologie des crises et des réformes du système d'enseignement au Sénégal et au Burkina Faso (1960–2000),* Paris : Karthala.
Bianchini, Pascal, 2016, « The Three Ages of Student Politics in Francophone Africa: Learning from the Cases of Senegal and Burkina Faso ». In Luescher, Thierry M., Manja Klemencic, & James Otieno Jowi, eds. *Student Politics in Africa: Representation and Activism,* Cape Town: African Minds, pp. 85–108.
Blum, Françoise, 2012, « Sénégal 1968 : révolte étudiante et grève générale », *Revue d'histoire moderne et contemporaine* (n° 59, 2), pp. 144–77.
Boahen, A. Adu, 1993, « Introduction ». In UNESCO, ed. *Le rôle des mouvements d'étudiants africains dans l'évolution politique et sociale de l'Afrique de 1900 à 1975,* Paris : UNESCO/L'Harmattan.
Bodian, Mamadou, 2016, « The Politics of Electoral Reform in Francophone West Africa: The Birth and Change of Electoral Rules in Mali, Niger, and Senegal ». University of Florida, Ph.D. Dissertation, Political Science.
Bodian, Mamadou & Camara, El Hadji M.S., 2015, « Islam et espace public au Sénégal: les acteurs religieux dans l'amélioration du débat public sur la bonne gouvernance ». In Abdourahmane Seck, Mayke Kaag, Cheikh Guèye & Abdou Salam Fall, eds. *État, sociétés et islam au Sénégal. Un air de nouveau temps ?* Paris : Karthala.
Brossier, Marie, 2004, « Les débats sur le droit de la famille au Sénégal », *Politique africaine,* Vol. 4, n° 96, p. 78–98.
Chimoun, Mosé, 2008, « La recherche scientifique dans les universités africaines : le cas de l'université sénégalaise ». In Bett, Stéphane, ed. *La recherche scientifique et le développement en Afrique – Idées nomades.* Paris : Karthala, pp. 77–86.
Copans Jean, 1980, *Les marabouts de l'arachide,* Paris : Le Sycomore.
Coulon, Christian, 1981, *Le Marabout et le Prince : Islam et pouvoir au Sénégal,* Paris : A. Pedone.
Diagne, Souleymane Bachir, 1992, « L'avenir de la tradition ». In Diop, M.-C. ed. *Sénégal. Trajectoires d'un État,* Dakar : CODESRIA.
Dieng, Amady Aly, 2011, *Mémoires d'un étudiant africain. Volume I : De l'école régionale de Diourbel à l'Université de Paris (1945–1960),* Dakar : CODESRIA.
Diop, Babacar, 2010, *Le feu sacré de la liberté : Mon combat pour la jeunesse africaine,* Paris : L'Harmattan.
Diop, Momar-Coumba, 1981, « Fonctions et activités des dahira mourides urbains (Sénégal) ». *Cahiers d'études africaines.* Vol. 21 n° 81–83, pp. 79–91.
Diop, Momar-Coumba, 1992, « Le syndicalisme étudiant : pluralisme et revendications ». In Diop, M-C., ed. *Sénégal. Trajectoires d'un Etat.* Paris : Karthala. pp. 441–77.

Diop, Momar-Coumba, 2006, « Le Sénégal à la croisée des chemins », *Politique africaine* Vol. 104. pp. 103–26.

Diop, Momar-Coumba et Mamadou Diouf, 1990, *Le Sénégal sous Abdou Diouf : État et société*, Paris : Karthala.

Diouf, Mamadou, 2002, « Culture politique et administrative et réforme économiques », In Donal Cruise O'Brien, Momar-Coumba Diop et Mamadou Diouf M (eds.), *La construction de l'État au Sénégal*, Paris : Karthala.

Dieng, Amady Aly, 2003, *Les premiers pas de la Fédération des étudiants d'Afrique noire en France (1950–1955) : des origines à Bandung*, Paris : L'Harmattan.

Dramé, Saliou, 2011, *Le musulman sénégalais face à l'appartenance confrérique*, Paris : L'Harmattan.

Fall, Mar, 1993, « Les arabisants au Sénégal. Contre-élite ou courtiers? ». In Otayek, R., ed. *Le radicalisme islamique au sud du Sahara*, Paris : Talence, pp. 197–212.

Gomez-Perez, Muriel, 1998, « Associations islamiques à Dakar ». In Ousmane Kane et Jean-Louis Triaud, eds. *Islam et islamismes au Sud du Sahara*, Paris : Karthala.

Gomez-Perez, Muriel, 2005, « Généalogie de l'islam réformiste au Sénégal des années 1950 à nos jours : Figures, savoirs et réseaux ». In Fourchard, Laurent, Mary André, et René Otayek, eds., *Entreprises religieuses transnationales en Afrique de l'Ouest*, Paris : Karthala.

Guèye, Cheikh et Abdourahmane Seck, 2015, « Les renégociations du rapport islam, politique et société. Revue des acteurs, discours et stratégies d'influence ». In Abdourahmane Seck, Mayke Kaag, Cheikh Guèye and Abdou Salam Fall, eds. *État, sociétés et islam au Sénégal. Un air de nouveau temps ?* Paris : Karthala.

Guèye, Omar, 2017, *Mai 1968 au Sénégal, Senghor face au mouvement syndical*. Paris : Karthala.

Hesseling, Gerti, 1985, *Histoire politique du Sénégal : Institutions, droit et société*, Paris : Karthala.

Kaag, Mayke M.A., 2017, « The role of Islam in forging linkages between Africa and Asia from the 1970s: The case of Islamic relief and development support ». In Mayke M.A. Kaag, ed. *Routledge Handbook of Africa–Asia Relations*. London: Routledge, pp. 249–58.

Maury, Liliane, 1996, *Les origines de l'école laïque en France*. Paris : Presses Universitaire de France.

Mbow, Penda, 2007, « Que signifie être intellectuel en Afrique ? ». In Kouvouama A. et al., eds. *Figures croisées d'intellectuels : Trajectoires, modes d'action, productions*, Paris : Karthala, pp. 41–56.

Ndiaye, A.I., 2007, « Le fait religieux dans l'espace universitaire ». In *L'Afrique des associations : Entre culture et développement*. Paris : CRESPO-Karthala. pp. 117–28.

N'Diaye, Marième, 2016, *La réforme du droit de la famille. Une comparaison Sénégal–Maroc*, Presses de l'Université de Montréal.

Otayek, René, 1986, *La politique africaine de la Libye, 1969–1985*, Paris : Karthala.

Seck, Assane, 2005, *Sénégal, émergence d'une démocratie moderne (1945–2005) : un itinéraire politique*, Paris : Karthala.

Sow, Fatou, 2018, « Religion, culture et politique : relire les fondamentalismes », In Sow, Fatou (éd). *Genre et fondamentalismes (Gender and Fundamentalisms)*, Dakar : CODESRIA, pp. 23–62.

Sy, Harouna, 2011, « Grèves scolaires et universitaires au Sénégal : critique de la raison militante », *Liens* 14, pp. 268–97.

Sylla, Abdou, 1992, « L'école : quelle réforme ? ». In Momar-Coumba Diop, ed. *Sénégal. Trajectoires d'un État,* Dakar : CODESRIA.

Tall, Serigne Mansour, 2009, *Investir dans la ville africaine : les émigrés et l'habitat à Dakar.* Paris : Karthala.

Tamba, Moustapha, 2005, « La pratique religieuse dans un espace institutionnellement laïque : l'exemple de l'Université de Dakar ». Colloque international d'éducation comparée, Éducation, religion, laïcité, quels enjeux pour les politiques éducatives ? Quels enjeux pour l'éducation comparée ?, 19 au 21 octobre 2005.

Thioub, Ibrahima, 1992, « Le mouvement étudiant de Dakar et la vie politique sénégalaise : la marche vers la crise de mai-juin 1968 ». In d'Almeida-Topor, Hélène; Odile Georg; Catherine Coquery-Vidrovitch, eds. *Les Jeunes en Afrique. La politique et la ville,* T. 2, Paris : L'Harmattan.

Traoré, Sékou, 1984, *La Fédération des étudiants d'Afrique noire (FEANF)*, Paris : L'Harmattan.

Villalón, Leonardo A., 1995, *Islamic Society and State Power in Senegal: Disciples and Citizens in Fatick,* Cambridge: Cambridge University Press.

Villalón, Leonardo A., 2009, « Democracy in Muslim Contexts? What Africa Can Bring to the Discussion » In *Insight Turkey*, Vol. 11, No. 4, pp. 41–50.

Villalón, Leonardo A., 2013, "Negotiating Islam in the Age of Democracy: Senegal in Comparative Regional Perspective." In Mamadou Diouf, ed., *Tolerance, Democracy, and Sufis in Senegal.* New York: Columbia University Press, pp. 239–66.

Villalón, Leonardo A. & Mamadou Bodian, 2012, « Religion, demande sociale, et réformes éducatifs au Sénégal: Quand l'État introduit l'éducation arabo-islamique dans l'enseignement publique pour concurrencer l'école franco-arabe et capturer les *daara* ». African Politics and Power Programme (APPP. Available at: http://www.institutions-africa.org/page/religious-education).

Zeilig, Leo, 2004, « En quête de changement politique : la mobilisation étudiante au Sénégal, 2000–2004 ». *Politique africaine,* No 96. Paris : Karthala, pp. 39–58.

7.

ARABISANTS, FRANÇISANTS ; MUSULMANS ET CHRÉTIENS : PLURALISME SOCIAL ET MOUVEMENTS RELIGIEUX DANS LES UNIVERSITÉS DU TCHAD

Ladiba Gondeu
& Abakar Walar Modou

Les mouvements religieux dans l'espace universitaire au Tchad présentent une certaine particularité, à l'image d'ailleurs du pays qui fait figure d'exception par rapport au reste du Sahel, notamment du point de vue de la configuration de son champ religieux. Pays charnière entre le Sahara et les pays forestiers, avec des pays voisins à majorité musulmans, le Tchad constitue la ceinture qu'il faut franchir pour accéder à la partie sud du continent. Pour contenir les influences extérieures et les ambitions doctrinales des organisations religieuses, le pays s'est forgé, du point de vue de la gouvernance interne, une sorte de « rideau de fer » religieux, opaque à la fois à toute pénétration massive de nouvelles idéologies religieuses et à l'inscription explicite de la sphère du religieux dans le champ politique. Des structures existent – au niveau étatique (la Direction des affaires religieuses et des cultes, les Services sécuritaires et de renseignement) ou des organisations religieuses elles-mêmes (le Conseil supérieur des affaires islamiques) – qui jouent le rôle de veille dans la gestion du culte musulman. Dans le même registre pourrait s'ajouter le statut tribunitien de la Plateforme interconfessionnelle qui participe au processus de labellisation du religieux par le politique (Racine & Mahamat 2018 : 21–42).

Dans ces entrelacs, s'insèrent des organisations religieuses estudiantines désunies et dont les logiques d'action et les motivations se télescopent dans un Tchad vulnérable aux crises, et où les clivages inter et intra confessionnels ont entraîné non seulement un affaiblissement croissant de la laïcité de l'État, mais également porté un coup dur au vivre-ensemble. Par ailleurs, l'arabisation graduelle du pays et la question musulmane dans l'espace républicain ont des implications politiques évidentes, particulièrement dans le contexte sécuritaire actuel. En effet, les insurrections djihadistes dans le Sahel et dans le Bassin du lac Tchad au cours de la dernière décennie ont contribué à mettre en exergue la question de l'extrémisme religieux, installant la psychose de la violence idéologiquement motivée qui hante les communautés. Un phénomène qui capte l'attention de tout visiteur des villes est la forte militarisation de l'espace public, l'établissement de barrières de sécurité intempestives et les fouilles systématiques des passagers.

Ce chapitre part de l'ordonnancement du religieux au Tchad pour fournir une lecture intelligible de la complexité de l'activisme religieux estudiantin dans un pays où la religiosité et les crises cycliques semblent être la marque de l'enseignement supérieur. Il se focalise principalement sur les cas de l'Université de N'Djaména et l'Université Roi Fayçal de N'Djaména, et se fonde sur les entretiens réalisés entre novembre 2018 et janvier 2019, aussi bien auprès des associations d'étudiants, des responsables syndicaux de l'enseignement supérieur que de l'administration universitaire. Le travail de collecte des données a mis en relief la difficulté d'enquêter dans ces terrains, non seulement à cause de la disparité linguistique,[1] mais surtout en raison de la difficulté des personnes interviewées à se prêter au jeu. Il a fallu ainsi plusieurs passages pour mettre en confiance les personnes-ressource, crédibiliser les sources et valider les événements rapportés.

Le chapitre s'articule autour de trois parties. La première partie campe le décor du contexte sociopolitique tchadien en examinant quatre variables que sont : le dividende scolaire entre les Tchadiens du Nord et ceux du Sud, la dichotomie existante entre l'islam traditionnel et l'islam réformiste, et la particularité des revendications autour de la langue arabe. Dans un second temps, il s'est agi d'analyser les croisements politico-idéologico-religieux au sein de l'espace universitaire tchadien en général, en partant de l'activisme estudiantin et des mouvements religieux au sein de l'Université de N'Djaména et l'Université Roi Fayçal. Ensuite, la dernière partie du chapitre concerne particulièrement les rapports entre les organisations laïques et les organisations de jeunesse chrétienne et musulmane au sein des universités tchadiennes.

LE CONTEXTE SOCIOPOLITIQUE DU TCHAD

Le Tchad a une situation sociopolitique singulière. De l'indépendance à ce jour, l'accès au pouvoir d'État s'est décliné par l'usage de la force. L'annonce de la démocratie ou du multipartisme et la tenue régulière d'élections depuis les années 1990 représentent un faire-valoir pour masquer le caractère autoritaire du régime et plaire à la communauté internationale. Le processus démocratique est continuellement confisqué et le dialogue politique toujours biaisé. Dans un pays où l'administration publique est sous contrôle exclusif du clan et du parti au pouvoir et où la justice n'est pas indépendante, la corruption se généralise (Nebardoum 1998 ; Bangoura 2006 ; Balencie & Grange 2005). L'expression « le chien aboie, la caravane passe » représente le visage hideux du rétrécissement de l'espace démocratique confisqué : très peu de considération pour les droits humains, la liberté d'expression, le manque de débats citoyens entre gouvernants et gouvernés, etc. Cette gouvernance autoritaire contribue à entretenir une situation de crise politique permanente, alimentée par la multiplication des rébellions armées (Yacoub 2005), des conflits intercommunautaires – notamment entre pasteurs nomades et agriculteurs sédentaires, etc.

Avec l'actuelle situation de crise sécuritaire, notamment dans les périphéries du territoire national, on assiste à une forte militarisation de l'espace public et à un retour en force des exactions et de l'arbitraire. Ce contexte et arrière-plan permettent de comprendre l'activisme religieux estudiantin dont la naissance et l'évolution sont encastrés dans une histoire de tensions avec les tenants du pouvoir qui, malgré les soubresauts politiques, économiques et sociaux, ont pu diriger le pays d'une main de fer, réprimant toute défiance à leur autorité. Mais avant de continuer sur l'objet de ce chapitre, c'est-à-dire l'activisme estudiantin et les mouvements religieux dans l'espace universitaire, il est indispensable de passer en revue trois points qui constituent le fondement de l'exception tchadienne.

Le dividende scolaire Nord–Sud au Tchad

Il existe au Tchad une ligne de fracture scolaire entre le « nord » où l'enseignement arabo-islamique est dominant et le « sud » où les populations sont essentiellement scolarisées dans le curriculum officiel en français. Cette fracture est à l'origine de la dualité du système éducatif. Elle explique aussi le niveau variable de scolarisation au Tchad qui a des racines historiques et socioreligieuses profondes. Durant la période précoloniale, la partie « nord » du pays était dominé par l'islam et des royaumes théocratiques essentiellement tournés vers le monde arabo-musulman (Soudan, Égypte, Moyen-Orient) avec lequel ils entretenaient des liens politiques, économiques et surtout culturels. Selon certains auteurs, la pénétration de l'islam dans le Bassin tchadien est à dissocier de celle de l'Afrique du Nord et de l'Afrique occidentale (Doutoum 1983 ; Yacoub 1983 ; Zeltner 1992). Alors qu'ailleurs l'islamisation s'est manifestée essentiellement par les voies guerrières, la propagation de cette religion dans la partie nord du pays s'est faite de manière presque pacifique et progressive. L'islam a d'abord été une affaire d'élites avant de devenir une religion populaire. Il est apparu au Kanem dès le IXe siècle à travers les Arabes du Nil et du Fezzan et est devenu une religion de cour au XIe siècle[2] (1085-1097). Il s'agit donc essentiellement d'un islam aristocratique. Au XIIe siècle, le Kanem a connu une islamisation populaire, grâce aux contacts antérieurs avec les Arabes nomades et les pasteurs peuls. Au XVIIIe siècle, l'islam était présent dans la cour du sultanat de Baguirmi en raison de la conversion du Mbang Muhammad al-Amin entre 1751-1785 (Gray 1975 : 96) et du Ouaddaï à cause de la prise du pouvoir par le Sultan Abdel-Kérim autour de 1635-1640 qui y déversa une ferveur propagandiste islamique. Le XIIIe siècle a vu l'extension de l'islam dans les couches populaires ainsi que chez les autres aristocrates. C'est le cas des principautés Kotoko (Dalmais 1963). Au XIXe siècle, on assiste à des conversions politiques de nombreux chefs de groupe appartenant à des populations du Centre et du Sud (Boas de Korbol, Niellim, Ndam, Tounia, Teuma, etc.). Au XXe siècle, l'islam tchadien devient confrérique à travers les commerçants et les missionnaires musulmans (la Sanussiyya au Tibesti, Borkou et Ouaddaï). C'est également le cas au Sud jusqu'à Moyen-Chari (avant la Première Guerre mondiale), et au Centre montagneux (depuis la Deuxième Guerre mondiale).

Ces liens entre la partie nord du Tchad et le monde arabo-musulman transcendèrent le temps, cimentés par l'islam qui alimenta les premières vagues de résistances vis-à-vis des politiques éducatives de l'administration coloniale française puis, celles de l'État tchadien indépendant (Khayar 1976). Lorsqu'à la fin du XIXe siècle, la puissance coloniale française a voulu couper le cordon ombilical qui liait le monde arabe à cette partie nord du Tchad et la rattacher à un ensemble colonial plus homogène, elle a d'abord procédé au remplacement de l'école coranique par l'école française. Cette politique éducative française était plus manifeste dans le Ouaddaï où s'était développée une forte tradition culturelle et scolaire islamique. L'appel à une attention particulière à l'islam lancé par les autorités coloniales était clair :

> « L'enjeu de notre politique musulmane est la défense de l'islam ouest africain, celui de la Gold-Coast et [le] Nigeria! Comme de nos territoires, contre l'influence du Moyen-Orient. Nous devons l'assumer sans illusion, dans sa totalité, car les Britanniques n'ont pas en Afrique noire de politique musulmane. Les émirats du Nord Nigérien sont très sensibles à l'appel de l'Ouest... » (Lefèvre 1953 : 1-3).

Mais, le « Nord » musulman ayant opposé un rejet quasi-systématique de l'école française sous la bénédiction des chefs religieux, c'est dans le « Sud » où s'étaient déjà installés des missionnaires catholiques et protestants qu'allait se développer plus rapidement l'éducation française et le christianisme. Aboubakar écrivait que :

> « Ces campagnes d'évangélisation, puis la période coloniale, ont entraîné l'expansion de nouvelles structures d'enseignement administrativement bien organisées, qui se sont construites sur les bases existantes : création d'écoles, formation d'enseignants, confection de programmes où le français est imposé comme langue d'enseignement. La conséquence en a été une expansion culturelle et religieuse à caractère chrétien » (2011 : 156).

Il est clair que le dividende scolaire cache mal un autre, de nature religieuse, dont les origines sont encore sujettes à controverse. Selon certains tenants de l'hypothèse de deux Tchad, la partie nord du pays aurait bénéficié d'un avantage culturel certain, car largement islamisée et dominée par des royaumes islamisés, avec une forte domination de la langue arabe. Mieux, elle aurait disposé aussi d'une organisation politico-militaire à caractère islamique (Khayar 1976 : 63 ; Gondeu 2011 : 156). Cette supposée supériorité culturelle de la partie nord du pays aurait motivé « le refus » des populations d'embrasser l'école française et la culture occidentale qui le sous-tend. Évidemment, ce refus a dés-homogénéisé la formation de l'État-nation en renforçant le clivage culturel nord-sud. Il permet aussi de comprendre la sociologie politique actuelle du Tchad et la raison pour laquelle l'identité nationale est en état végétatif et le vivre-ensemble difficile à réaliser dans le Tchad postcolonial.

Il faut dire que les revendications politiques portées par les élites musulmanes et « nordistes » sous la colonisation se sont cristallisées dans l'espace politique durant l'Union française en 1946 jusqu'à l'indépendance du Tchad en 1960. Elles ont pris la forme d'une contestation du premier régime postcolonial contrôlé par des élites francophones à dominance chrétienne, accusées d'avoir écarté du pouvoir certains leaders « nordistes ». L'arrestation en 1963 de certaines élites musulmanes du nord par le régime de François Tombalbaye, le premier chef de l'État du Tchad indépendant, au motif d'une réunion non autorisée, avait provoqué une émeute à Fort-Lamy (actuel N'Djaména) réprimé dans le sang (Khidir 2017 ; Yacoub 2005). Cette répression a fourni une bonne excuse à ceux qui voulaient se débarrasser du régime de Tombalbaye de mettre leur projet à exécution. Si, après les émeutes de 1963 certains dirigeants « nordistes » furent arrêtés, d'autres avaient réussi à s'enfuir et trouver refuge dans les pays arabes où ils avaient bénéficié de soutiens qui leur ont permis d'organiser la lutte contre le régime en place (Djarma 2003).

La révolte armée contre ce régime a commencé en 1965, lorsque des paysans et éleveurs du département de Mangalmé (région de Guéra) se soulevèrent contre la politique d'emprunt national forcé payable en bétail et, en particulier, les abus des fonctionnaires de l'État qui avaient mis à profit la levée des taxes pour dépouiller les populations (Abbo

2016). Cette résistance dans la périphérie est vite récupérée par la rébellion armée déclenchée par le Front de Libération Nationale du Tchad (Frolinat). Créé en 1966, ce mouvement avait adopté une plate-forme révolutionnaire à forte connotation religieuse et recrutait essentiellement (mais pas exclusivement) dans les milieux musulmans du nord et du centre. Son objectif affiché était le renversement du régime en place (Buijtenhuijs 1987). L'offensive militaire à partir du nord du Tchad allait mettre à rude épreuve le gouvernement de Tombalbaye qui fut d'ailleurs tué par les groupes rebelles lors de la prise du pouvoir en 1975 (Gali Ngothé 1985 ; Bouquet 2000).

Il serait exagéré de dépeindre la dictature de Tombalbaye comme l'oppression des « Nordistes » musulmans par des « Sudistes » non-musulmans au pouvoir, en passant sous silence le fait que des leaders politiques « Sudistes » qui s'étaient opposés au régime autoritaire étaient aussi sujets à une répression comparable.[3] C'est le cas du premier chef d'État-major de l'armée tchadienne au lendemain de l'indépendance, le Général Félix Malloum, qui fut arrêté en 1973 pour complot contre le régime Tombalbaye. Libéré en 1975 à la suite du coup d'État par les putschistes du Frolinat désormais organisés en Conseil supérieur militaire (CSM), il fut désigné Président du Tchad (Yacoub et Gali Ngothé 2005). Mais le régime de Malloum fut très vite pris dans un tourbillon d'instabilité politique à cause des guerres opposant plusieurs factions armées « Frolinat », dont celui conduit par celui qui deviendra son Premier ministre, Hissène Habré. La trame de fond des divergences était moins les rivalités nord-sud qu'une lutte sans merci pour l'accès et le maintien au pouvoir. Ainsi, en 1979, l'alliance au pouvoir se fragilise et Malloum fut chassé de la présidence par Habré et contraint à l'exil suite aux accords de Kano.[4] La guerre civile se généralisa, mais la coalition de groupes armés parvint à mettre sur pied un Gouvernement d'union nationale et de transition (GUNT) dirigé par Goukouni Oueddeï (1980–1982). Mais Habré avait réussi à arracher le pouvoir à ce dernier et a gouverné le pays de 1982 à 1990 avant d'être lui aussi forcé de le quitter pour céder le pouvoir à celui qui était pendant longtemps son bras droit, Idriss Déby (l'actuel Président). Ce changement dans la continuité témoigne de la persistance de la même politique dictatoriale et prétorienne. Toutefois, les affrontements de 2006 et de 2008 entre les forces gouvernementales et une coalition rebelle ont paradoxalement permis de libérer les énergies des populations tchadiennes en faveur d'un rejet total de la prise de pouvoir par les armes. C'est la raison pour laquelle, une accalmie s'est installée sur le plan militaire, nonobstant les attaques sanglantes, régulières et à petites échelles attribuées à Boko Haram.

En résumé, il apparait que le dividende scolaire entre le « nord » et le « sud » est causé par des politiques d'exclusion qui ont débuté durant la période coloniale et qui se sont poursuivies après les indépendances. A cette division géographique *de facto* du pays s'ajoutent les différentes lignes de fractures religieuses, ethniques ou sociales qui représentent la trame identitaire d'un peuple partageant une histoire parfois pleine de conflits violents ou de méfiance (Gondeu 1997 ; Roné 2000). Ces clivages témoignent d'une certaine ambivalence concernant « la question nationale » qui se condense autour de la problématique de l'héritage culturel dont le système éducatif serait un puissant vecteur. Il est vrai que la lecture dichotomique d'une partie du Tchad contre une autre continue encore d'être véhiculée (Dadi 1987 ; Abakar 2010). Toutefois, le contexte du moment – et surtout la particularité des régimes tchadiens fondés sur la forte centralisation et l'exercice autoritaire du pouvoir – brouille la thèse ancienne des deux Tchad : « un Tchad du Nord, de beaucoup plus étendu, et un Tchad du Sud, constitué par la vallée du Chari et la zone qui s'étend du Sud du fleuve» (Lefèvre 1953).

La dichotomie entre islam traditionnel et islam réformiste

Le Tchad est un État laïc bâti sur une société majoritairement religieuse caractérisée par un relatif équilibre entre l'islam et le christianisme. Le deuxième recensement général de la population de 2009 fait état d'environ 58 % de musulmans, 34 % de chrétiens (dont 18 % de catholiques et 16 % de protestants). Les 8 % restants pratiquent des religions autochtones. Cette répartition est sans doute désuète puisque l'évolution des indicateurs démographiques montre que la population du Tchad qui était de 11 millions habitants en 2009 atteindrait les 15 millions en 2018[5]. Quel que soit par ailleurs l'accroissement de la population au cours de la dernière décennie, l'islam reste la religion la plus pratiquée avec plus de la moitié des Tchadiens. Les différents régimes ont exploité de façon cynique la mosaïque ethnico-religieuse pour arriver au pouvoir et pour gouverner, au prix de la cohésion inter et intra-confessionnelle.

L'instrumentalisation politique est encore plus marquée au sein de la communauté musulmane qui est traditionnellement divisée entre tendance confrérique et mouvance non-confrérique[6].

L'islam confrérique et soufi est caractérisé par une prépondérance de la Tidjianiyya et du rite malékite auxquels la plupart des musulmans au Tchad s'identifie. La prééminence de cette confrérie est à la fois le produit de l'histoire et de l'opportunisme politique (Yacoub 1983). En effet, les autorités coloniales et les différents régimes postcoloniaux qui se sont succédés au Tchad ont œuvré à promouvoir cette confrérie réputée, plus tolérante, à leur compte. C'est pourquoi les oulémas de la confrérie tidjiane ont été à la tête du Conseil supérieur des affaires islamiques (CSAI) depuis sa création en 1976 (Gondeu 2011 : 54–60). Malgré son statut d'association, privé et indépendant, chargée de gérer les activités de cultes musulmans, l'institution a opéré sous le joug des différents régimes qui nomme les Imams de la grande Mosquée Roi Fayçal de N'Djaména lesquels deviennent, de facto, présidents du CSAI. Cette mainmise des politiques sur le CSAI confère à l'organisation une grande présence dans l'espace public, faisant de son président une personnalité religieuse influente aussi bien auprès des populations que dans les cercles politiques et administratifs. Évidemment, les autorités du CSAI ne font pas l'unanimité au sein de la communauté des musulmans Tchadiens en raison de la domination de l'institution par les adeptes de la confrérie tidjiane qui, non seulement sont proches du pouvoir mais sont en conflit ouvert avec les partisans de l'islam réformiste.

Cet islam réformiste (d'inspiration wahhabite et salafiste) est considéré comme dissidente. Ses acteurs sont exclus du CSAI en raison, en partie, de leurs velléités subversives vis-à-vis de l'islam traditionnel soufi et du pouvoir politique depuis la période coloniale. Cette subversion était plus manifeste dans la partie nord islamisée du Tchad. L'épisode de l'affrontement idéologique, de 1947 à 1953, entre les autorités coloniales du Ouaddaï et le faki Oulech, diplômé de l'université d'Al-Azhar au Caire (Egypte) et du Gordon College de Khartoum (Soudan), à propos de sa madrassa fondée sur le modèle de l'Institut scientifique d'Omdourman est souvent cité en exemple[7]. L'école fut fermée et la politique de domestication de l'islamité par l'administration coloniale est poursuivie par l'État postcolonial. En 1960, suite à une résurgence de l'islamisme wahhabite à Abéché, deux mesures coercitives ont été prises[8] : l'interdiction de réunions publiques dans tout le Ouaddaï le 2 juin et le 24 juin, l'assignation à résidence obligatoire à Zouar de quatre Ulémas accusés de menées subversives et dangereuses à l'ordre public (Konodji & Dingammadji 2017). Mais, la grande sécheresse du début de l'année 1970 a poussé beaucoup de populations Kanembou, Bilala et Kréda à émigrer vers le Soudan et l'Arabie saoudite. Par ailleurs, profitant du boom pétrolier dans les pays du Moyen-Orient au cours de la même décennie, beaucoup d'étudiants arabophones ont pu obtenir des bourses d'études pour Médine où ils ont reçu une formation dans les sciences religieuses. Cette mobilité transnationale a permis aux migrants Tchadiens au Moyen-Orient d'établir de puissants réseaux économiques et religieux qu'ils allaient mobiliser dans le contexte d'ouverture démocratique des années 90 pour entreprendre un travail de propagande (*dawa*) salafiste, appuyé par les financements en provenance du monde arabe. Comme le souligne Gondeu :

> « C'est par le biais de bourses d'études dans les pays arabes, de pèlerinages à la Mecque, le commerce au long cours, et de l'immigration dans

les pays du Golfe que les musulmans africains, par un effet de reproduction, entreprennent de purifier l'islam ou se préparent à jouer un rôle politique et économique dans leur pays d'origine. Au Tchad, la plupart des animateurs des organisations islamiques sont apparus à la faveur de l'arrivée au pouvoir d'Idriss Déby, après avoir fui la dictature de Hissein Habré » (2011 : 107–8).

Dans ce sens, les étudiants arabisants du « nord » ont joué un rôle déterminant dans le travail de propagande de l'islam réformiste (wahhabite et salafiste) au Tchad. La première promotion qui est rentrée au pays au début des années 1980 était essentiellement constituée des ouaddaiens et kréda[9]. Ce sont eux qui allaient implanter la mouvance salafiste et l'institutionnaliser en 1991 à travers la création de l'association Ansar al sunna al Mohammidya. Cette tendance salafiste avait acquis une certaine visibilité dans l'espace public suite à l'arrivée de Déby au pouvoir. Structurés autour de plusieurs associations, madrassa et écoles coraniques, les acteurs de cette mouvance ne sont certes pas représentés au sein du CSAI, mais ils ont su mettre à profit les financements des ONG islamiques pour se positionner dans l'espace public.

Toutefois, de 1992 à 2008, le gouvernement a mené des actions fortes pour contenir les débordements violents des mouvements islamistes. Il s'agissait notamment des interdictions d'activités religieuses des organisations jugées dangereuses, la fermeture de mosquées, les interdictions de séjours de certains oulémas, les expulsions du territoire national, les dissolutions d'organisations religieuses[10]. Les mesures les plus extrêmes furent prises en août 1996 lorsque 29 organisations islamiques, jugées intégristes, furent dissoutes. Elles sont suivies, quelques années plus tard, de la dissolution des ONG islamiques Arrachad et al Nadawa dont les biens sont confisqués au profit de l'État (Konodji et Djingammadji 2017). Par ailleurs, avec la lutte contre le terrorisme, devenu une préoccupation centrale après le 11 septembre 2001 et suite aux changements de procédures de financement des organisations islamiques devenues plus complexes, l'affirmation des associations islamiques locales a reçu un sacré coup. Ce contexte a été mis à profit par le CSAI pour se démarquer de certains acteurs wahhabites et salafistes trop envahissants et capter les nouveaux fonds que les puissances occidentales injectent dans le cadre des programmes de lutte antiterroriste (Clémentine et Ali 2018). Aujourd'hui, plusieurs associations accusées d'avoir des liens avec des organisations terroristes sont interdites. Il s'agit en particulier de la branche nationale d'Al Muntadda Islamiya, organisation saoudienne, et l'association salafiste Ansar al sunna Al Mohammidya (Racine et Mahamat 2018 : 22).

Il faut dire que le politique a toujours instrumentalisé les différences culturelles et religieuses au Tchad pour empêcher la formation d'une opinion publique forte. Jusqu'à une date récente, la problématique du dialogue interreligieux (regroupant la plateforme interconfessionnelle) n'a semblé concerner que les congrégations chrétiennes et le CSAI, au détriment des autres courants au sein de l'islam. Pour l'État, le CSAI semble jouer un rôle pivot dans la régulation des relations intramusulmanes au Tchad ; ce qui n'est pas du goût des acteurs de l'islam réformiste. Mais leur attitude subversive contre l'establishment religieux– en particulier leur opposition à l'hégémonie du CSAI – leur a valu de nombreux déboires, allant jusqu'à l'arrestation de certaines figures ou la suspension des organisations relevant de leur influence[11]. C'est le cas, en particulier, d'Ahmat Mahamat Haggar et Sheikh Yaya Abdoulaye. Le premier est la figure de proue de la *Salafiyya Mohammadiyya* et serait le promoteur d'une large organisation estudiantine appelée « Foyers des étudiants »[12]. Il a fait plusieurs fois la prison et ses activités dans le domaine éducatif sont réduites. Quant au second, il lui est pratiquement interdit d'enseigner au Tchad et l'ONG qu'il a mise sur pied est suspendue. Il importe de noter qu'en dehors des structures susnommées, en plus de la *Wahhabiyya,* il existe d'autres plus ou moins proches ou plus ou moins antagonistes comme *Ansar al Suna al Mahadiyya*, ou bien *Taffir al Mahadiyya* (dont les partisans seraient proches de l'idéologie de Boko Haram). Les organisations salafistes ont le vent en poupe auprès des jeunes, alors qu'elles sont moins « compromises » des pouvoirs publics, comparativement aux structures soufies traditionnelles. Au vu de tout ce qui précède – et en mettant de côté le discours official sur la menace sécuritaire que poseraient certains mouvements religieux – la menace contre la liberté religieuse au Tchad est une réalité.

Langue et enseignement arabe : objet de toutes les convoitises

L'arabe standard était pratiqué par une infime minorité de la population contrairement à l'arabe dialectal tchadien dont le nombre de locuteurs est de loin plus important que ceux qui pratiquent le français, surtout dans le « nord » du Tchad sur la rive droite du Chari (Julien de Pommerol 1997). Par contre, dans la capitale N'Djaména – une ville à majorité musulmane, mais où habitent beaucoup de non-musulmans venant particulièrement du sud du pays – trois langues sont les plus parlées : le sara (langue du groupe ethnique du sud le plus important numériquement), le français et l'arabe dialectal tchadien. Le processus de valorisation de la langue arabe a commencé en 1962 lorsque le président Tombalbaye a introduit son enseignement dans les écoles publiques[13]. L'article premier de ce décret stipule : « *Dans l'enseignement public, qui se donne en français, une place particulière est faite à l'arabe. Cet enseignement est laïc* ».[14] Ainsi, comme dans la plupart des anciennes colonies françaises d'Afrique noire, les autorités publiques tchadiennes avaient enlevé à cette langue le caractère « sacré » que ses promoteurs ont voulu lui attribuer, pour lui donner un attribut profane en phase avec le principe laïc de l'État. Mais, faute de disposer de cadres qualifiés et compétents pour enseigner cette langue, le gouvernement fut obligé de recruter des maîtres coraniques qui, bien entendu, ont continué à enseigner les préceptes islamiques. Par conséquent, cette loi a été instrumentalisée dans les années 1970 par les partisans du Frolinat qui l'avaient interprétée comme l'expression d'un mépris envers la langue arabe et une manière d'exclure les musulmans de l'espace politique national (Gondeu 2011 : 49).

La politique de promotion de cette langue s'est néanmoins poursuivie au cours de la deuxième décennie après les indépendances dans une logique de rapprochement du Tchad avec les pays arabes et musulmans. Ce rapprochement était symbolisé par la visite du roi Fayçal d'Arabie Saoudite à Fort-Lamy (actuelle N'Djaména) en 1972, et l'adhésion du Tchad (qui venait de rompre ses relations diplomatiques avec Israël) à l'Organisation de la coopération islamique (Yorongar 2003 : 43-8). Cette réorientation diplomatique vers le Maghreb et le Machrek avait d'autres retombées matérielles. Il s'agissait, entre autres, de la construction de la grande mosquée de N'Djaména en 1978 sur financement saoudien, l'attribution de bourses d'études pour les universités islamiques d'Égypte et d'Arabie Saoudite, et l'envoi au Tchad d'un certain nombre d'enseignants étrangers (surtout égyptiens). A partir de 1978, l'arabe a été reconnu à son tour comme langue officielle – mesure qui permettait en même temps de satisfaire une des revendications de l'opposition armée, le Frolinat. Le régime du président Habré qui a gouverné le pays de 1982 à 1990 avait fait une place à cette langue dans les textes officiels. Toutefois, il n'a pas consacré d'efforts à sa promotion. En effet, jusqu'au début des années 1990, le français était, *de facto,* la seule langue officielle au Tchad, c'est-à-dire la langue de l'administration et de l'enseignement dans le système éducatif officiel, malgré le fait que la langue arabe fut reconnue, *de jure,* comme langue officielle en 1978.

C'est surtout l'arrivée au pouvoir du président Idriss Déby en 1990 qu'un grand programme de renforcement de l'arabophonie dans le système éducatif et dans la sphère publique a été initié. Les réformes ont commencé avec la conférence nationale souveraine de 1993 qui a donné corps à la langue arabe comme deuxième langue officielle du pays (Buijtenhuijs 1993). L'arrivée au pouvoir de Déby a en effet entraîné une relative libération de l'espace politique et associatif. Le contexte était favorable aux afflux massifs d'organisations islamiques, aux côtés d'associations civiles laïques à dominance chrétienne (mais progressivement supplantée par les leaders musulmans). Par ailleurs, l'ordonnance sur la création, le fonctionnement et la dissolution des partis politiques de

1991 a marqué l'instauration du multipartisme au Tchad[15]. Au cours des mois qui ont précédé les premières élections de l'ère démocratiques de 1995, et au cours de la décennie 2000, une série de lois allait faire une bonne place aux revendications des opinions arabo-musulmanes[16]. Mais la plus grande consécration de la langue arabe fut sa reconnaissance officielle dans la constitution du 31 mars 1996. Celle-ci s'approprie les différents décrets pour inscrire l'arabe comme langue de la République au même titre que le français. Toutes ces dispositions légales étaient défendues par certains acteurs de la scène de l'époque, mais reprises par l'opposition politique favorable à la promotion de l'arabophonie :

> « Les tenants de l'arabisme au Tchad ne cherchent donc pas, de notre point de vue, à imposer la langue arabe à tous les tchadiens, mais plutôt qu'on fasse à la langue arabe une place au soleil et pour leur donner la possibilité de jouer un rôle politique sur la scène nationale. Leur démarche ne vise pas à faire en sorte que les tchadiens, à terme, maîtrisent la langue arabe ou s'islamisent » (Alhabo 1998 : 75).

Ces évolutions ont débouché sur l'application du bilinguisme intégral à partir de 2011. Cette réforme éducative a permis de fermer un long cycle de revendication des arabisants qui s'étaient senti exclus du système monopolisé par le français, la seule langue d'enseignement et de l'administration. Le regain d'intérêt que l'enseignement de la langue arabe au Tchad a connu au cours des deux dernières décennies est impulsé, dans une large mesure, par l'Organisation islamique pour l'éducation, les sciences et la culture (ISESCO) qui soutient financièrement et techniquement son développement. En effet, l'ISESCO a aidé à finaliser les procédures techniques de réédition de l'ouvrage intitulé « *La langue arabe au niveau de base* », précédemment élaboré par un comité d'experts tchadiens sous la supervision de l'organisation, et adopté dans le cadre du programme du Centre pour l'enseignement de la langue arabe aux cadres administratifs tchadiens francophones (Hamadou, Hugon, Aiglepierre 2016 : 14–5).

Par ailleurs, le Plan de développement des programmes éducatifs au sein du Centre pédagogique de l'ISESCO au Tchad a connu une forte avancée, à travers notamment le renouvellement de l'accord de coopération en matière d'éducation, signé entre le gouvernement tchadien et l'ISESCO en avril 2012. A cela s'ajoutent la coopération et le soutien apportés, durant la période 2012–2013, par la Banque arabe pour le Développement économique en Afrique (BADEA) en vue de développer le programme d'enseignement de la langue arabe aux cadres administratifs tchadiens (ISESCO 2018 : 27). Le 10 février 2016, 200 imams tchadiens se sont rendus au Maroc dans le cadre d'un partage d'expériences et de savoirs. Ces dynamiques de réforme ont eu des implications sur l'évolution de l'enseignement arabo-islamique. Ainsi, les écoles coraniques traditionnelles tchadiennes disparaissent peu à peu pour céder la place aux « khalwa » qui sont des écoles plus modernes (Liang 2013), intégrant des matières telles que la physique, les mathématiques, et offrant une formation professionnelle. Ces évolutions sont aussi révélatrices de l'importance future du nombre de bacheliers arabophones qui continueront à alimenter les universités tchadiennes et l'Université Roi Fayçal de N'Djaména en particulier.

UNE UNIVERSITÉ TCHADIENNE EN CRISE ET EN RECOMPOSITION

Les institutions académiques au Tchad sont de plusieurs ordres. Elles incluent les institutions universitaires publiques, les grandes écoles, les centres de formation privés. Il existe plusieurs structures universitaires publiques parmi lesquelles l'Université de N'Djaména (la plus ancienne et la plus importante du pays) et l'Université Roi Fayçal qui avait à l'origine un statut d'institution privée (arabophone) d'utilité publique, mais comptabilisée maintenant parmi les établissements d'enseignement supérieur public. Elles reçoivent des subventions de l'État et plus de la moitié de leurs enseignants relèvent de la fonction publique. Il existe d'autres universités publiques plus récentes, en particulier l'université Adam Barka d'Abéché, l'université de Moundou, l'université de Sarh, l'université de Bongor, l'université Doba, l'université Laï, l'université Pala, l'université Mao, et l'université d'Iriba. Ces universités publiques comptaient 31 326 étudiants pour 1 216 enseignants en 2015, soit un taux d'encadrement d'un enseignant pour vingt-six étudiants.[17] Il importe de souligner aussi l'existence des structures de recherche rattachées, soit à un département ministériel, soit à une structure sous-régionale, fédérant plusieurs différentes initiatives de recherche. C'est le cas de l'Institut de recherche pour le développement (IRED), l'Institut tchadien de recherche agronomique et de développement (ITRAD), du Pôle de recherche appliquée au développement de la savane d'Afrique Centrale (PRASAC/CEMAC), et du Centre national de la recherche pour le développement (CNRD).

A côtés, des universités publiques, il y a les Grandes écoles ou instituts de formation publique qui sont de dates récentes et plus spécialisés. Les plus réputés sont l'École nationale d'administration (ENA), l'École nationale des agents socio-sanitaires (ENASS), l'École normale supérieure (ENS), l'Institut supérieur des sciences de l'éducation (ISSED), l'École nationale de travaux publics (ENTP). Ces institutions offrent diverses formations et leur sortants ont des profils variés (techniciens, ingénieurs, ou magistrats selon le type de formation).

Concernant l'enseignement supérieur privé, son émergence fait suite à la politique de libération de l'espace de formation en vue de l'atteinte de l'objectif mondial d'éducation pour tous. Il existe plusieurs dizaines d'établissements privés dont la majorité est concentrée à N'Djaména. Ils contribuent à absorber le flux massif de nouveaux bacheliers dans un contexte où les institutions publiques sont confrontées au problème du sureffectif résultant des années académiques qui se chevauchent. Ces institutions privées d'enseignement supérieur ont une offre de formation de deuxième, voire de troisième cycle.

Dans toutes ces institutions d'enseignement supérieur, le phénomène religieux est observable même si c'est de façon variable. Toutefois, c'est dans les universités publiques que son expression est plus manifeste. Une focalisation sur les cas de l'université de N'Djaména et l'université Roi Fayçal permet de montrer comment le religieux s'exprime dans l'espace universitaire public en général. Mais avant d'aborder le sujet des organisations religieuses estudiantines, il importe de situer le contexte d'émergence de ces deux universités et montrer ensuite comment se fait l'insertion de ces organisations dans ces espaces sous contrôles divers.

L'Université de N'Djaména

L'Université du Tchad – créée en 1971 et devenue Université de N'Djaména en 1994 – a longtemps été le seul établissement d'enseignement supérieur du pays.[18] Elle est une institution publique laïque qui compte plusieurs facultés dispensant des formations de la première année jusqu'au doctorat. Il s'agit en particulier de la faculté des Sciences humaines et sociales (FSHS), la faculté des Lettres, langues, arts et communication (FLLAC), la faculté des Sciences de la santé humaine (FSH), la faculté des Sciences juridiques et politiques (FSJP), la faculté des Sciences économiques et de gestion (FSEG), et la faculté des Sciences exactes et appliquées (FSEA). Ces facultés disposent en leur sein de départements où les matières séculières comme le droit, l'histoire, la géographie sont enseignées aussi bien en français qu'en arabe.

Traversée par les évolutions politiques du pays, en particulier les années de guerre civile, l'Université de N'Djaména a connu de nouvelles mutations, mais aussi des crises multiformes au cours des années qui ont suivi la transition politique de 1990. Une des difficultés est relative à l'insuffisance des infrastructures qui ne répondent plus à la démographie estudiantine. Initialement prévue pour accueillir 250 étudiants, les effectifs sont passés de 3 274 en 1996 à 6 765 en 2000, soit une croissance de plus de 100 % en quatre ans.[19] En 2015, l'Université de N'Djaména comptait plus de 13124 étudiants dont la majorité se trouvait dans les filières littéraires, juridiques et économiques.[20] Au niveau purement académique, les contenus des enseignements dans les différentes filières sont très classiques tandis que la recherche est très peu structurée. Par ailleurs, les années de formation dépassent rarement le niveau Master, mis à part la Faculté de médecine et quelques établissements privés qui délivrent le doctorat.

En vérité, le développement de l'enseignement supérieur s'est opéré en inadéquation non seulement avec les capacités de l'État à soutenir durablement l'enseignement supérieur, mais surtout sans lien avec les besoins du marché de l'emploi en termes de capital humain. Les problèmes que traverse l'Université de N'Djaména sont typiques du système éducatif tchadien dont le budget ne permet plus de soutenir les différentes charges.[21] Pourtant, les ressources publiques consacrées à l'éducation avaient connu une évolution positive, passant de 11,7 milliards en 1996 à 19 milliards en 2000.[22] Cette augmentation était en partie due aux réformes des années 2000 soutenues par les l'argent des ressources pétrolières qui ont, en partie, permis la création de plusieurs universités et instituts universitaires afin de répondre aux besoins de formation du pays. Toutefois, la baisse très sensible des cours du pétrole au cours de la dernière décennie a eu des répercussions sur les finances publiques, provoquant ainsi une réduction considérable du budget alloué au Ministère de l'enseignement supérieur. Les universités publiques ont subi les conséquences de cette diminution des ressources puisque leurs charges sont constituées à 96 % de transferts (bourses aux étudiants et autres subventions).[23] Curieusement, les étudiants de l'Université de N'Djaména manifestent constamment pour le payement de leurs arriérés de bourses. En 2016, pour mettre fin aux grèves qui paralysent le système universitaire, le gouvernement tchadien a décidé de suspendre les bourses des étudiants et d'investir cet argent dans les infrastructures académiques, à savoir la construction d'amphithéâtres, l'achat de matériel et l'amélioration des conditions de travail des étudiants et des enseignants.[24]

L'Université Roi Fayçal

L'Université Roi Fayçal est créée en 1991 en tant qu'établissement d'enseignement supérieur privé et est située dans la ville de N'Djaména. Les personnes enquêtées disent que sa création est le « fruit des efforts consentis par un groupe de tchadiens »[25], en l'occurrence des étudiants tchadiens vivant à Médine et qui ont mené les plaidoyers pour la promotion de l'enseignement arabe et islamique au Tchad. C'est donc pour répondre à la nécessité pour la communauté musulmane de disposer d'un enseignement universitaire arabe et islamique de qualité que cette université a été créée[26]. Certains affirment que la création de cette université vient à point nommé pour renforcer la place de la langue arabe et de la civilisation islamique, « deux revendications acceptées par la majorité de tchadiens »[27]. C'est pourquoi au départ, l'Université

Roi Fayçal avait un statut d'institution privée d'utilité publique, jouissant d'une personnalité morale et d'une autonomie administrative et financière[28].

A la faveur des jonctions diplomatiques entre le régime tchadien et certains pétromonarchies arabo-islamiques, ce statut a évolué. Aujourd'hui, l'Université Roi Fayçal est devenue un établissement supérieur public reconnu par le Gouvernement tchadien et placé sous la tutelle du Ministère de l'enseignement supérieur, de la recherche scientifique et de l'innovation (MESRSI). Elle comprend sept facultés[29] dont la Faculté de la langue arabe qui abrite le Département des *Qiraat* (récitations du Coran) et la Faculté de droit qui accueille en son sein le Département de la *Sharia* (loi islamique). L'Université Roi Fayçal accueille environ 2 556 étudiants et 76 % de ses enseignants sont des agents de la fonction publique tchadienne. Elle reçoit aussi des subventions de l'État au même titre que les autres institutions publiques tchadiennes. Toutefois, à la différence des étudiants qui fréquentent les autres universités publiques, les étudiants de l'Université Roi Fayçal ne bénéficient pas de bourses directes de l'État. Leurs bourses proviennent généralement de diverses sources d'assistance du monde arabe.

Certaines indiscrétions laissent entendre que, en dehors de la subvention de l'État tchadien et des frais symboliques d'inscription des étudiants, le gros financement de l'Université Roi Fayçal proviendrait des aides de personnes physiques ou morales de pays arabo-musulmans et des pétromonarchies du Golfe. Il s'agirait notamment de la coopération avec la Ligue islamique mondiale (Mecque), de l'Université Al-Azhar (Caire), l'Organisme du secours islamique Mondial (Djedda), de l'Organisation mondiale pour la mémorisation du Coran (Djedda), du Programme de fraternité (Médine), du Fonds de solidarité islamique de l'Organisation de la conférence islamique (Djedda), de l'Organisme islamique mondiale de bienfaisance (Koweït), de la Fondation Zayid pour la bienfaisance et les œuvres humanitaires, et de l'Assemblée mondiale de la jeunesse islamique (Riyad). Par la qualité de ses enseignements, l'Université a pu, en un laps de temps, signer des accords de coopération scientifique et culturelle avec plus de quarante universités, académies, organisations, institutions et association dans le monde arabe et islamique[30]. En 2004, l'Université Roi Fayçal est chargée d'assurer le bureau de liaison entre l'Union des universités islamiques (Caire) et les universités africaines au Sud du Sahara. C'est dans ce cadre qu'elle va renforcer son lien avec Ahmadu Bello University de Zaria (Nigeria) pour appuyer son programme d'enseignement arabe et islamique. Elle forme des professeurs qui sont chargés d'enseigner la langue arabe et le droit islamique pour le compte d'Ahmadu Bello University.

Le Département de la *Charia* de l'Université Roi Fayçal est ouvert à la fois aux élèves admis au baccalauréat et à ceux ayant terminé la mémorisation du Saint Coran. Le Département leur offre des outils pour améliorer leur connaissance de l'islam. Dans ce département, on trouve des étudiants venant des différents pays de l'Afrique. Au niveau interne, les étudiants sont repartis en différents courants islamiques, à savoir les voies tidjane, sunnite, chiite et salafiste. Au cours des instructions, il est strictement interdit aux étudiants de débattre de divergences théologiques.

L'ACTIVISME RELIGIEUX EN MILIEU UNIVERSITAIRE TCHADIEN

La vie estudiantine tchadienne est très peu structurée : il existe une organisation pour les enseignants-chercheurs, en l'occurrence le Syndicat des enseignants et chercheurs du supérieur (SYNECS) et une autre pour les étudiants, c'est-à-dire l'Union des étudiants tchadiens (UNET). Ces deux organisations ont une vocation laïque et œuvrent pour la préservation des intérêts matériels et moraux de leurs membres. Toutefois, elles font face à la volonté récurrente des autorités administratives et politiques de l'enseignement supérieur de les caporaliser, mais aussi la résistance de l'administration de l'Université Roi Fayçal qui oppose toute activité syndicale de ses enseignants et étudiants au sein de ces syndicats.

Syndicat des enseignants et chercheurs du supérieur (SYNECS)

Le SYNECS est un syndicat né dans le sillage de la libéralisation de la vie publique de la décennie 1990. Il regroupe les enseignants et chercheurs du supérieur, sur l'ensemble du territoire national. Il est géré par un bureau dont le processus d'élection s'est amélioré au fur et à mesure que le système universitaire s'est démultiplié à l'échelle du pays. Les membres du bureau proviennent, par conséquent, de toutes les universités et instituts publics tchadiens. L'élection des membres du SYNECS se passe lors d'un congrès regroupant les différents délégués provenant d'institutions affiliées. Généralement, le président du syndicat est issu d'une des institutions universitaires.

Au fil de son évolution et à cause de sa capacité de mobilisation au moment de grèves ou lors des revendications pour l'amélioration des conditions de travail des enseignants-chercheurs, le SYNECS a régulièrement subi les contrecoups du politique dans ses tentatives de caporaliser le syndicat. La dernière tentative de scissiparité remonte aux mouvements de grève déclenchés au cours de l'année 2016 lorsque, après sa réélection, le Président Idriss Déby a déclenché un train de mesures jugées antisociales : abattements de salaire, suspension des effets de l'avancement des travailleurs, le gel d'emploi, la réduction des indemnités ainsi que de la grille indiciaire. Ces mesures, d'après le gouvernement, font suite à la baisse du prix de baril de pétrole sur les marchés mondiaux. Pour les syndicats du secteur public, le manque de ressources est à rechercher ailleurs dans les dépenses de sécurité, dans la gabegie et le népotisme, bref dans la mauvaise gouvernance. Pour faire face à ces mesures, les différents syndicats tchadiens se sont consolidés autour d'une plateforme de revendications pour lancer un mouvement de grève ayant duré plus de six mois.

L'adhésion du SYNECS à cette plateforme revendicative a été mal perçue par les thuriféraires du régime qui vont mener un travail de sape afin de décrédibiliser les membres du bureau de ce syndicat. Des séries d'accords parcellaires et peu réalistes vont être signées entre les membres dissidents du bureau de cette organisation pour engager les enseignants à la reprise de cours ; ce qui fut d'ailleurs fait. Cependant, les enseignants n'ont pas oublié qu'ils étaient grugés par certains de leurs collègues. Ceux-ci seront collectivement remerciés au cours du dernier congrès tenu en ce début de juin 2019, à l'exception du président du syndicat qui fut reconduit à cause de la résistance dont il a fait montre.

Il faut reconnaître que le SYNECS est loin de représenter l'ensemble des enseignants et chercheurs du supérieur pour deux raisons principales. La première est qu'à côté du SYNECS, il existe un embryon du Syndicat des enseignants du Tchad (SET) qui représente, en principe, les professeurs de collèges et de lycées. Il est fréquent que certains enseignants ayant subi des formations supérieures jusqu'au niveau de Master ou Doctorat demandent leur détachement pour le Supérieur. Une fois qu'ils intègrent les institutions universitaires, ils ne sentent pas à l'aise au sein du SYNECS et craignent soit d'y faire carrière, soit de perdre les privilèges accumulés durant les années antérieures[31]. C'est pourquoi ils ont apporté avec eux leur syndicat qu'ils dénomment « SET-Supérieur » et refusent d'obéir aux mots d'ordre de grève du SYNECS, car ils se considèrent comme indépendants. La deuxième raison est que les enseignants de l'Université Roi Fayçal refusent (ou sont encouragés par leur administration à refuser) la militance au sein du SYNECS. Les rapports sont parfois tendus, surtout au moment de grèves, comme le souligne un membre du bureau du SYNECS :

> « Nous n'avons pas de bons rapports avec l'URF [l'Université Roi Fayçal]. L'administration se présente comme pro-régime et donc anti-syndicalisme. Nos collègues qui y enseignent ne peuvent suivre les mouvements de grève sans être harcelés et acculés à reprendre les activités. D'ailleurs, lorsque nous avons voulu y installer une branche de notre syndicat, nous avons été refoulés par le recteur qui nous a clairement fait dire qu'il ne veut pas

de notre bêtise chez lui. C'est comme si cette université est plus privée que publique. C'est frustrant, c'est le monde à l'envers !³² »

Ce refus de l'administration de tolérer toute activité syndicale est confirmé par certains enseignants de l'Université Roi Fayçal interrogés. Concernant les relations entre le SYNECS et les enseignants de l'URF, les choses sont également complexes :

> « Je suis enseignant au sein de l'Université Roi Fayçal, j'affirme sans hésiter que l'administration de cette université ne tolère pas le syndicalisme. Le SYNECS n'est pas représenté ici. D'ailleurs, les enseignants ayant adhéré à ce syndicat sont très mal vus. S'il arrive que le SYNECS appelle à la grève, les enseignants qui sont ses adhérents vivent un calvaire : ils sont harcelés par l'administration qui les met sous pression afin qu'ils ne cessent pas de faire cours. »

Zoom sur les organisations estudiantines au sein des universités laïques

La typologie des organisations estudiantines tchadiennes se fera à partir de trois entrées : l'Union nationale des étudiants tchadiens (UNET, les organisations chrétiennes dans l'espace universitaire public et l'Union des étudiants de l'Université Roi Fayçal.

Union nationale des étudiants du Tchad (UNET)

Concernant les organisations estudiantines proprement dites, l'Union nationale des étudiants de Tchad (UNET) est la plus importante association estudiantine. C'est elle qui organise les grèves pour revendiquer le respect de certains droits liés aux conditions de vie et d'études dans les universités publiques. L'UNET est de plus en plus politisé et ses leaders se répartissent entre partisans de l'opposition et ceux du parti au pouvoir. Cette polarisation entraîne une cacophonie au sein du leadership de l'organisation et un désordre dans la stratégie de coordination des revendications matérielles et morales des étudiants. La scissiparité qui caractérise l'UNET est aussi accentuée par sa composition. En effet, l'UNET prétend rassembler et représenter tous les étudiants des universités publiques du Tchad. Cependant, une réalité l'empêche de remplir cette ambition : la crise de confiance profonde existant entre étudiants francophones et étudiants arabophones qui s'alimente des préjugés historiques structurant les rapports entre musulmans et chrétiens au Tchad (Gondeu 2019: 48). Dans la mesure où l'université ne fonctionne pas en vase clos, les questions de société s'y trouvent posées. Malheureusement, l'environnement scolaire et universitaire tchadien n'est pas un véritable espace de digestion des contradictions sociétales, c'est-à-dire un espace de dialogue permettant de dépasser les oppositions entre « une école arabo-islamique » et « une école franco-laïque » d'une part, et entre une « université arabo-islamique » et une « université franco-laïque », d'autre part.

Du coup, comme dans la société de façon plus large, les appartenances religieuses et linguistiques font ainsi l'objet permanent d'instrumentalisation. En d'autres termes, elles servent de rôle tribunitien à la revendication d'un statut à part de l'arabophonie dans l'espace public laïc tchadien ; revendication qui puise sa justification dans le fait que les musulmans sont majoritaires. Ces différentes considérations complexifient les rapports entre les mouvements estudiantins au sein des institutions universitaires publiques. Les étudiants membres de l'Union des élèves de l'Université Roi Fayçal (UEURF) se considèrent comme appartenant à une université « privée » et ont tendance à croire que leur destin n'est guère lié à celui des étudiants qui sont membres de l'UNET. Il est donc difficile de parler d'une quelconque relation, en tant que telle, de collaboration entre les deux structures estudiantines. Pour la chargée de communication de l'UNET :

> « Nous avons tenté de nous rapprocher du bureau de l'UEURF afin de les faire comprendre que notre structure, étant nationale, qu'elle représente les intérêts matériels et moraux de tous les étudiants tchadiens du secteur public. Et comme leur Union appartient également au secteur public, elle ne peut seulement être considérée comme une amicale ou une structure privée de cette université qui ne peut, en aucun cas, représenter les étudiants tchadiens au plan national. Les étudiants de Roi Fayçal ont tout intérêt à intégrer l'UNET. Malheureusement, à chaque fois c'est le refus de collaborer que nous rencontrons de leur part[33]. »

Corroborant cette même analyse sur la spécificité de l'UEURF, surtout sur sa proximité avec l'administration, un étudiant de l'URF raconte :

> « Franchement, je doute fort de la crédibilité de l'UEURF, car elle ne gère que peu les affaires des étudiants, mais gère plutôt les affaires administratives. Combien d'étudiants ont été renvoyés, l'Union n'a pas dit un mot. Une telle union ne peut pas entretenir des relations avec l'UNET car elles (les deux structures) n'ont pas les mêmes objectifs. Et puis, l'UEURF est manipulé par l'administration de l'université. L'administration gère et contrôle l'UEURF dans ses actions et ses combats. Pendant les cérémonies organisées par l'UEURF, les administrateurs cherchent à tout coordonner en veillant sur les discours des uns et des autres[34]. »

Les organisations d'origine chrétienne et les universités publiques tchadiennes

L'activisme religieux dans les univers de l'enseignement supérieur concerne aussi, en grande partie, les étudiants d'obédience chrétienne. Leur activités sont généralement ouvertes à tous les étudiants sans différenciation de tendances et se déroulent souvent en dehors de l'espace universitaire et dans les centres spéciaux. C'est le cas du Centre catholique universitaire (CCU) et du Centre de culture évangélique (CCE). Dans ces deux centres, les étudiants ont la possibilité d'accéder aux ressources littéraires, à des conférences débats, aux formations diverses visant la transformation intellectuelle et culturelle de l'étudiant sur les plans humain, intellectuel, spirituel et social. Ils ont cependant des activités allant dans le sens de leur raison d'être : le visage d'une pratique religieuse donnée dans un espace qui n'est pas dédié à l'enseignement public. C'est ainsi qu'ils organisent des retraites spirituelles, des camps pour étudiants et surtout pour l'éveil spirituel des étudiantes, des soirées de prière, de recollections autour de figures emblématiques de leurs appartenances religieuses.

Ces centres, en plus des aumôneries catholiques et protestantes, sont des lieux de rassemblement pour les mouvements religieux chrétiens estudiantins. Pour les catholiques, ce rassemblement se fait essentiellement autour de la Jeunesse étudiante chrétienne (JEC) qui a « pleinement » un pied dans l'Église, un pied sur les campus universitaires et un autre dans la société. Quant aux Églises de la réforme, la vie des étudiants est structurée autour de deux organisations : l'Union des jeunes chrétiens (UJC) et Campus pour Christ. Si l'UJC semble ressortir davantage des obédiences plus anciennes (fraternité luthérienne, églises évangéliques, etc.), Campus Christ semble appartenir à des églises dites éveillées, de la trempe de *Born again* (assemblées chrétiennes, églises de Dieu, etc.). Tous les âges de la vie de l'étudiant sont ainsi happés dans la ferveur de la religiosité qui le prépare à assumer la vie professionnelle avec un esprit bien formé à la crainte de Dieu. Ces deux organisations reçoivent aussi des subventions extérieures et sont assistées par les organisations religieuses tant africaines qu'occidentales (soit catholiques ou protestantes).

Les affaires estudiantines au sein de l'Université Roi Fayçal

Au sein de l'Université Roi Fayçal, il existe une union des étudiants qui a davantage une influence transnationale et n'entretient aucun lien avec l'UNET. Par exemple, l'Union des élèves de l'Université Roi Fayçal (UEURF) gère les étudiants des autres nations africaines et arabes inscrits dans les institutions de formation d'obédience saoudienne[35]. Les membres de l'UEURF estiment que les leaders de l'UNET sont politisés et manipulés par l'opposition politique au régime en place. Face à cette structure nationale faîtière de l'action estudiantine laïque au Tchad, l'UEURF proclame sa totale indépendance et autonomie, en ne suivant pas les mots d'ordre de grève lancée par l'UNET, encore moins ses appels à manifestations. Ceci aboutit à des attitudes absurdes : tandis que les étudiants du secteur public sèchent les classes, les étudiants de Roi Fayçal font cours normalement. En fin de compte, les partisans de l'UNET considèrent que leurs camarades de Roi Fayçal sont idéologiquement politisés et défendent des intérêts organiques, notamment du régime au pouvoir qui à sa tête un musulman.

Certains étudiants, membres de l'UEURF notent qu'il y aurait collusion entre cette structure et l'administration centrale de l'Université. Par exemple, il y aurait des étudiants exclus par l'administration rectorale de l'Université Roi Fayçal au motif qu'ils auraient perturbé ou incité au soulèvement, sans qu'ils soient défendus par l'UEURF. Cela se comprend aisément lorsqu'on sait que les affaires des étudiants ne sont pas gérées par cette association mais plutôt par un secrétariat logé au décanat et qui fait office de répondant du recteur de l'université auprès des étudiants. Ce service a été créé en 2011 pour représenter les étudiants et assurer le lien entre ceux-ci et l'administration rectorale. La composition du secrétariat se fait de la façon suivante : chaque doyen envoie deux représentants de sa faculté. Ensuite, ces représentants se réunissent en assemblée pour procéder à l'élection aux postes internes et du secrétariat. C'est de cette manière que le bureau du secrétariat est monté. Les autorités rectorales veillent à ce que les différentes tendances doctrinales y soient représentées : les salafistes, les soufies, les frères musulmans ou encore la Djamaat al Da'wawal Tabligh, etc.

Les activités du secrétariat sont ainsi étroitement contrôlées. Sur l'organisation pratique de l'*Iftar Saim* (la rupture du jeûne du Ramadan), les étudiants estiment qu'elle se fait suivant les hadiths :

> « Je ne pense pas que les étudiants ici soient trop divisés sur les rites ou sur certaines pratiques religieuses durant l'*Iftar*. C'est le moment toutes les tendances religieuses au sein de l'université se réunissent et agissent dans une parfaite symbiose. Sincèrement, durant l'Iftar c'est difficile de faire la distinction par rapport aux courants religieux des étudiants. Nous méditons, échangeons, mangeons et prions ensemble. Sur ce point, nous faisons l'union. Si l'Iftar réussit ici c'est grâce à la synergie entre les étudiants, car l'UEURF ne dispose pas de budget pour ce genre d'organisation collective et qui a tendance à s'ouvrir à l'interreligieux, avec l'invitation que nous adressons à nos frères chrétiens pour l'occasion[36]. »

Pour des raisons stratégiques évidentes, les associations à caractère explicitement religieux ne sont pas autorisées à fonctionner au sein de l'université. Toutefois, l'administration rectorale ainsi que celle des facultés tolèrent ou appuient certaines initiatives allant dans le sens d'un meilleur approfondissement de l'islam ou d'une ouverture des activités de l'université sur la ville par la tenue d'activités comme l'organisation d'*Iftar Saim*, les conférences et jeux de questions-réponse sur l'islam, le campement des étudiants durant le mois de Ramadan, les compétitions de lecture du Saint Coran, l'organisation du prix du meilleur « mémorisateur » de Hadiths du Prophète, du prix du poète de l'Université, la journée mondiale de la langue arabe etc.

A la question de savoir, qui finance l'organisation de l'*Iftar Saim* au sein de l'Université, les réponses sont unanimes :

> « Avant, l'université recevait des dons d'ambassades telles que l'Arabie Saoudite, le Qatar, le Koweït etc. pour l'organiser. Mais de nos jours, ce sont les étudiants de cotisent pour l'organiser. Puisque qu'il n'existe pas une coordination au sein de l'UEURF pour cet événement, chaque département le fait comme il l'entend. Sur ce point, il n'y a pas unanimité. Les étudiants ne font pas confiance à l'union pour l'organisation à cause de sa forte subordination à l'administration de l'Université. D'ailleurs, nous organisons l'Iftar sans aide de l'Université. Ce sont certains enseignants et encadreurs qui nous assistent de leurs contributions[37]. »

Le secrétariat encourage aussi les étudiants à participer à l'offre de dons pour les démunis, la célébration du nouvel an de l'Hégire et la célébration de certaines fêtes musulmanes comme l'Aid al Fitr (qui sanctionne la fin du mois de Ramadan) et l'Aid al Adha (qui marque la naissance du Prophète). Autrement dit, bien que les organisations à caractères confrériques n'aient pas une présence officielle au sein de l'université, elles sont cependant présentes à travers leurs adeptes qui reçoivent d'elles certains financements et appuis pour leurs activités culturelles. Le secrétariat estudiantin bénéficie de l'appui de certaines organisations religieuses comme la (WAMI), l'organisation mondiale Al Ada'wa al Islamiyya, l'organisation de bienfaisance Iqraa, l'Association des amis de la société, le Conseil supérieur des affaires islamiques (CSAI) et le Cercle des recherches et des études islamiques.

CONCLUSION

L'environnement universitaire tchadien est caractérisé par l'existence de deux modèles d'université : une université arabo-islamique et une université franco-laïque. Cette bipolarisation de l'enseignement supérieure est fille des politiques d'arabisation graduelle qui ont débuté au lendemain des indépendances et qui ont contribué à configurer la vie syndicale au sein de l'espace universitaire, partagée entre deux types d'organisations syndicales. D'un côté, il y a le Syndicat des enseignants et chercheurs du supérieur (SYNECS) et l'Union des étudiants tchadiens (UNET) qui fonctionnent comme des organisations à vocation laïque. De l'autre, il y a l'Union des étudiants de l'Université Roi Fayçal qui n'entretient aucun lien avec l'UNET et qui opère sous le contrôle de l'administration de ladite université. Il faut souligner que dans toutes les universités, le militantisme syndical côtoie l'activisme religieux dans un espace universitaire où s'expriment aussi les particularismes géographiques (nord et sud), religieuses (islam et christianisme), linguistiques (français et arabe), etc., traversant la société tchadienne dans son ensemble. Ces appartenances culturelles et cultuelles distinctes – combinées aux tensions qui surgissent dans l'espace universitaire (grèves, revendications, manifestions multiformes, etc.) – viennent compliquer les interactions quotidiennes et suscitent une certaine effervescence conflictogène.

Mais la source potentielle de tension, à l'université tout comme dans la société tchadienne en général, est associé aux rapports souvent heurtés entre « islam traditionnel » ou soufi caractérisé par une prépondérance de la Tidjianiyya à laquelle la plupart des musulmans au Tchad s'identifient et « islam réformiste » (d'inspiration wahhabite et salafiste) perçu comme dissidente. Le politique a toujours instrumentalisé ces différences doctrinales pour empêcher la formation d'une opinion publique musulmane forte au Tchad. Ainsi, l'État colonial et postcolonial tchadien ont toujours exercé une certaine surveillance des mouvements religieux, notamment islamiques, pour de raisons de sécurité nationale et de sûreté publique. Toutefois, la politique répressive à l'égard de l'islam est davantage orientée vers les courants d'inspiration wahhabite et salafiste. Dans le contexte actuel marqué de lutte contre le terroriste au Sahel, cette surveillance étatique s'applique aussi à l'activisme (religieux) estudiantin qui a souffert de la série de mesures – y comprises législatives[38] – prises pour décourager toute allégeance envers les mouvements djihadistes et assimilés. Il s'agirait de mesures précautionneuses pour réguler durablement la fièvre réformiste transparaissant au sein de l'islam tchadien.

Il faut signaler que la surveillance étatique s'étend de plus en plus à la société tchadienne dans son ensemble. Ainsi, autant dans l'espace universitaire que dans d'autres espaces sociaux, il se pose une véritable limitation des libertés, et surtout la liberté de religion. Les mouvements citoyens sont sous étroite surveillance et l'accès aux réseaux sociaux est suspendu depuis près de trois ans. Les organisations estudiantines, tout comme les autres organisations de la société civile jugées hostiles au régime en place, sont interdites de se faire entendre à travers des manifestations libres ou pacifiques. Ces restrictions sont un frein à la liberté de religion qui est garantie par l'État et protégée par les instruments internationaux que le Tchad a ratifiés, mais dont le cadre juridique national reste la loi fondamentale qui fixe les limites de l'expression de la pratique religieuse.

Ainsi, à l'échelle individuelle, la liberté religieuse au Tchad implique la liberté de changer de religion ou de conviction ainsi que celle de manifester sa religion ou sa conviction – seul ou en commun, en public ou en privé – par l'enseignement, les pratiques, les cultes et l'accomplissement des rites. A l'échelle structurelle, toutes les constitutions tchadiennes ont explicitement établi le principe d'un État laïc et la séparation de l'État de la religion. La constitution de mai 2018 affirme dans l'alinéa 1 de l'article premier, « la séparation des religions et de l'État. Ces constitutions interdisent clairement toute propagande de nature à « porter atteinte à l'unité nationale ou à la laïcité de l'État » ou de nature confessionnelle. La légalité devant la loi est garantie à tous les citoyens, sans distinction d'origine, de race, de sexe, de religion, d'opinion politique ou de position sociale. De même, la liberté religieuse comme toutes les autres libertés sont limitables dans le respect de libertés et droits d'autrui ou par nécessité de sauvegarder l'ordre public et les bonnes mœurs[39]. Les législateurs ont pris des mesures qui limitent ces droits et libertés lorsque l'intérêt national est en jeu : « nul ne peut se prévaloir de ses croyances religieuses ni de ses opinions philosophiques pour se soustraire à une obligation dictée par l'intérêt national »[40]. Ainsi, l'existence des signes religieux ici et là (prière dans les espaces publics, manifestations festives sur les voies lors de fêtes religieuses ou de baptêmes chrétiens, etc.) cachent mal la réalité des pressions auxquelles font face les communautés religieuses, y compris les mouvements religieux dans les espaces universitaires.

NOTES

1. Le français est la première langue de travail dans les universités publiques, tandis que l'arabe l'est au sein de l'Université Roi Fayçal.
2. Date correspondant à la conversion du Maï Houmé qui fit un premier pèlerinage à la Mecque et Dounama I, son fils trois fois.
3. François Tombalbaye avait neutralisé les opposants en les éliminant politiquement sinon physiquement. Son principal rival, Gabriel Lisette, fut d'ailleurs contraint à l'exil.
4. Les accords I et II de Kano (mars et avril 1979) ont permis la création d'un gouvernement d'union nationale de transition (GUNT), avec à sa tête Goukouni Oueddeï qui devient ainsi officiellement chef de l'État.
5. Ces données sont les seules actuellement disponibles comme l'indique le site de l'INSEED http://www.inseed-td.net/index.php/thematiques/statistique-demographique/population
6. Il faut préciser que cette lecture dichotomique du champ religieux islamique est réductrice puisqu'elle tend à simplifier les dynamiques au sein de l'islam au Tchad qui, en vérité, est pluriel.

7. Entretien avec un universitaire musulman ressortissant de la ville d'Abéché, N'Djaména, 15 décembre 2018. Par ailleurs, a en croire Yacoub (19983 : 71-2), les populations du septentrion tchadien ont de tout temps vécu en mauvais termes avec l'État : « Depuis plusieurs années, cette région était maintenue en état de trouble par des fakis agitateurs dont l'action sur les kirdis islamisés est néfaste. Les fakis dirigeaient leur menace contre nous. Ils jugeaient nos forces de police faibles et proclamaient le Coran plus fort que nous, paroles d'autant plus dangereuses que répétées dans une zone souvent parcourue par des agitateurs » Habituellement, le pouvoir central était obligé d'intervenir pour ramener la quiétude, en procédant à l'arrestation des leaders religieux, de leur déportation, de leur assignation à résidence loin de leurs centres d'action.
8. Loi n°14 du 13 novembre 1959 autorisant le gouvernement à prendre des mesures administratives d'éloignement, d'internement ou d'expulsion contre les personnes dont les agissements sont dangereux à l'ordre et à la sécurité publics.
9. Informations recueillies lors des entretiens avec les leaders musulmans, à N'Djaména depuis 2003.
10. Par exemple, suite aux affrontements violents avec mort d'homme ayant opposé les fidèles de tendances opposées dans une mosquée à Am Timan le 30 octobre 1992. Et en 1993, l'interdiction des activités du mouvement Ansar al-Sunna dans cette ville, son leader Faki Abdelkader est interdit de séjour au Salamat. Fermeture de la mosquée, arrestation des responsables qui sont transférés à N'Djaména.
11. Organisation Al Rachad et l'association Ansar al Souna
12. Entretien auprès des musulmans à N'Djaména, janvier 2019.
13. Il s'agit du décret N°117/PR/62 portant organisation de l'enseignement de la langue arabe dans les ordres du premier et du deuxième degré de l'enseignement public, http://www.axl.cefan.ulaval.ca/afrique/tchad-loi1962.htm, 01/06/2019.
14. L'article 2 de cette loi indique aussi le caractère facultatif de cet enseignement : « L'enseignement de la langue arabe à tous les niveaux est facultatif. Il ne peut être dispensé qu'en dehors des horaires officiels. Dans la limite des moyens disponibles et sous réserve des nécessités du service, il est assuré partout où un nombre suffisant de demandes émanant des parents d'élèves justifie l'ouverture d'un cours. »
15. Ordonnance N°015/PR/1991 du 04 octobre, remplacée par la N°45/PR/1995 portant charte des partis politiques.
16. Voir le décret N°071/PR/MEN/95 qui a porté sur l'institution de l'enseignement bilingue dans le système éducatif tchadien ; le décret N°519/PR/MEN de 2001 qui a créé le comité d'appui aux activités de promotion de l'alphabétisation et enfin, la Loi N°016/PR/2006 de 2006 sur l'orientation du système éducatif non formel et formel.
17. Ambassade de France au Tchad (2015). « Fiche curie Tchad 2015 ». Consulté le 30 avril 2019 : https://www.diplomatie.gouv.fr/IMG/pdf/tchad_fiche_curie_avril_2015_cle87d7b2.pdf
18. Il existe d'autres établissements d'enseignement supérieur public à N'Djaména. Il s'agit en particulier de l'École nationale d'administration et de magistrature (ENAM) créée en 1963, l'Institut supérieur des sciences de l'éducation (ISSED) créé en 1992 et l'École nationale supérieure des technologies de l'information et de la communication (ENASTIC) créée en 2015

19. Plan d'action national de l'éducation pour tous (PAN/EPT) à l'an 2015, http://planipolis.iiep.unesco.org/sites/planipolis/files/ressources/chad_pnaept.pdf
20. Ambassade de France au Tchad (2015), op. cit.
21. Plan d'action national de l'éducation pour tous (PAN/EPT) à l'an 2015, op. cit.
22. Ibid.
23. Rapport d'état du système éducatif national tchadien (RESEN–TCHAD), 2ème Édition 2014, l'UNESCO/GPE et de l'UNICEF, https://www.humanitarianresponse.info/sites/www.humanitarianresponse.info/files/documents/files/resen_version_compilee_21ok.pdf
24. Rfi (22 septembre 2016). Tchad : colère des étudiants après la suppression des bourses d'études, http://www.rfi.fr/afrique/20160922-tchad-etudiants-colere-apres-suppression-bourses-etudes
25. Entretien avec un responsable de l'Université Roi Fayçal, N'Djaména, décembre 2018. Cependant, lorsqu'on demande « l'identité de ce groupe de tchadiens », autrement dit quel groupe de tchadiens a voulu la création de cette université, un malaise s'installe et seuls des coups d'œil furtifs constituent l'unique réponse. C'est en dehors de l'Université Roi Fayçal, et surtout auprès des cadres musulmans plus ouverts et faisant montre de la liberté de parole que la réponse devient évidente. Il s'agit en particulier de certains cadres plus au fait de discussions ayant abouti à la naissance de l'Université.
26. Arrêté ministériel N°229 du 21/3/1992 lui accordant l'autorisation de fonctionner.
27. Abdelrahman Oumar Al-Mahy, Présentation de l'Université Roi Fayçal du Tchad, année 2010–2011.
28. Décret N°17/PR/MEN/1995 du 30/1/1995 reconnaissant à l'Université le statut d'institution privée d'utilité publique.
29. Décret N°17/PR/1995 du 30 janvier 1995.
30. Libye, Soudan, Egypte, Arabie Saoudite, Malaisie, Algérie, Maroc et Nigeria, etc.
31. En effet, l'organisation du baccalauréat est devenue la charge exclusive des enseignants du secondaire, et cela représente quelques subsides à grappiller.
32. Entretien avec un membre du bureau de SYNECS, le 15 juin 2019, N'Djaména.
33. Entretien réalisé le 10 juin 2019, N'Djaména.
34. Entretien réalisé le 13 juin 2019, N'Djaména.
35. Centrafrique, Érythrée, Bénin, Burkina Faso, Togo, Côte d'Ivoire, Sénégal, Soudan, Gambie, Ghana, Cameroun, Libye, Mali, Niger, Nigeria etc.
36. Entretien avec un groupe d'étudiants de l'URF le 10 juin 2019, N'Djaména.
37. Entretien avec un groupe d'étudiants de l'URF le 10 juin 2019, N'Djaména.
38. A l'exemple de la loi N° 034/PR/2015 du 15 juillet 2015 portant répression d'actes de terrorisme.
39. Notamment la Déclaration universelle des droits de l'homme en son article 8, la Convention européenne des droits de l'homme en son article 9 et le Pacte international relatif aux droits civils et politiques en son article 18.
40. Article 59 de la Constitution tchadienne de 04 mai 2018.

BIBLIOGRAPHIE

Abakar Kassambara, A., 2010, « La situation économique et sociale du Tchad de 1900 à 1960 », thèse de doctorat, Université de Strasbourg.

Aboubakar, Ali Kore, 2011, « La socialisation politique au Tchad. Analyse critique du contenu des livres scolaires pour la période 1960–2005 », thèse de Sociologie, Université de Franche-Comté.

Abbo, Netcho, 2016, *Mangalmé 1965, la Révolte des Moubi*, Saint-Maur-des-Fossés : Sépia.

Bangoura, Mohamed Tétémadi, 2006, *Violence politique et conflits en Afrique : Cas du Tchad.* Paris : L'Harmattan.

Balencie, Jean-Marc, et Arnaud de la Grange, 2005, *Les nouveaux mondes rebelles. Conflits, terrorismes et contestations*, Paris : Michalon.

Bouquet, Cristian, 2000 ; *Tchad : genèse d'un conflit*, Paris : L'Harmattan, coll. « Racines du Présent. »

Buijtenhuijs, Robert, 1993, *Conférence nationale souveraine du Tchad. Un essai d'histoire immédiate*, Paris : Karthala, coll. «Les Afriques».

Buijtenhuijs, Robert, 1987, *Le Frolinat et les guerres civiles du Tchad (1977–1984)*, Paris : Karthala–Afrika Studiecentrum, coll. « Hommes et société : sciences économiques et politiques ».

Chapelle, Jean, 1981a, *Nomades Noirs du Sahara. Les Toubous*. Paris : L'Harmattan.

Chapelle, Jean, 1981b, *Le peuple tchadien. Ses racines et sa vie quotidienne.* Paris : L'Harmattan.

Dadi, Abderahman, 1987, *Tchad : l'État retrouvé*. Paris : L'Harmattan.

Dalmais, Mgr. P., 1963, « L'islam au Tchad. Notes à l'usage exclusif des musulmans ». N'Djaména : Archidiocese de N'Djaména.

Debos, Marielle, 2013, *Le métier des armes au Tchad. Le gouvernement de l'entre-guerre.* Paris: Karthala.

de Bruijn, Mirjam, 2018, *Biographies de la radicalisation: Des messages cachés du changement social*, Bamenda: Langaa RPCIG.

Dia, Hamidou, Clothilde Hugon, et Rohen d'Aiglepierre, 2016, « États réformateurs et éducation arabo-islamique en Afrique. Vers un compromis historique ? Introduction thématique ». Paris, *Afrique contemporaine*, N°257, De Broek Supérieur, pages 11–25,

Djarma, Garondé, 2003, *Témoignage d'un militant du Frolinat.* Paris : L'Harmattan, coll. « Pour mieux connaître le Tchad. »

Doutoum, Mahamat Adoum, 1983, « La colonisation française et la question musulmane au Tchad : Exemple du sultanat du Ouaddaï (1895–1946) ». Thèse de 3ème cycle en Histoire contemporaine : Université Paris 4.

Dumont, Gérard-François, 2004, *Les populations du monde,* Paris : Armand Colin, Deuxième édition.

Dumont, Gérard-François, 2007, *Démographie politique. Les lois de la géopolitique des populations*, Paris : Ellipses.

Gali Ngothé Gatta, 1985, *Guerre civile et désagrégation de l'État*, Paris : Présence Africaine.

Gondeu, Ladiba, 2017, *Les tendances aux replis identitaires au Tchad. Appétits politiques et nécessité de bâtir le vivre-ensemble*, N'Djaména, CSAPR.

Gondeu, Ladiba, 2011, *L'émergence des organisations islamique au Tchad. Enjeux, acteurs et territoires*, Paris : L'Harmattan.

Gray, Richard, 1975, *The Cambridge History of Africa*, Vol. 4: From c. 1600–c. 1790.
ISESCO, Revue d'information, N°110, Zul Quida, 1439 H/juillet 2018.
Julien de Pommerol, Patrice, 1997, *L'arabe tchadien. Émergence d'une langue vernaculaire,* Paris : Karthala.
Khayar, Issa H., 1976, *Le refus de l'école. Contribution à l'étude des problèmes de l'éducation chez les musulmans du Ouaddaï,* Paris : Adrien Maisonneuve.
Khidir, Zakaria Fadoul, 2017, *Violences et événements au Tchad. Une approche d'anthropologie politique,* Paris : Les impliqués.
Konodji, D. et Dingammadji, A., 2017, « Rapport d'étude sur la laïcité et les relations entre l'État et les organisations religieuses au Tchad ». Projet d'appui à la société civile (PASOC), N'Djaména.
Lanne, Bernard, 1998, *Histoire politique du Tchad de 1945 à 1958. Administration, partis, élections,* Paris : Karthala.
Largeau, Victor-Emmanuel, 2002, *À la naissance du Tchad 1903–1913.* Coll. « Pour mieux connaître le Tchad », Saint-Maur-des-Fossés : Sépia.
Le Rouvreur, Albert, 1962, *Sahariens et Sahéliens du Tchad,* Paris : Éditions Berger-Levrault, coll. « L'Homme d 'outre-mer ».
Lefèvre, R., 1953, « Remarques sur l'islam au Tchad et en Afrique occidentale, Administrateur chargé de Liaison Franco-britannique-Afrique en Afrique Noire », « notes politiques ».
Liang, Chen, 2013, « Tchad : Les écoles coraniques se modernisent » French. China.Org.Cn. Disponible sur: http://french.china.org.cn/foreign/txt/2013-06/17/content_29137099.htm
Mahamat Ahmat, A., 1998, « Le conflit linguistique au Tchad : Le dualisme français-arabe», Henri Coudray (dir.), Tchad : contentieux linguistique arabe-français, Centre Al-Mouna, N'Djaména, pp. 73–7.
Mbaïosso, Adoum, 1990, *L'éducation au Tchad. Bilan, problèmes et perspectives,* Paris : Karthala.
Nébardoum, Derlemari, 1998, *Le labyrinthe de l'instabilité politique au Tchad,* Paris : L'Harmattan.
Nolutshungu, Sam C., 1996, *Limits of Anarchy: Intervention and State Formation in Chad,* Charlottesville,VA.: University Press of Virginia.
Racine, Clémentine et Moustapha Ali Mahamat, 2018, « La cité culturelle tchadienne au miroir de la lutte anti-terroriste ou les enjeux de pouvoir d'une labellisation religieuse subversive ». *Politique Africaine,* 149, Paris : Karthala, pp. 21–42.
Roné, Beyem, 2000, *Tchad : L'ambivalence culturelle et l'intégration nationale,* Paris : L'Harmattan, coll. « Études africaines ».
Tubiana, Joseph, éd., 1994, *L'identité tchadienne. L'héritage des peuples et les apports extérieurs,* Paris : L'Harmattan, coll. « Pour mieux connaître le Tchad. »
Tubiana, Joseph et Marielle Debos, 2017, *Déby's Chad: Political Manipulation at Home, Military Intervention Abroad, Challenging Times Ahead.* Washington DC: USIP/ISS, PeaceWork.
Urvoy, Yves, 1949, *Histoire de l'empire du Bornou.* Mémoires de l'Institut français d'Afrique noire (IFAN), Paris : Librairie Larose.
Yacoub, Mahamat Saleh, 2005, *Tchad. Des rebelles aux seigneurs de guerre. La désagrégation de l'armée nationale,* N'Djaména : Éditions Al Mouna.
Yacoub, Mahamat Saleh et Gatta Gali Ngothé, 2005, *Tchad : Frolinat, chronique d'une grande déchirure.* N'Djaména : Éditions Al Mouna.

Yacoub, Mahamat Saleh, 1983, « Les populations musulmanes du Tchad et pouvoir politique (1946–1975). Contribution à l'étude des problèmes de construction de l'État au Tchad », Thèse pour le doctorat de 3ème cycle, Paris.

Zeltner, Jean-Claude, 1992, *Tripoli, carrefour de l'Europe et des pays du Tchad (1500–1755)*, Paris : L'Harmattan, Coll. « Histoire et perspectives méditerranéennes/Racines du présent ».

www.ingramcontent.com/pod-product-compliance
Lightning Source LLC
Chambersburg PA
CBHW030343240426
43661CB00052B/1725